utb 5770

**Eine Arbeitsgemeinschaft der Verlage**

Brill | Schöningh – Fink · Paderborn
Brill | Vandenhoeck & Ruprecht · Göttingen – Böhlau · Wien · Köln
Verlag Barbara Budrich · Opladen · Toronto
facultas · Wien
Haupt Verlag · Bern
Verlag Julius Klinkhardt · Bad Heilbrunn
Mohr Siebeck · Tübingen
Narr Francke Attempto Verlag – expert verlag · Tübingen
Psychiatrie Verlag · Köln
Ernst Reinhardt Verlag · München
transcript Verlag · Bielefeld
Verlag Eugen Ulmer · Stuttgart
UVK Verlag · München
Waxmann · Münster · New York
wbv Publikation · Bielefeld
Wochenschau Verlag · Frankfurt am Main

# Basiswissen Philosophie

herausgegeben von
Michael Quante und Simon Derpmann

Weitere Bände:

utb 5242
M. Quante:
*Philosophische Handlungstheorie*

utb 5240
T. Henning:
*Allgemeine Ethik*

utb 5234
L. Herzog:
*Politische Philosophie*

utb 4667
A. Filius, S. Mischer:
*Philosophische Texte schreiben im Studium*

utb 4653
C. Runtenberg:
*Philosophiedidaktik*

Klaus Blesenkemper • Axel Vering

# Praxissemester Philosophie und Ethik

Zur Begleitung der Praxisphasen
in der Lehramtsausbildung

BRILL | FINK

*Die Autoren:*

Klaus Blesenkemper, geb. 1952, war mehr als 30 Jahre lang Gymnasiallehrer für Philosophie, Deutsch und Sozialwissenschaften. Er gehörte zu den Entwicklern des Kerncurriculums Praktische Philosophie für NRW, gestaltete entsprechende Schulbücher mit, leitete Fortbildungsmaßnahmen und war Fachleiter für Lehramtsanwärter:innen der Sek. I. Ab 2012 war er in Münster Professor für Didaktik der Philosophie und leitete zusammen mit Axel Vering die Fachgruppe Praxissemester Philosophie. An zwei Grundschulen sammelte er Erfahrungen im Philosophieren mit Kindern. Seit 2017 ist er im Ruhestand.
Axel Vering, geb. 1959, ist Gymnasiallehrer für Philosophie und ev. Religionslehre. Seit 17 Jahren ist er Fachleiter für Philosophie und war in dieser Funktion an der Gestaltung von Schulbüchern für Praktische Philosophie und ev. Religionslehre beteiligt.
Seit Einführung des Praxissemesters in der nordrhein-westfälischen Lehrerbildung 2014, ist er Beauftragter für das Praxissemester im Zentrum für schulpraktische Lehrerausbildung Recklinghausen und war bis 2020 Kovorsitzender der Fachgruppe Praxissemester Philosophie an der Westfälischen Wilhelms-Universität Münster.

*Umschlagabbildung:*

Martin Mellen und Peter Zickermann, Bielefeld

Online-Angebote oder elektronische Ausgaben sind erhältlich unter **www.utb.de**

Bibliografische Information der Deutschen Nationalbibliothek
Die Deutsche Nationalbibliothek verzeichnet diese Publikation in der Deutschen Nationalbibliografie; detaillierte bibliografische Daten sind im Internet über http://dnb.d-nb.de abrufbar.



Internet: www.fink.de



Printed in Germany.
Herstellung: Brill Deutschland GmbH, Paderborn
Einbandgestaltung: Atelier Reichert, Stuttgart

UTB-Band-Nr: 5770
ISBN 978-3-8252-5770-5
eISBN 978-3-8385-5770-0

# Vorwort

Ein Taschenbuch ist klein, handlich, will dienstbar sein. Der Dienst, um den es hier geht, ist die hilfreiche Begleitung von Studierenden kurz vor, während und kurz nach dem universitären Praxissemester. Daher halten Sie hier ein Universitäts-Taschenbuch (UTB) zum Praxissemester in Händen.

Wir Autoren dieses schmalen papierenen Begleiters haben hier unsere langjährigen Erfahrungen als Gymnasiallehrer für Philosophie und Praktische Philosophie an nordrhein-westfälischen Schulen und als Fachleiter für Lehramtsanwärter:innen unterschiedlicher Schulformen an Zentren für schulpraktische Lehrerausbildung (ZfsL)* zu systematischen Tipps für Ihre ersten praktischen Schritte in das Berufsfeld Schule gebündelt. Angereichert wurden unsere schulischen Erfahrungen durch Expertisen, die wir als Ko-Vorsitzende der Fachgruppe Philosophie an der Westfälischen Wilhelms-Universität Münster zur Vorbereitung und Begleitung des Praxissemesters erwerben konnten. Hier wurden die Perspektiven der universitären Fachdidaktik (Blesenkemper) mit denen des Fachleiters und Seminarbeauftragten für das Praxissemester (Vering) sowie weiteren Gesichtspunkten von anderen Vertreter:innen aus Schule und Hochschule miteinander verzahnt. Das Büchlein richtet sich folglich in erster Linie an Studierende der Fächer *Philosophie, Ethik, Praktische Philosophie* usw. Aber auch Referendar:innen im Vorbereitungsdienst* und Fachlehrer:innen werden – so hoffen wir – einige Anregungen daraus gewinnen können.

In manchen Ausführungen berücksichtigen wir explizit neben NRW auch andere Bundesländer. In vielen Abschnitten, bei denen es etwa um die Konzeption von Unterricht geht, sind länderspezifische Differenzierungen nicht erforderlich. Bei Fragen der je unterschiedlichen Organisation des Praxissemesters können wir uns gemäß unseren Erfahrungen primär nur auf die Verhältnisse in NRW und speziell in Münster beziehen.

Unser Dank gilt unseren (ehemaligen) Schülerinnen und Schülern, unseren Studierenden, Lehramtsanwärter:innen und Kolleg:innen. Denn sie sind es, die uns wesentlich zu den gewonnenen Einsichten verholfen haben – wie auch zu unserer Motivation, die zum Taschenbuch geronnenen Praxishilfen an Sie weiterzureichen.

Dülmen und Datteln im September 2022
Klaus Blesenkemper und Axel Vering

# Inhaltsverzeichnis

**E. Der forschende Blick – Studienprojekte im Praxissemester**



**F. Blick zurück nach vorn**



**Anhang**

# A. Jetzt meinen Horizont erweitern

## 1. Das Praxissemester als Neuland nach dem Fachstudium

Wenn Sie dieses Buch zur Hand nehmen, befinden Sie sich – vermutlich – an einer wichtigen Schwelle auf dem Weg zum Beruf der Lehrerin oder des Lehrers. Sie studieren neben den Bildungswissenschaften und einem weiteren lehramtstauglichen Fach auch ein philosophisches Fach (Philosophie, Ethik, Werte und Normen, Praktische Philosophie usw.), einschließlich der entsprechenden Fachdidaktik. In die schulische Praxis haben Sie bereits in einem Eignungs- und/oder Orientierungspraktikum vor oder während des Bachelor-Studiums ‚hineingeschnuppert'. Die Entscheidung, künftig als Lehrerin oder Lehrer für Philosophie/Ethik tätig sein zu wollen, ist – eventuell erst vorläufig – bereits gefallen, aber die Tätigkeit selbst, in all ihren Facetten, ist für Sie noch weitgehend Neuland. Sie betreten es nun in einer längeren und anspruchsvolleren Praxisphase und wollen so Ihren Horizont erweitern.

Diese Praxisphase des Lehramtsstudiums wird in der Mehrzahl der deutschen Bundesländer *Praxissemester* genannt und ist dann für die meisten Lehramtstypen (Grundschule, Sek. I, Sek. II usw.) verpflichtend. Jeweils aktualisierte Details zu den vielfältigen länderspezifischen Rahmenbedingungen und Terminologien finden Sie unter dem Thema *Praxisbezug* auf www.monitor-lehrerbildung.de. Wir bezeichnen in diesem Buch alle mehrmonatigen Praxisphasen innerhalb des Lehramtsstudiums, der ersten Phase der Lehramtsausbildung, durchgängig als *Praxissemester.*

Infos zu Praxissemester in BRD: www.monitor-lehrerbildung.de

Praxissemester als Sammelbezeichnung

Welche Absichten und Vorabempfehlungen könnten für den Schritt über die Schwelle ins Praxissemester bestimmend sein? Sie selbst könnten sich vielleicht von folgenden Überlegungen leiten lassen (1): ‚Ich habe jetzt schon einige Semester Philosophie studiert, finde das Fach oder zumindest einige Teile darin spannend und wichtig, habe auch schon in den bildungswissenschaftlichen und fachdidaktischen Veranstaltungen Theorien zu Aspekten der schulischen Praxis kennen gelernt, und jetzt möchte ich lernen, wie ich das fachlich Gelernte – soweit möglich – den Schülerinnen und Schülern (SuS)[1] beibringen kann.'

(1) SuS etwas beibringen?

---

1 Wir verwenden durchgängig folgende Abkürzungen: SuS für Schülerinnen und Schüler, LuL für Lehrerinnen und Lehrer, MuM für Mentorinnen und Mentoren.

Wenn Sie dann in der Praktikumsschule ein erstes Gespräch mit einer für Sie zuständigen Lehrperson führen, könnten Sie von der anderen Seite der Schwelle her mit folgendem Ratschlag konfrontiert werden (2): ‚Was Sie an der Uni gelernt haben, können Sie hier erst einmal vergessen!' – Vorab: *Beide* Aussagen halten wir für sehr einseitig und insofern für falsch.

(2) Uni vergessen?

Völlig verfehlt aber wäre es, beide Sätze ihrer Falschheit wegen einfach beiseitezuschieben. In der vom Kantianer Leonard Nelson (1882 – 1927) begründeten und von Gustav Heckmann (1898 – 1996) weiterentwickelten Diskursform des Sokratischen Gesprächs gilt als Maxime für alle Gesprächsteilnehmer:innen Folgendes: ‚Ich versuche immer, auch wenn das Gehörte klar falsch zu sein scheint, aus den Äußerungen den *Wahrheitskern* herauszuhören.' Das entspricht einem Ratschlag von Kant. Er hält einen totalen Irrtum aus erkenntnistheoretischen Erwägungen heraus für unmöglich und empfiehlt – so eine Mitschrift aus einer Logik-Vorlesung –, wir müssten „das Gold der Wahrheit unter dem Auskehricht des Falschen hervorspähen und absondern, und nicht beides zugleich wegwerfen" (Kant, AA, Bd. XXIV, S. 396). Worin besteht das „Gold der Wahrheit" in den beiden Aussagen? Was ist „Auskehricht"?

Zur Beantwortung dieser Fragen greifen wir zurück auf ein bewährtes Modell für die Darstellung der Grundkonstellationen im schulischen Unterricht, das *Didaktische Dreieck**, und wir werden es um eine weitere relevante Dimension zum *Didaktischen Viereck* ausbauen.

Unterricht als *Dreiecks*beziehung

Gemäß dem Didaktischen Dreieck ist Unterricht gleichsam eine *Dreiecks*beziehung. Das veranschaulichende Modell (Abb. 1) ist ein gleichseitiges Dreieck. Alle Seiten sind gleichberechtigt; kein Eckpunkt ist besonders hervorgehoben.

Zum schulischen Unterricht gehört die unterrichtende Lehrperson. In der Regel nur eine, daher Singular. Team-Teaching ist die Ausnahme im schulischen Alltag.

Nicht so im Praxissemester: Wenn Sie als Praxissemesterstudierende:r unterrichten, geschieht dies zusammen mit oder in Begleitung und unter Beobachtung von einer Lehrperson, der Mentorin* oder des Mentors. Diese Lehrperson trägt für das Gesamtgeschehen durchgängig die Verantwortung. Aus SuS-Perspektive gehören Sie dann zu einem Tandem in der Dreiecksecke *Lehrperson*. Dass Sie selbst noch zur Gruppe der Studierenden und damit der Lernenden zählen, tritt im Unterricht, vor allem aus der Perspektive der SuS, deutlich in den Hintergrund. Als Unterrichtende:r haben Sie die Rolle der Lehrperson (auszufüllen).

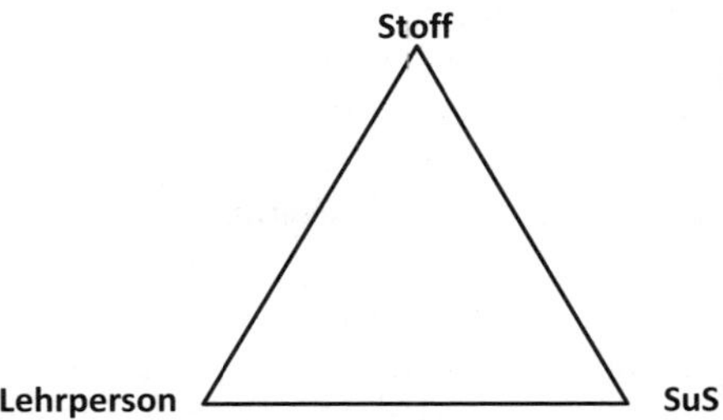


Abbildung 1: Das Didaktische Dreieck*

Wenn Sie – vor allem in der ersten Zeit des Praxissemesters – hospitieren, das Unterrichtsgeschehen also still beobachten, nehmen Sie keine unterrichtliche Rolle ein; im Didaktischen Dreieck* ist für Sie kein Platz vorgesehen. Sie sind zwar in gewisser Hinsicht Schüler:in, aber nicht im Sinne des hier gemeinten Dreiecks.

Die zweite Ecke des Dreiecks – hier oben abgebildet – repräsentiert das weite Feld des Lehr- und Lernstoffs des Unterrichts. Aus Ihrer Sicht sind das die zu Unterrichtsthemen präzisierten Gegenstände der Philosophie und Ethik (siehe auch Kapitel 8.2.2). Als weit bezeichnen wir dieses Feld, weil Sie es nach einem Bachelor-Studium nur teilweise überblicken können. Anderes sollte niemand, auch Sie selbst nicht, von Ihnen erwarten!

Die Ecke *SuS* steht hier sowohl für eine gesamte Lerngruppe aller SuS wie auch für die Singularform, also für einen Schüler oder eine Schülerin.

SuS

Die Seiten des Dreiecks symbolisieren auch die Dreiecks*beziehung* des Unterrichts. Die auf Emotionales zielenden Bedeutungselemente des Wortes sind hier durchaus mitgemeint. Dies gilt vor allem für die Dreiecksseite, welche die Beziehung der Lehrperson zum Stoff repräsentiert:

Unterricht als Dreiecks-*beziehung*

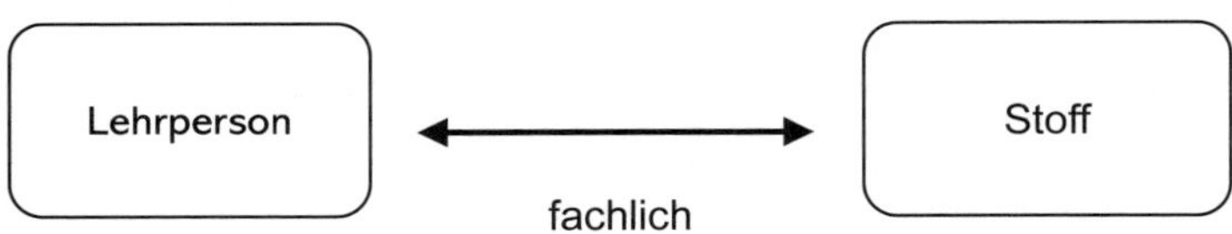


Abbildung 2: Die fachliche Beziehung im Didaktischen Dreieck*

Die fachliche Beziehung der Lehrperson zu ihrem Fach sollte auch gefühlsmäßig innig sein – gemäß der Weisheit des alten Augustinus: „In dir muss brennen, was du in anderen entzünden willst.“ Ohne ein gewisses Maß an Begeisterung für die Sache (der Philosophie) ist (philosophischer) Unterricht schwer vorstellbar.

Den im Studium erlernten Stoff dürfen Sie daher auf keinen Fall vergessen, vielmehr sollten Sie Ihre ‚Liebes-Beziehung‘ zu ihm stetig vertiefen! Das ist der wichtigste Wahrheitskern der oben vordergründig als falsch bezeichneten Aussage (1). Und bezüglich dieses Wahrheitskernes, geht die Zumutung (2), das an der Uni Gelernte vergessen zu sollen, völlig fehl.

Die Beziehung der Ecke *SuS* (Plural und Singular) zum *Stoff* ist notwendig eine andere als die fachliche der *Lehrperson*, und zwar nicht nur wegen der geringeren Fachkenntnisse aufseiten der SuS. Im Schüler:innen-Stundenplan spielt Philosophie/Ethik in aller Regel eine untergeordnete Rolle. Die sogenannten Hauptfächer in der Primar- und Sekundarstufe I und die Leistungskurse in der gymnasialen Oberstufe haben für SuS (und ihre Eltern) psychologisch Vorrang. Von dieser Regel gibt es Ausnahmen, etwa wenn ein:e Schüler:in Philosophie/Ethik für sich als Lieblingsfach ansieht oder wenn – was selten genug möglich ist – eines der Leistungskursfächer Philosophie ist. Aber auch dann haben die philosophischen Fächer schon rein quantitativ nicht die Bedeutung wie für die Lehrperson selbst. Sie mögen sich nach einer Woche noch an mehrere Details der letzten Philo-Stunde erinnern, die SuS kaum. Die Ecke *SuS* ist mit *Stoff* durch eine eher nüchternere, eine *sachliche* Beziehung verbunden:

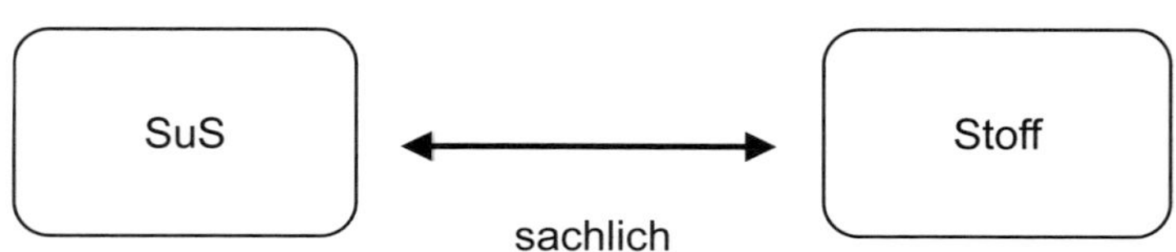


Abbildung 3: Die sachliche Beziehung im Didaktischen Dreieck*

Bis hierher könnte das Dreieck* im Sinn von (1) wie folgt gelesen werden: Die Lehrperson verfügt über fachliche Kompetenzen bezüglich des Stoffs. Und diesen versucht sie dann im Unterricht soweit möglich zu einer Sache der SuS zu machen. Doch diese Lesart ist deshalb falsch, weil sie a) die Position der SuS sehr problematisch fasst und b) die dritte Dreiecksseite, die Beziehung zwischen Lehrperson und SuS, unterschlägt.

Zu a): Hinter (1) verbirgt sich ansatzweise ein Schüler:innen-Bild, das dem des ‚Nürnberger Trichters' ähnelt: Dass ‚Eintrichtern' nicht funktionieren kann, ist lerntheoretisch längst unumstritten. SuS sind nicht Objekte der Belehrung, des ‚Beibringens', sondern Subjekte der eignen, Lernen einschließenden Bildung.

SuS als Subjekte ihrer Bildung

Und diese Subjekte unterscheiden sich erheblich bezüglich dessen, was und wie sie lernen können und wollen! Die hier angesprochene Heterogenität der SuS ist gerade in philosophischen Lerngruppen besonders ausgeprägt (vgl. Kapitel 5). Dass die schulische Wirklichkeit in hohem Maße von dieser Ecke des Dreiecks, von diesen Subjekten, die Sie noch nicht kennen, geprägt ist, kann als ein Wahrheitskern der oben genannten Zumutung (2) verstanden werden.

Unterricht als Beziehungssache

Zu b): „Unterricht ist Beziehungssache", so der unmissverständliche Titel eines kleinen Buches des erfahrenen Mathematik- und Kunstlehrers Michael Felten (Felten 2020). Der Autor entfaltet systematisch die zentrale Bedeutung der SuS-LuL-Beziehung für gelingenden Unterricht und gibt Anregungen, diesen beziehungsförderlich zu gestalten.

Das Praxissemester bietet Ihnen nun die Chance, die *soziale* Beziehung zwischen Lehrperson und SuS, die leibhaftige Interaktion als konstitutiv für Unterricht zu erleben. Gerade in dieser Hinsicht betreten Sie in der bevorstehenden Praxisphase Neuland; gerade diese Dimension von Unterricht lässt sich nicht am Schreibtisch und Bildschirm erlernen oder in Hochschulveran-

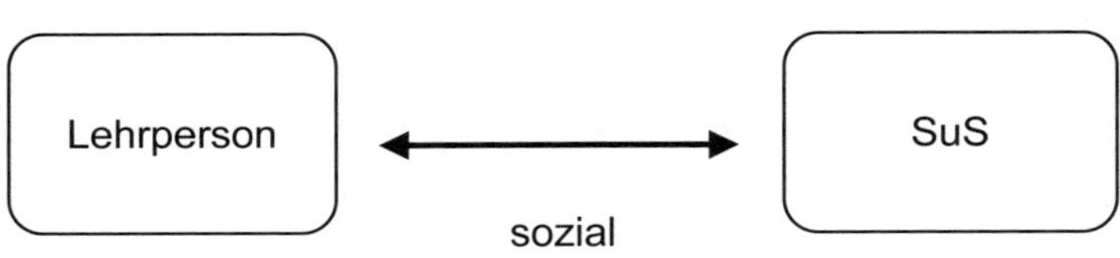


Abbildung 4: Die soziale Beziehung im Didaktischen Dreieck*

staltungen adäquat simulieren. Und auch in diesem Punkt liegt ein Wahrheitskern der oben genannten Zumutung (2).

Wenn die Interaktion der Lehrperson mit einzelnen SuS wie auch mit der ganzen Lerngruppe von Empathie, ernstem Interesse an ihren Problemen und Vorstellungen sowie von Wohlwollen geprägt ist, dann erst kann die Expertise der Lehrperson und die aus ihr erwachsenden Hilfen für den Unterricht für die SuS fruchtbar werden. Die fachliche Expertise der Lehrperson ermöglicht es ihr nämlich, noch ungenaue, tastende Äußerungen der SuS in ihrem philosophischen Potenzial wahrzunehmen und für alle im Sinne eines Resonanzbodens* zu verstärken. So hilft die Lehrperson den SuS, sich den jeweiligen Stoff für sich thematisch zu erschließen. In diesem und nur in diesem Sinne kann die Lehrperson den SuS etwas ‚beibringen'.

Rosa: Resonanzdreieck

Die Bedeutung der LuL-SuS-Beziehung für gelingenden Unterricht ist schon vielfach betont worden (vgl. Ulrich 2019). Sie wird auch als Resonanzbeziehung (vgl. Resonanzpädagogik*) und damit als eine Beziehung wechselseitigen Zuhörens und Antwortens charakterisiert. Der Soziologe und Philosoph Hartmut Rosa geht noch einen Schritt weiter und begreift alle drei Seiten des Didaktischen Dreiecks* als mögliche Resonanzverbindungen und entfaltet so ein Resonanzdreieck. Denn auch die Welt und ihre im Unterricht als Stoff bzw. Thema begegnenden Welt-Ausschnitte könnten ‚antworten' – der Lehrperson und den SuS. Voraussetzung dafür sei aber, dass die LuL-SuS-Beziehung eine wechselseitig wertschätzende Resonanzbeziehung sei. So stehen also alle drei Seiten des Didaktischen (Resonanz*-)Dreiecks zueinander in Wechselwirkung (vgl. Rosa & Endres 2016).

Plus Institution = Viereck

In das unterrichtliche Geschehen mischt sich aber noch eine weitere Ecke ein, die das Dreieck* zum Viereck transformiert. Die *Institution* Schule beeinflusst in je unterschiedlicher Weise alle anderen Ecken und Seiten des Dreiecks*.

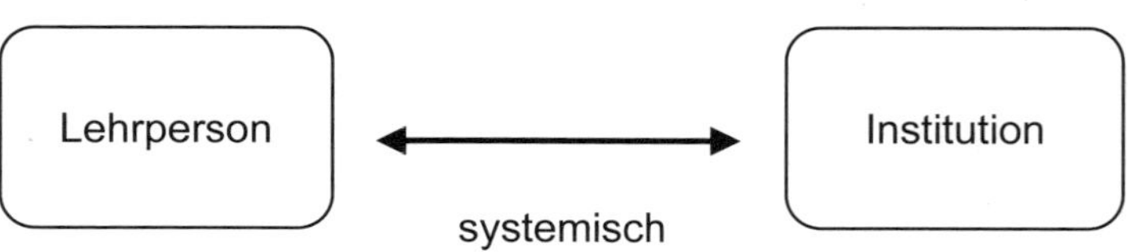


Abbildung 5: Die systemische Beziehung im Didaktischen Viereck*

Die Lehrperson ist *systemisch* in das Netz von Rollen und Aufgaben in der Fachgruppe, in der Schule insgesamt und in die damit verbundenen Einrichtungen wie Schulämter, Bezirksregierungen, Ministerien usw. eingebunden (vgl. Kapitel 2 und 3). Nur innerhalb dieses Interaktions- und auch Kontroll-Netzes kann sich die Lehrperson beruflich entfalten.

Das Praxissemester ist in den meisten Bundesländern dadurch geprägt, dass für die Studierenden die untere Ecke aus drei Institutionen besteht: Hochschule (ggf. einschließlich des jeweiligen Zentrums für Lehrerbildung, ZfL) Praktikumsschule und Zentrum für schulpraktische Lehrerausbildung (ZfsL)*. Wegen ihrer unterschiedlichen Kulturen und Zuständigkeiten arbeiten diese drei Einrichtungen erfahrungsgemäß leider nicht immer reibungslos zusammen (siehe auch Kapitel 13). Als Studierende:r könnten Sie daher das Gefühl entwickeln, ‚zwischen den Stühlen zu sitzen'. Scheuen Sie sich nicht, die damit verbundenen Probleme offen anzusprechen! In der Schule sind Ihre Ansprechpartner:innen die/der für Sie zuständige Ausbildungsbeauftragte* und auch die Mitglieder der Schulleitung*; an der Hochschule die jeweiligen Dozierenden, in deren Verantwortung auch die Bewertungen Ihrer Prüfungsleistungen liegen. Die Lehrpersonen am ZfsL* können beratend bzw. vermittelnd hilfreich sein.

Wirkmächtig ist die *Institution* auch im Hinblick auf den *Stoff*. Die ministeriellen und schulischen Lehrpläne sind maßgeblich für die Auswahl der Themen für die jeweiligen Jahrgangsstufen. Sie setzen Präferenzen, sie wirken *selektiv*: Was von der Welt als Stoff und Thema in der Kompetenzbildung zur Geltung kommen soll, wird in Rahmenvorgaben der Institution vorgeschrieben und hängt somit keineswegs allein von den Entscheidungen der Lehrpersonen und der SuS ab. Relevante fachphilosophische Diskussionen, für die Sie sich vielleicht begeistern können, fin-

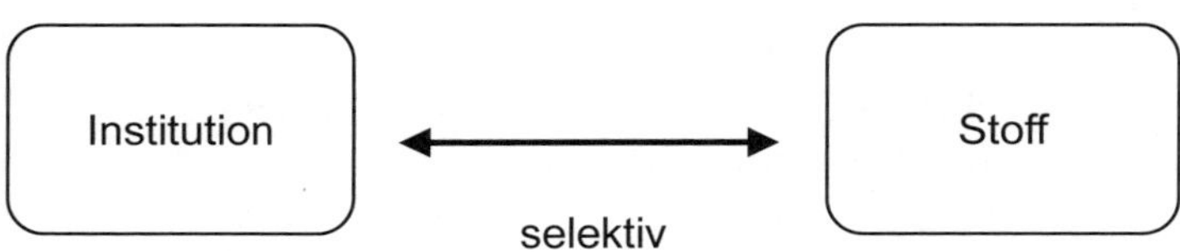


Abbildung 6: Die selektive Beziehung im Didaktischen Viereck*

den erfahrungsgemäß nur mit größerer Verzögerung Eingang in die Lehrplanpräferenzen. Ebenfalls ein Wahrheitskern der Zumutung (2).

Auch hier ist aber durchaus eine Resonanzbeziehung möglich, wenn nämlich die Institution mit ihren Vorschriften auf Probleme der Welt ‚antwortet' und beispielsweise Fragen des Klimawandels, der nachhaltigen Entwicklung, der Migrationsethik usw. in die Lehrpläne aufnimmt.

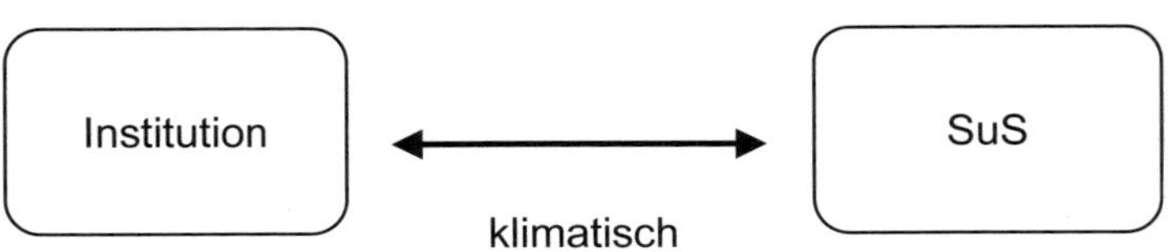


Abbildung 7: Die klimatische Beziehung im Didaktischen Viereck

Für die SuS und ihren Bildungsprozess ist die Institution von überragender Bedeutung: Sie spüren sie gleichsam *klimatisch*, zunächst als räumliche Atmosphäre, geprägt durch Architektur, Möblierung und Instandhaltung im Klassenraum, im Schulgebäude, auf dem Pausenhof und auch auf den Toiletten. Sie erleben die Institution auch sozial als Klassen- und Gruppenklima. Sie vermissen sie schmerzlich im Distanz- oder Wechselunterricht. Das Klima betreffend ist etwa zu fragen: Sind alle in der Schülergruppe in ihrer Vielfalt akzeptiert, integriert und inkludiert? (vgl. Kapitel 5). Kann Mobbing im Keim erstickt werden? Werden Freundschaften und Feste ermöglicht? Wird die Schule als Schulgemeinde wahrgenommen? Die SuS erleben ihre Institution Schule ferner in den Formen der *Kommunikation* zwischen Schulleitung*, Hausmeister:in, Sekretariat und zu ihnen selbst.

Vergessen wir nicht: SuS unterliegen der staatlich verordneten Schulpflicht. Die Schule ist auch eine Zwangsinstitution.

Fächerangebot in Philosophie/ Ethik?

Gerade für Philosophie-SuS stellt die Institution schon vorab Weichen, und zwar durch das konkrete schulische Fächerangebot: Ist ein philosophisches Ersatz- oder Alternativfach für den Religionsunterricht an der Schule in der Sek. I eingerichtet? Wenn ja, auch in allen Jahrgangsstufen? Gibt es vielleicht in der gymnasialen Oberstufe einen Leistungskurs Philosophie? Kann man in Philosophie/Ethik auch eine schriftliche und/oder mündliche

Abiturprüfung ablegen? Gibt es zusätzliche Philosophie-Angebote wie Arbeitsgemeinschaften oder Projektkurse? (vgl. Kapitel 4). Wenn Sie sich im Praxissemester mit Fachkommiliton:innen an anderen Schulen austauschen, werden Sie schnell merken, wie unterschiedlich diese Fragen jeweils beantwortet werden.

Das Praxissemester fordert und fördert bei den Studierenden eine Horizonterweiterung im Sinne des Dreiecks hin zur Ecke der SuS und im Sinne des Vierecks unter Einbezug institutioneller Rahmenbedingungen. Das Viereck-Modell (Abb. 8) fasst die relevanten Ecken und Seiten bzw. Diagonalen zusammen. (Aus Gründen besserer Überschaubarkeit wird auf die Gleichseitigkeit des Ausgangsdreiecks verzichtet.)

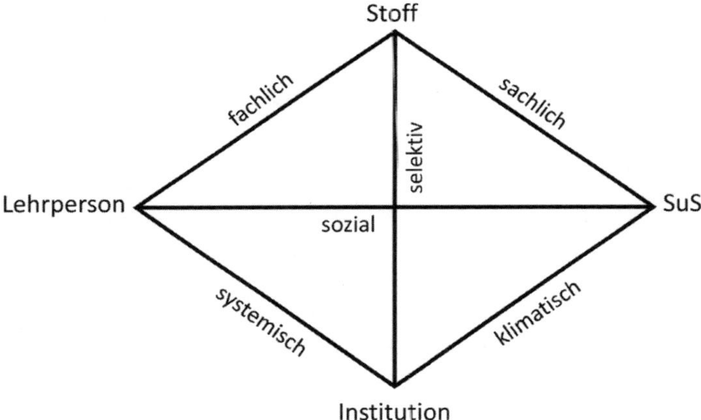


Abbildung 8: Das Didaktisches Viereck

Vorausblickend gilt: Die entscheidenden Unterschiede zwischen der 1. und der 2. längeren Praxisphase, der nach dem Studium, betreffen die Aufgaben und die Rolle. Im Vorbereitungsdienst* gibt die/der Lehramtsanwärter:in auch Unterricht in eigener Verantwortung (eigenständiger Unterricht). Anders auch der systemisch-institutionelle Bezug: Die Hochschule spielt keine Rolle mehr, umso wichtiger aber wird das jeweilige ZfsL*.

## Literaturtipps zur Vertiefung

Fromm, Martin (2012): Einführung in didaktisches Denken. Münster/New York/München/Berlin: Waxmann.

Felten, Michael (2020): Unterricht ist Beziehungssache. Stuttgart: Reclam.

Rosa, Hartmut & Endres, Wolfgang (2016): Resonanzpädagogik. Wenn es im Klassenzimmer knistert. Weinheim und Basel: Beltz.

# B. Vor Ort! – Erste Erkundungen an meiner Praktikumsschule

## 2. Beobachtungen vor und während des ersten Besuchs an der Praktikumsschule

Wenn SuS eine für sie neue Schule zum Schuljahresanfang betreten, geschieht dies in der Regel nicht zum ersten Male. Meist haben sie zusammen mit ihren Eltern vorab schon das Gebäude – ggf. geführt – besichtigt, zum Beispiel an einem „Tag der offenen Tür". Das erleichtert ihnen zu Beginn des Schulstarts die Orientierung in einem noch unbekannten Feld.

Entsprechend sollten auch Sie als Studierende:r nicht erst beim offiziellen Praktikumsbeginn die Schule aufsuchen. Bemühen Sie sich rechtzeitig – etwa zwei bis drei Wochen vor Beginn des Praxissemesters – über das Sekretariat um einen Besuchstermin an der Schule. Ein Mitglied der Schulleitung* oder/und die/der Ausbildungsbeauftragte* wird Sie gerne zu einem Kennenlerngespräch und ggf. zu einer Schulführung empfangen.

Kennenlerngespräch vereinbaren

Wenn Sie dazu Gelegenheit haben, gehen Sie mit offenen Augen durch die Schule! Sie können z.B. darauf achten, wie die Klassen- bzw. Kursräume eingerichtet sind: Sind die Tische in Reihen angeordnet oder in Hufeisenform oder sind die Tische von vornherein gruppiert? Sind die Räume eher einheitlich gestaltet oder unterscheiden sie sich deutlich? – Der erste Fall spricht für einen größeren Schulkonsens in der Unterrichtsgestaltung, der andere Fall deutet auf Flexibilität und Vielfalt. – Gibt es in der Nähe der Klassenräume auch kleinere Gruppenräume für selbstständiges, differenziertes Arbeiten? Gibt es individuelle Ablagemöglichkeiten für Bücher und Pin-Wände für Plakate usw. in den Unterrichtsräumen? Wie sieht es mit der technischen Ausstattung aus? Gibt es ‚nur' eine grüne Tafel und/oder bereits interaktive Whiteboards? Die Internetanbindung und die entsprechenden Nutzungsmöglichkeiten der Schule sind auf den ersten Blick meist nicht erkennbar, diesbezüglich sollten Sie nachfragen.

Einrichtung und Ausstattung der Klassenräume, Digitalisierung?

Das soziale und städtebauliche Umfeld einer Schule ist für ihren Charakter von besonderer Bedeutung. Es gibt Schulen, deren SuS vielfach in Ein- oder Zweifamilienhäusern leben, und zwar mit Eltern, die über ein gehobenes Einkommen verfügen. Eher wenige der SuS haben einen Migrationshintergrund. Dem stehen Schulen in sogenannten sozialen Brennpunkten gegenüber, mit überdurchschnittlich vielen Haushalten, die von staatlichen Transferleistungen leben, und zwar in verdichteten Wohngebieten. Viele SuS haben Schwierigkeiten mit der deutschen Sprache. Angesichts solcher Unterschiede, die sich auch in unterschiedlichen Leistungsvoraussetzungen bei landesweiten Vergleichsarbeiten niederschlagen, ordnet beispielsweise das Schulministerium des Landes NRW zwecks besserer Vergleichbarkeit jede Schule einem von fünf „Standorttypen“ zu. Die beiden oben grob skizzierten Varianten entsprächen den Typen 1 und 5. Aber Achtung: Der jeweilige Standorttyp einer Schule ergibt sich aus rein deskriptiven Merkmalen des Umfeldes; über die Qualität der Schule sagt der Standorttyp als solcher gar nichts aus! Wenn Sie sich auf Ihre künftigen SuS im Sinne des Didaktischen Drei- bzw. Vierecks* grob einstellen wollen, könnte es durchaus wichtig sein zu wissen, in welchem Umfeld die meisten von ihnen leben (siehe auch Kaptel 5). Fragen Sie ruhig nach Merkmalen der Wohngegend der Schule, wenn Sie die nicht schon kennen.

Standorttyp?

Die Webseite einer Schule, die Sie sicherlich vor dem ersten Besuch studiert haben, gibt meistens noch Hinweise zu drei weiteren Typisierungs-Kategorien der Schule:

Übergreifendes Ziel der Schule?

Ihre Praktikumsschule könnte sich einem wichtigen übergreifenden Ziel verpflichtet sehen, etwa der europäischen Verständigung, dem Eintreten gegen Rassismus oder für eine nachhaltige Entwicklung usw. Solche Ziele, die Sie sich im Kennenlerngespräch noch näher erläutern lassen mögen, könnten ggf. für die Planung des eigenen Unterrichts wichtig werden.

Inklusion?

Möglicherweise sieht sich die Schule auch in besonderer Weise der individuellen Förderung verpflichtet. Sie hat eventuell Programme zur Förderung von Hochbegabten. Oder die Schule fördert das Gemeinsame Lernen von SuS mit und ohne sonderpädagogischem Förderbedarf (Inklusion). Dabei ist zu unterscheiden zwischen *zielgleichem* Unterricht, wobei alle SuS denselben Abschluss anstreben (z.B. körperlich Beeinträchtigte und Nicht-Beeinträchtigte wollen das Abitur erreichen), und *zieldifferentem* Unterricht. In diesem Fall, etwa bei SuS mit dem Förderschwerpunkt „Lernen“, werden jeweils unterschiedliche Abschlüsse angezielt. Gerade inklusive Lerngruppen könnten für den philosophischen/ethischen Unterricht bedeutsam sein, denn dieser Unterricht bietet die besondere Chance, die mit Inklusion verbundenen gesellschaftlichen, anthropologischen und ethischen Probleme ausdrücklich zum Thema des Unterrichts zu machen und so vielleicht inklusionsförderlich zu wirken (vgl. Blesenkemper 2017).

Für die Gestaltungsmöglichkeiten des Praxissemesters ist auch das fächerspezifische Profil der Schule wichtig: Legt die Schule besonderen Wert auf die MINT-Fächer, die Sprachen, den Sport oder den künstlerisch-musischen Bereich? Oder will die Schule gerade *kein* Fach und *keinen* Fächerbereich besonders hervorheben, weil sie möglichst vielen Bildungsbedürfnissen gerecht werden will? Welche Fremdsprachen kann man ab welcher Jahrgangsstufe an der Schule erlernen? Gibt es auch bilingualen Unterricht? Gibt es fachspezifische Angebote im Bereich von Arbeitsgemeinschaften im Ganztag oder Projektkursen, die neben dem regulären Unterricht fachspezifische oder fächerübergreifende Themen behandeln? Gibt es Kurse für die gymnasiale Oberstufe, in denen Ihre Schule mit einer anderen kooperiert?

Fächerspezifisches Profil?

Für Ihr Praxissemester Philosophie/Ethik ist entscheidend, ob und in welcher Weise die unterschiedlich bezeichneten philosophischen Fächer in welchen Jahrgangsstufen angeboten werden. Das föderale Patchworkgewebe Deutschland ist gerade in diesem Fächerbereich sehr bunt. Sie werden sicherlich wissen, ob in Ihrem Bundesland Philosophie *oder* Ethik oder Philosophie *und* Ethik oder in der Sek. I Ethik *und* in der Sek. II ein gleichbenanntes Fach *oder* ein Fach mit anderer Bezeichnung *oder* gar zwei philosophische Fächer in einer Stufe parallel unterrichtet werden (siehe im Detail Kapitel 4).

Wie auch immer die diesbezüglichen rechtlichen Vorgaben in Ihrem Bundesland aussehen, Einheitlichkeit ist auch innerhalb des Landes nicht garantiert, die Umsetzung der Rechtsvorschriften kann an den Schulen deutlich differieren. In NRW beispielsweise *könnte* rein rechtlich ab der Sek. I überall Philosophie im Angebot sein. Die Realität sieht laut den im Internet leicht einsehbaren amtlichen Schuldaten für NRW (Schulministerium NRW, 2020) anders aus: Über 90 % der Gymnasien haben Philosophie im Programm für die Oberstufe. An Gesamtschulen ist dieser Anteil in der letzten Zeit auf unter 80 % gesunken. In den Schulformen und -stufen der Sek. I, auch an Gymnasien, bieten ungefähr 80 % der Schulen Praktische Philosophie an. An Hauptschulen liegt der Anteil erst bei knapp 65 %. Diese Zahlen sagen noch nichts darüber aus, für welche Jahrgangsstufen das jeweilige Angebot gilt. Manche Schulen bieten Philosophie/Ethik erst ab der Klasse 7 oder noch später an.

Unterrichts-möglichkeiten in Philosophie/ Ethik?

Bereits im Prozess der Vergabe der Praktikumsplätze an Schulen sollten Sie sehr sorgfältig auf entsprechende Unterrichtsmöglichkeiten in Philosophie/Ethik achten und ggf. eine Auswahl treffen oder Präferenzen zur Geltung bringen. Sie müssen sich auch darauf einstellen, dass das philosophische Fachangebot an Ihrer Schule eher klein sein wird. Philosophie/Ethik spielt an den Schulen – natürlich rein quantitativ betrachtet – in aller Regel eine untergeordnete Rolle.

Ihr persönlicher Praktikumsplan für Hospitationen und eigene Unterrichtsvorhaben* sollte daher zunächst die (wenigen) Philosophie/Ethik-Stunden berücksichtigen. Das jeweils andere Fach mit meist weit mehr Unterrichtsmöglichkeiten wird dann im Plan darum herum gruppiert. Spätestens im Kennenlerngespräch sollte daher bei allen Beteiligten klar sein, welche philosophischen Unterrichtsmöglichkeiten die schulinterne Stundentafel und der konkrete Stundenplan (siehe auch Kapitel 4) für Sie eröffnen.

## 3. Lehrerzimmer, Kollegium und Fachgruppen

Lehrerzimmer als Soziotop

Beim ersten Besuch werden Sie sicher auch Gelegenheit haben, einen Blick in das Lehrerzimmer zu werfen. Aber erst im Laufe der Zeit werden sich für Sie seine tieferen sozialen Strukturen etwas erhellen können. Sie werden merken, dass das Lehrerzimmer ein Soziotop ist, ein ‚Gemeinschaftsort', der für das Klima an einer Schule von nicht geringer Bedeutung ist.

Vorab: An größeren Schulen, z.B. an vielen Gesamtschulen, ist es durchaus üblich, dass es mehr als ein Lehrerzimmer gibt. Sie sollten wissen, wer sich wo aufhält.

Zutritt zum Lehrerzimmer

Schon der Eintritt ins Lehrerzimmer kann unterschiedlich ausfallen: Die Tür könnte offen bzw. unverschlossen sein; SuS treten aber in der Regel nicht ein, sondern bitten eine Lehrperson um den Kontakt zu der gewünschten. Für eine verschlossene Lehrerzimmertür hat jedes Kollegiumsmitglied einen Schlüssel und ggf. weitere für die Toiletten oder kleinere Besprechungsräume. In vielen Fällen erhalten auch Sie einen oder mehrere Schlüssel, aber das ist aus sehr unterschiedlichen Gründen nicht überall so. Klären Sie Ihre Zutrittsmöglichkeiten zu den für Lehrpersonen vorgesehenen Räumen.

Zu diesen spezielleren Räumen oder Flurbereichen gehören auch solche, in denen der oder die Kopierer stehen. Bezüglich der Kopiermöglichkeiten weichen die Regelungen an den einzelnen Schulen deutlich voneinander ab. Denn dafür sind meist die Schulträger, also in der Regel die finanziell unterschiedlich ausgestatteten Kommunen, zuständig. Manche Schulen können dem Kollegium ein großzügiges Kopierdeputat zuweisen, bei anderen ist es pro Person auf eine bestimmte Anzahl von Kopien beschränkt, es gibt ggf. Kopierkarten. Manchmal ist das Deputat so klein, dass sich viele Kollegiumsmitglieder auch auf private Kopien verwiesen sehen. Vor allem dann, wenn im philosophischen Unterricht aktuelle, z.B. ethisch brisante Themen diskutiert werden sollen, ist der Einsatz von Kopien etwa von Zeitungsartikeln, die dann mit Stiften bearbeitet werden können, durchaus angeraten. Klären Sie für sich rechtzeitig die Kopiermöglichkeiten an Ihrer Schule.

Kopiermöglichkeiten?

Auch beim Erscheinungsbild eines Lehrerzimmers gibt es große Differenzen. Sie könnten eines vorfinden, bei dem sich die Arbeitsplätze kaum unterscheiden. Die Tischplatten sind weitgehend leer. Die Folgerung lautet, es gibt keine feste Sitzordnung. In einem anderen Lehrerzimmer sehen Sie auf den Plätzen Utensilien für ein Frühstück, eine Zeitung oder Schulbücher. Hier hat offensichtlich fast jedes Kollegiumsmitglied einen festen Platz. Alle Lehrpersonen haben zudem in der Regel ein offenes und ein geschlossenes Fach für die Post und die persönlichen Unterlagen.

Feste Sitzordnung?

Die Referendarinnen und Referendare – sie gehören anders als Praktikant:innen direkt zum Kollegium – haben meist einen eigenen Tisch, vielleicht sogar einen eigenen kleinen Raum. In der Regel werden sie Sie als Gast gerne dort aufnehmen. Jedenfalls sollten Sie klären, wo Sie selbst Platz nehmen können. Das deutsche Handtuch-Reservierungsverfahren ist in Lehrerzimmern nicht anwendbar.

Jedes Lehrerkollegium ist heterogen. Dies liegt nicht zuletzt an der gemischten Altersstruktur. Untergruppierungen im Kollegium können sich am Alter, an Fachgruppen, an persönlichen Interessen oder Freundschaften usw. orientieren.

Die Fachgruppe Philosophie/Ethik finden Sie im Lehrerzimmer – meist nicht als Gruppe. Denn sie ist mit einer bis vielleicht vier oder fünf Lehrpersonen so klein, dass sich ihre Mitglieder, wenn sie sich einer Gruppe im Lehrerzimmer zuordnen, am jeweils anderen Fach oder an anderen Merkmalen der Gemeinsamkeiten der Kollegiumsmitglieder orientieren. Eine solche Unauffälligkeit im Lehrerzimmer gilt für mehrere ‚kleine' Fächer, wie etwa Chemie oder Kunst.

Eine Besonderheit der Lehrpersonen, die Philosophie/Ethik unterrichten, ist für Sie von großer Bedeutung: deren Ausbildung bzw. Qualifizierung. Hier gibt es mehr als in anderen Fächern große Unterschiede, zunächst aufgrund der differenten Anforderungen der Bundesländer an Lehrpersonen. In einem aktualisierten Bericht der Kultusministerkonferenz über die Situation des Ethikunterrichts in Deutschland aus dem Jahre 2020 wird zwar generell betont, die Lehrpersonen müssten über die „notwendige Fachkompetenz für die Erteilung von ‚Ethikunterricht'" (Kultusministerkonferenz 2020, S. 9) verfügen. Aber im 2. Berichtsteil, in dem die Situation in den einzelnen Ländern anhand einer einheitlichen Frageliste dargestellt wird, bleibt unklar, wie hoch der Anteil der grundständig ausgebildeten und der allenfalls weitergebildeten Lehrpersonen jeweils ist. Hinzu kommt für alle Länder, dass Philosophie/Ethikunterricht auch fachfremd erteilt werden kann bzw. darf. – Aus einer nicht mehr ganz aktuellen und in diesem Punkt nicht alle Bundesländer berücksichtigenden Erhebung des Fachverbandes Ethik (Fachverband Ethik, 2016, S. 11) zeigt sich folgendes Bild: Es gab 2016 wenige Länder, in denen über 80 % der Lehrpersonen für Philosophie/Ethik auf eine universitäre Fachausbildung zurückgreifen konnten und insofern nicht fachfremd unterrichten mussten; dazu zählen NRW, für das in der genannten Erhebung nur die Sek. I berücksichtigt wurde, und Sachsen-Anhalt, ein Land, in dem das Praxissemester im Rahmen des Studiums nicht vorgesehen ist. In anderen Ländern hatten die Lehrpersonen nur zu einem kleineren Teil eine Fachausbildung; das trifft auf Hessen, besonders auf Bayern – auch hier ist das Studium ohne Praxissemester vorgesehen – und wohl immer noch auf Niedersachsen[2] zu.

Anteil der qualifizierten Lehrpersonen im Fach Philosophie/Ethik?

Die Fachgruppe Philosophie/Ethik an Ihrer Schule kann damit aus Lehrpersonen zusammengesetzt sein, die ...

1. mit grundständiger Ausbildung in den philosophischen Fächern aller Jahrgangsstufen der jeweiligen Schulform (einschließlich einer Erweiterungsprüfung für ein drittes Fach) unterrichten,

2 In Niedersachsen gab es laut einer Regierungsantwort auf eine kleine Anfrage zum Stichtag 22.09.2014 genau 499 Lehrpersonen mit der Lehrbefähigung für Werte und Normen für insgesamt 135839 Schülerinnen und Schüler, d.h. eine Lehrperson war rechnerisch für 272 SuS zuständig. Zum Vergleich kamen 2017 in NRW ca. 40 SuS auf eine Lehrperson für Praktische Philosophie. Zu weiteren Details und den Quellen vgl. Blesenkemper (2018), S. 95 u. 91.

2. mit grundständiger Ausbildung in einem philosophischen Fach für bestimmte Jahrgangsstufen, z.B. nur für Philosophie in der Oberstufe, nicht aber für Ethik bzw. Praktische Philosophie in der Sek. I (bzw. umgekehrt) unterrichten,
3. mit einer Unterrichtserlaubnis arbeiten, die sie erworben haben, indem sie sich berufsbegleitend für das philosophische Fach weitergebildet haben, etwa in NRW in einem einjährigen Zertifikatskurs,
4. als Lehramtsanwärter:innen erste Unterrichtserfahrungen sammeln, oder
5. mit Unterrichtserfahrungen ohne abgeschlossene fachliche Vorbildung (fachfremd) unterrichten.

Wie immer auch die Mitglieder der Philosophie/Ethik unterrichtenden Fachgruppe an Ihrer Schule formal qualifiziert sind, die Unterrichtsqualität und Ihre Chance, viel zu lernen, hängen wesentlich von der Erfahrung und dem Engagement der jeweiligen Lehrperson ab.

Zwei andere Fachgruppen des Lehrerkollegiums, die manchmal auch verbunden sind, verdienen hier besondere Erwähnung: die Fachgruppen der Lehrpersonen Evangelischer und Katholischer Religion (ggf. auch die anderer Religionsgemeinschaften). Vielfach arbeiten die Philosophie/Ethik-Fachgruppen eng mit den Religionsfachgruppen zusammen. Dies liegt vor allem an den thematischen Überschneidungen der Fächer, die mit guten Gründen vom Gesetzgeber auch so gewollt sind. Denn grundlegende Fragen des Menschen- und Weltbildes, der zentralen Werte sowie der eigenen Existenz sollen *alle* Schülerinnen und Schüler thematisieren können, indem sie – je nach Bundesland – an einem Unterricht in Philosophie/Ethik und/oder Religion teilnehmen (siehe auch Kapitel 4). Im Sinne der genannten thematischen Ausrichtungen sieht Rheinland-Pfalz, das kein Praxissemester festlegt, für fachfremden Ethikunterricht explizit Lehrpersonen mit der Lehrbefähigung für Sozialwissenschaften oder eben Religion vor (vgl. Kultusministerkonferenz 2020, S. 61). Thematische Absprachen zwischen der Fachgruppen Philosophie/Ethik und den Fachgruppen Religionslehre können zu spürbaren Synergieeffekten in der Unterrichtsvorbereitung und im Unterricht selbst führen. Fächerverbindender oder fachübergreifender Unterricht wird vielfach auch deshalb organisatorisch ermöglicht, weil der Unterricht dieser Fächergruppe häufig geblockt ist, d.h. jeweils eine Jahrgangsstufe hat immer zur selben Zeit im wöchentlichen Stundenplan Evangelische *oder* Katholische *oder* Islamische Religionslehre *oder* Philosophie/Ethikunterricht. Gemeinsame Unternehmungen etwa an außerschulischen Lernorten werden so erleichtert.

Wenn an Ihrer Praktikumsschule die philosophische/ethische Fachgruppe sehr klein ist und Sie daher nur wenige Chancen haben, entsprechende Erfahrungen zu sammeln, sollten Sie gemeinsam mit dem/der Ausbildungskoordinator:in und den betreffenden Lehrpersonen prüfen, ob Sie einige Elemente des Praxissemesters Philosophie/Ethik auch im Religionsunterricht absolvieren können.

Zusammenarbeit zwischen Philosophie/Ethik und Religion?

Nun ist aber – das darf hier nicht verschwiegen werden – die Zusammenarbeit zwischen den Fachgruppe Philosophie/Ethik und Religion keineswegs immer eng, im Gegenteil: Es gibt einige Erfahrungsberichte aus den Schulen, in denen von einem distanzierten bis fast feindseligen Konkurrenzverhältnis gesprochen wird. Manche Religionslehrpersonen fürchten, dass ihnen durch ein philosophisches Wahl- bzw. Ersatzfach ‚ihre Schülerinnen und Schüler abhandenkommen'. Die Statistiken (siehe Kapitel 5) begründen im Allgemeinen diese Furcht nicht, im Einzelfall aber mögen die Sorgen durchaus berechtigt sein. Ein Motiv für die Sorge vieler Religionslehrer:innen besteht in der Überzeugung, dass den SuS etwas Fundamentales fehlt, wenn sie nicht die Chance auf eine vertiefte Auseinandersetzung mit Religion und die Thematisierung des Transzendenten im Unterricht erhalten. Es genüge nicht, ‚nur' Probleme des menschlichen Miteinanders zu diskutieren. Die Rolle eines echten Ersatzes für den Religionsunterricht könne ein philosophisches/ethisches Ersatzfach (bzw. Wahlpflichtfach) nicht wirklich ausfüllen.

Konkurrenzsituation zwischen Religion und Philosophie/Ethik?

Eine möglicherweise konfliktträchtige Konkurrenzsituation zwischen Religion und Philosophie/Ethik kann auch aus der Sicht mancher SuS vermutet werden. Man stelle sich eine Schülerin vor, die sich – religionsmündig, die grundgesetzlich verbürgte negative Religionsfreiheit in Anspruch nehmend (siehe Kapitel 4 u. 5) – soeben vom Religionsunterricht abgemeldet hat, nun am Ersatzunterricht teilnehmen soll oder will und dort auf genau den Lehrer ihres gerade aufgegebenen Religionsunterrichts trifft. Dieser Fall könnte eintreten, wenn eine Lehrperson über die Lehrbefähigung für das ‚Originalfach' Religion und zugleich für das ‚Ersatzfach' Philosophie/Ethik verfügt. Das ist erfahrungsgemäß in vielen Fällen völlig unproblematisch, manchmal sogar für alle Seiten sehr bereichernd. Aber die vorgestellte Schülerin könnte auch Schwierigkeiten haben, bei ihrem Lehrer eine nun andere Perspektive auf möglicherweise denselben Unterrichtsgegenstand zu erkennen.

In NRW hat der Gesetzgeber dieses Problem offensichtlich eine Zeitlang so gesehen und zu Beginn des Schulversuchs Praktische Philosophie in den 90er Jahren eine Nachqualifizierung von Religionslehrpersonen für das Ersatzfach Praktische Philosophie untersagt. Diese Regelung hatte in NRW nicht lange Bestand. In Baden-Württemberg ist noch heute die Fächerkombination Religion und Philosophie/Ethik für ein Zweifächerstudium für das Lehramt an Gymnasien von vornherein ausgeschlossen. Ähnliches gilt in Bayern (ohne Praxissemester): Dort darf eine Lehrperson für Religion das Fach Ethik nicht unterrichten (vgl. Kultusministerkonferenz 2020, S. 21).

Bevor Sie wie oben angeraten versuchen, im Praxissemester ggf. auch den Religionsunterricht zu besuchen, sollten Sie taktvoll erkunden, wie es um Kooperation und Konkurrenz zwischen den Fachgruppen Philosophie/Ethik und Religion(en) an Ihrer Schule steht.

# 4. Institutionelle Rahmenbedingungen des philosophischen/ethischen Unterrichts

## 4.1 Rechtlicher Status des Unterrichtsfaches in den Bundesländern

Der Grund für die in Kapitel 1 vorgestellte Erweiterung des Didaktischen Dreiecks* zum Viereck ist die Bedeutung institutioneller Faktoren für jeden Unterricht, auch und gerade für den in Philosophie/Ethik. Zu diesen Faktoren zählen der *Status* dieses Fachs und weitere rechtlichen Vorgaben für den philosophischen/ethischen Unterricht sowie die an der Schule gültigen Lehrpläne und eingeführten Schulbücher.

Status des philosophischen/ethischen Unterrichts

Rechtsvorschriften sind hierarchisch aufgebaut. An der Spitze steht in Deutschland bekanntlich das Grundgesetz. Es ist meist implizit, manchmal explizit maßgeblich für den jeweiligen Status des philosophischen/ethischen Unterrichts.

Das Grundgesetz (GG) gilt für alle Bundesländer – aber in unserem Kontext merkwürdigerweise nicht für alle Bundesländer gleich: Das GG garantiert in Art. 4. die *positive* Religionsfreiheit (Freiheit *zu*), d. h. das Recht auf ungestörte Religionsausübung. Es garantiert dort aber auch die *negative* Religionsfreiheit

(Freiheit *von*). Das heißt, niemand darf in irgendeiner Weise zu Handlungen gezwungen werden, die irgendwie religiöse Züge tragen. Diese zwei Freiheiten haben Folgen für den Religionsunterricht, der wie das gesamte Schulwesen „unter der Aufsicht des Staates" (Art. 7 Abs. 1 GG) steht. Die Erziehungsberechtigten, deren Verantwortung für die Pflege und Erziehung der Kinder grundgesetzlich festgehalten ist (Art. 6 Abs. 2 GG), haben auch das Recht, positiv oder negativ „über die Teilnahme des Kindes am Religionsunterricht zu bestimmen" (Art. 7 Abs. 2 GG). Und dieses Unterrichtsfach – kein anderes – hat Verfassungsrang: „Der Religionsunterricht ist an den öffentlichen Schulen mit Ausnahme der bekenntnisfreien Schulen ordentliches Lehrfach" (Art 7 Abs. 3 Satz 1 GG). Von dieser Regelung sind aber drei Bundesländer ausgenommen. Unter den Übergangs- und Schlussbestimmungen des Grundgesetzes ist mit Art. 141 die Einschränkung der Geltung normiert: „Artikel 7 Abs. 3 Satz 1 findet keine Anwendung in einem Lande, in dem am 1. Januar 1949 eine andere landesrechtliche Regelung bestand." Zur Zeit der Verkündigung des Grundgesetzes traf dies nur auf das Land Bremen zu; daher auch die Bezeichnung „Bremer Klausel". Nach der Wiedervereinigung 1990 gilt diese Klausel – etwas vereinfacht formuliert – auch für Berlin und Brandenburg. Die geringsten Auswirkungen der „Bremer Klausel" auf den Status des philosophischen/ethischen Unterrichts finden wir in Bremen, deutlichere in Brandenburg und gravierend in Berlin.

„Bremer Klausel"

Für den Status sind zudem die Verfassungen der Länder wichtig. Teilweise erklären Landesverfassungen die Grundrechtsregeln des GG – einschließlich der Art. 4, 6 und 7 – auch als deren Bestandteile, teilweise enthalten sie weitere Regelungen und teilweise wird die Ausgestaltung auf Rechtsebenen tiefer im jeweiligen Landesschulgesetz oder in Erlassen normiert. Aus der Kombination von GG, Landesverfassungen, Schulgesetzen und Erlassen ergeben sich fünf Statusgruppen für den philosophischen/ethischen Unterricht. Wir berücksichtigen bei unserer Gruppierung[3] auch jene Bundesländer, in denen es (noch) kein

Fünf Statusgruppen für Philosophie/Ethik in den Bundesländern

3 Anita Rösch kommt bei der Kategorisierung zum Teil zu anderen Ergebnissen, die aus unserer Sicht für Mecklenburg-Vorpommern und NRW auch schon für 2012 nicht nachvollziehbar waren. Vgl. Rösch (2012), S. 3. Neben den Landesverfassungen, den Schulgesetzen und nachgeordneten Verwaltungsvorschriften dient uns als Hauptquelle für die fünf Statusgruppen die Kultusministerkonferenz (2020), S. 10 – 84.

Praxissemester gibt. Denn Sie sollten die maßgeblichen Rahmenbedingungen kennen, wenn Sie nach dem Studium oder dem Vorbereitungsdienst* das Bundesland wechseln (wollen).

1. Einzigartig ist Berlin. Dort ist Ethikunterricht obligatorisches Fach für alle in der Sek. I, die dort die Jahrgangsstufen 7 bis 10 umfasst. *Ergänzend* kann auch ein allein von den Religionsgemeinschaften verantworteter Religions- oder Weltanschauungsunterricht besucht werden (Pflichtfachregelung). Als Wahlpflichtfach gibt es in der Sek. I parallel zu Ethik auch Philosophie. Das zuletzt genannte Fach gehört zudem in den Kanon der Oberstufenfächer.

Pflichtfachregelung

2. In Brandenburg, ebenfalls ohne weiteres Beispiel in Deutschland, haben alle Schülerinnen und Schüler ab der Klasse 5, also auch in den letzten beiden Jahren der sechsjährigen Primarstufe, Unterricht in Lebensgestaltung-Ethik-Religionskunde (LER). Sie haben auch die Möglichkeit, diesen Unterricht durch einen nicht-staatlichen Religionsunterricht – wie in Berlin – zu *ergänzen* oder – anders als in Berlin – zu *ersetzen* (eingeschränkte Pflichtfachregelung).

Eingeschränkte Pflichtfachregelung

3. In den Ländern Sachsen, Sachsen-Anhalt und Thüringen gibt es laut den Landesverfassungen zwei gleichberechtigte Unterrichtsfächer, nämlich Ethikunterricht und Religionsunterricht – in Thüringen in umgekehrter Reihenfolge genannt. Die Eltern bzw. die religionsmündigen SuS müssen zwischen diesen beiden Unterrichtsfächern *wählen* (Wahlpflichtfachregelung).

Wahlpflichtfachregelung

4. Auch Hamburg ist ein Sonderfall. Neben dem Pflichtfach katholischer Religionsunterricht für kath. SuS, von dem sie abgemeldet werden können, gibt es auch einen Religionsunterricht für alle in evangelischer Verantwortung. Die Beteiligung von Aleviten, Juden und Muslimen daran ist in Aussicht genommen. Wer nicht am Religionsunterricht teilnimmt, besucht den Philosophieunterricht. Das klingt wie die Ersatzfachregelung gemäß der 5. Gruppe (s.u.), wird aber als „Wahlpflichtalternative“ bezeichnet, darin eher der 3. Gruppe ähnlich.

Wahlpflichtalternative

5. In allen anderen deutschen Bundesländern (Baden-Württemberg, Bayern, Bremen, Hessen, Mecklenburg-Vorpommern, Niedersachsen, Nordrhein-Westfalen, Rheinland-Pfalz, Saarland, Schleswig-Holstein) ist Philosophie/Ethik das *Ersatzfach* für den Religionsunterricht (Ersatzfachregelung). Hierbei gibt es zwei kleinere Abweichungen: Philosophie ersetzt

Ersatzfachregelung

> in Bremen das überkonfessionelle und rein staatlich verantwortete Fach Biblische Geschichte auf allgemein christlicher Grundlage, nicht einen konfessionellen Religionsunterricht, den es dort nur außerhalb der Schule gibt. In Mecklenburg-Vorpommern kann der Religionsunterricht dann, wenn das Ersatzfach Philosophieren mit Kindern bzw. Philosophie nicht angeboten werden kann, auch durch ein Fach aus dem musisch-ästhetische-künstlerischen Bereich ersetzt werden, welches so gewissermaßen zum Ersatz des Ersatzes wird. Außerdem ermöglicht dieses Land in seinem Schulgesetz eine zeitweilige Kooperation der Religionsfächer mit dem jeweiligen philosophischen Fach in einer „Fächergruppe" (§ 8 Abs. 3 SchulG M-V). Eine Besonderheit in NRW liegt darin, dass in der gymnasialen Oberstufe das Fach Philosophie eine Doppelfunktion hat: Es kann den konfessionellen Religionsunterricht ersetzen, ist aber auch reguläres Fach im gesellschaftswissenschaftlichen Aufgabenfeld, so dass SuS in der Oberstufe, wenn blockungstechnische Schwierigkeiten dies nicht verhindern, sowohl am Religions- als auch am Philosophieunterricht teilnehmen können.

Mit den hier genannten Rechtsvorschriften sind bisher nur die wichtigsten erwähnt; Detailfragen werden in zum Teil stark voneinander abweichenden untergeordneten Vorschriften normiert. Dazu sei hier exemplarisch die Frage formuliert, unter welchen Voraussetzungen und in welchen Schritten ein:e Schüler:in am philosophischen/ethischen Ersatzfach teilnehmen kann oder muss. In NRW ist die Ersatzfachregelung zunächst allgemein im Schulgesetz (§§ 31 u. 32) geregelt. Genauere Bestimmungen finden sich in der Ausbildungs- und Prüfungsordnung für a) die Sek. I und b) für die gymnasiale Oberstufe. Noch genauer sind die diesen Ordnungen zugeordnete Verwaltungsvorschriften.

So kann sich ein religionsmündiger, aber noch minderjähriger Schüler in NRW durch eine jederzeit mögliche, formlose, unbegründete, schriftliche Erklärung vom Religionsunterricht abmelden. Mit einer solchen Erklärung, die der Schulleitung* zur Kenntnis zu geben ist und über die auch die Erziehungsberechtigten zu informieren sind, *ist* der Schüler abgemeldet (Zustandspassiv), womit er automatisch für den Ersatzunterricht angemeldet ist, sofern das Fach an der Schule angeboten wird. Die Erklärung ist also kein komplexer Antrag, der dann in weiteren Schritten zu bearbeiten oder gar zu genehmigen wäre.

Unterschiedliche Verfahrensvorschriften für die Abmeldung vom Religionsunterricht

Die Hürde für eine Teilnahme am Ersatzfach ist für diesen NRW-Schüler sicher nicht sehr hoch, aber wer die Entscheidungsmöglichkeit wie in der 3. Statusgruppe als „Wahl" bezeichnet, bekommt erfahrungsgemäß mit staatlichen oder kirchlichen Aufsichtsstellen Ärger. Außerdem ist Werbung für den ‚Ersatz' nicht erlaubt und er darf sich an einer NRW-Schule auch nicht so ausweiten, dass er das ‚Original' verdrängen würde.

Wenn der erwähnte NRW-Schüler nach Baden-Württemberg umziehen würde, so müsste er gemäß dortigem Schulgesetz (§ 100) und einer entsprechenden Verwaltungsvorschrift ganz anders vorgehen: Er müsste sich an Fristen halten und sich innerhalb der ersten zwei Wochen eines Halbjahres, für das die Abmeldung gelten soll, vom Religionsunterricht abmelden. Für die Wirksamkeit der Abmeldung müsste er in einem persönlichen Gespräch mit der/dem Schulleiter:in, zu dem auch die Erziehungsberechtigten einzuladen sind, „Glaubens- und Gewissensgründe" vorbringen, die dann aber nicht überprüft würden.

Obwohl also beide Länder zur selben Statusgruppe (Ersatzfachregelung) gehören, zeigen sich im ‚Kleingedruckten' deutliche Differenzen, die sich dann auf die Zusammensetzung der Lerngruppen (siehe Kapitel 5) spürbar auswirken können.

Viele halten übrigens die Funktion und die Bezeichnung „Ersatzfach" für despektierlich. Die einen fühlen sich unangenehm an Kaffeeersatz oder Fleischersatz erinnert. Andere assoziieren hier die mittelalterliche Stellung der Philosophie als „ancilla theologiae" (Magd der Theologie). Wir halten es diesbezüglich eher gelassen mit dem Aufklärer Kant, der in seiner Spätschrift *Der Streit der Fakultäten* bereitwillig die genannte Formulierung gelten lässt, aber augenzwinkernd in Klammern ergänzt: „wobei doch noch immer die Frage bleibt: ob diese [die Philosophie] ihrer gnädigen Frau *die Fackel vorträgt* oder *die Schleppe nachträgt*" (Kant: WA, Bd. 9, S. 291; AA, Bd. VII, S. 28).

‚Ersatzfach' mit Vorteilen

Wie auch immer vonseiten der Philosophie/Ethik das Wort „Ersatzfach" konnotiert wird, es gilt: Die rechtliche Bindung des ‚Ersatzes' an das ‚Original', den konfessionellen Religionsunterricht, hat auch Vorteile. Die grundgesetzliche Garantie des ‚Originals' überträgt sich auf den ‚Ersatz'. In NRW etwa sind für jede Jahrgangsstufe der allgemeinbildenden Schulen zwei Wochenstunden für den Religionsunterricht vorgesehen. Damit ist dieses Fach – sieht man von Sport ab – das in quantitativer Hinsicht bedeutendste ‚Nebenfach', was somit ganz analog auch für den ‚Ersatz' gilt. Andere werden es bedauern: Aufgrund der Ersatzfachregelung hat in NRW der philosophische/ethische ‚Ersatz' in der Sek. I mehr Wochenstunden zur Verfügung als etwa Physik oder Geschichte.

## 4.2 Stundentafeln, Lehrpläne, Abiturvorgaben, Schulbücher

In welcher Weise ein philosophisches Fach in einer Schule zur Geltung kommt, hängt nicht zuletzt von der Stundentafel ab, d.h. von der ministeriell verordneten Anzahl der Wochenstunden in den einzelnen Jahrgangstufen. Manchmal werden auch Gesamtkontingente für einen größeren schulischen Zeitraum festgelegt. Für die Wahrnehmung des philosophischen/ethischen Fachs macht es einen großen Unterschied, ob etwa Philosophieren mit Kindern in Mecklenburg-Vorpommern (ohne Praxissemester) nur mit einer oder in Niedersachsen Werte und Normen mit je zwei Wochenstunden unterrichtet wird.

Stundentafel und -Kontingent

Neben Status und Stundentafel bzw. -kontingent sind es vor allem die ministeriell verantworteten Lehrpläne (auch Rahmenlehrpläne, Bildungspläne, curriculare Vorgaben usw.), die in den einzelnen Ländern und ihren Schulen als Rahmenbedingungen den philosophischen/ethischen Unterricht mit prägen. Die länderspezifischen Pläne unterscheiden sich vor allem in der Gewichtung des Anteils, der in der Fachwissenschaft „Ethik" genannt wird. Die meisten Länder, die „Ethik" als Schulfachbezeichnung gewählt haben, stellen Fragen nach dem menschlichen Handeln und ihren Bewertungen ins Zentrum. Schulfächer mit „Philosophie" im Namen greifen etwa auch anthropologische und erkenntnistheoretische Themen stärker auf. Unterschiedliche Gewichtungen zeigen sich ferner bei religionskundlichen Fragen. Ihr Anteil liegt beispielsweise in Niedersachsen höher als in NRW. In zentralen Themen unterscheiden sich die Lehrpläne aber nicht wesentlich, etwa auch nicht bei den drei Themen, die SuS der Sek. I immer wieder bevorzugen: 1. Freundschaft, Partnerschaft, Liebe; 2. Glück; 3. Sterben und Tod.

Lehrpläne

Speziell für den Oberstufenunterricht sind neben den Lehrplänen auch die jeweiligen Vorgaben für ein landeseinheitlich geregeltes Abitur (Zentralabitur) von zentraler Bedeutung. Sie priorisieren durch Auswahl aus den Lehrplänen bestimmte Themen, die vor allem dann zur Geltung kommen müssen, wenn es in der philosophischen/ethischen Lerngruppe SuS gibt, die das Fach als Abiturfach gewählt haben.

Abiturvorgaben

Weil länderspezifische Lehrpläne nicht nur in der thematischen Gewichtung, sondern auch schulform- und schulstufenbezogen differieren und sich auch noch häufiger ändern – meist nach ca. zehn bis zwölf Jahren –, verbietet es sich, hier einen genaueren Überblick geben zu wollen. Die Kultusministerkonferenz hält uns online mit ihrer Lehrplandatenbank auf dem Laufenden

Zugang zu Lehrplänen: https://www.kmk.org/dokumentation-statistik/rechtsvorschriften-lehrplaene/uebersicht-lehrplaene.html

Die Lehrpläne sind unterschiedlich komplex; die Tendenz in den letzten Jahren scheint eher dahin zu gehen, dass die Schulministerien ihre Vorgaben möglichst knapp formulieren und nur die wichtigsten Inhalte, Kompetenzerwartungen und die obligatorischen Elemente benennen. Die jeweiligen Schulen, insbesondere die Fachkonferenzen dort, sind dann aufgefordert, die vorgegebenen Bestandteile der Lehrpläne durch geeignete, standortbezogene Inhalte zu konkretisieren und sich detaillierter darüber zu verständigen, wie der Unterricht in den einzelnen Jahrgangstufen gestaltet werden sollte. Für Sie ist es daher wichtig, zu erfragen, welche schulinternen Lehrpläne vorliegen oder vielleicht gerade revidiert werden.

Schulinterne Lehrpläne?

Zu Ihren vorbereitenden Erkundungen gehört zentral die Frage, mit welchen Schulbüchern an Ihrer Schule ausschließlich, primär oder alternativ gearbeitet wird. Ihre Schule hat sich diesbezüglich aus der Liste der für das jeweilige Land genehmigten Schulbücher die für ihre Schülerschaft und ihre Zielsetzungen geeigneten Lehrwerke ausgewählt. Die schulisch eingeführten Schulbücher spiegeln daher ansatzweise didaktische Grundentscheidungen der philosophischen/ethischen Fachgruppe der jeweiligen Schule.

Welche Schulbücher?

Wie bei der Vielfalt der deutschlandweit gültigen Lehrpläne können wir für weitere Informationen auf eine Online-Datenbank verweisen, den Deutschen Bildungsserver. Es gibt unterschiedliche Arten, auf welche die SuS Zugang zu den Büchern bekommen: Philosophische/ethische Bücher gehören selten zu ihrem aus dem Eigenanteil finanzierten Besitz. Meistens stehen die Bücher in einem oder mehreren Klassensätzen in der Schulbücherei zur Ausleihe für einen kürzeren oder längeren Zeitraum parat. Denkbar ist auch ein Fachraum Philosophie/Ethik, in dem Bücher lagern, die sofort im Unterricht einsetzbar sind. Auch hier sollten Sie sich vor Ort um Klärung bemühen. Wenn Sie nicht selbst die entsprechenden Schulbücher besitzen und die Anschaffung Ihr Budget übersteigt, können Sie sich vielleicht je ein Exemplar der eingesetzten Bücher aus der Schulbücherei Ihrer Praktikumsschule entleihen.

Genehmigte Schulbücher: https://www.bildungsserver.de/Zugelassene-Lernmittel-und-Schulbuecher-522-de.html

Eingeführte Schulbücher besorgen

### Literaturtipp zur Vertiefung

Schröder, Bernd & Emmelmann, Moritz (Hg.) (2018): Religions- und Ethikunterricht zwischen Konkurrenz und Kooperation. Göttingen: Vandenhoeck & Ruprecht.

## 5. Normal sehr verschieden – SuS

Aus Ihrer Perspektive als Studierende:r ist die SuS-Ecke im Didaktischen Drei- bzw. Viereck* in vieler Hinsicht Neuland. Wie sich die Schülerschaft der Schule oder der einzelnen Lerngruppen zusammensetzt, wie die SuS – das Wort sei erlaubt – jeweils so ‚ticken' (sich interessieren, sich artikulieren, sich am Unterricht beteiligen, urteilen, spontan agieren, reagieren, provozieren usw.), wird auch Aufgabe der Unterrichtsbeobachtungen (vgl. Kapitel 7) sein. Im Folgenden möchten wir schon vorab Ihr Empathievermögen für die SuS stärken, indem wir Ihnen vor Augen führen, welche verschiedenen, Heterogenität oder Diversität erzeugenden Einflussfaktoren und Umstände die Persönlichkeit der SuS sowie ihr Handeln und Leisten im Unterricht mitbestimmen *können*, und zwar im Unterricht generell und speziell im philosophischen/ethischen Unterricht (siehe auch Kapitel 11.2).

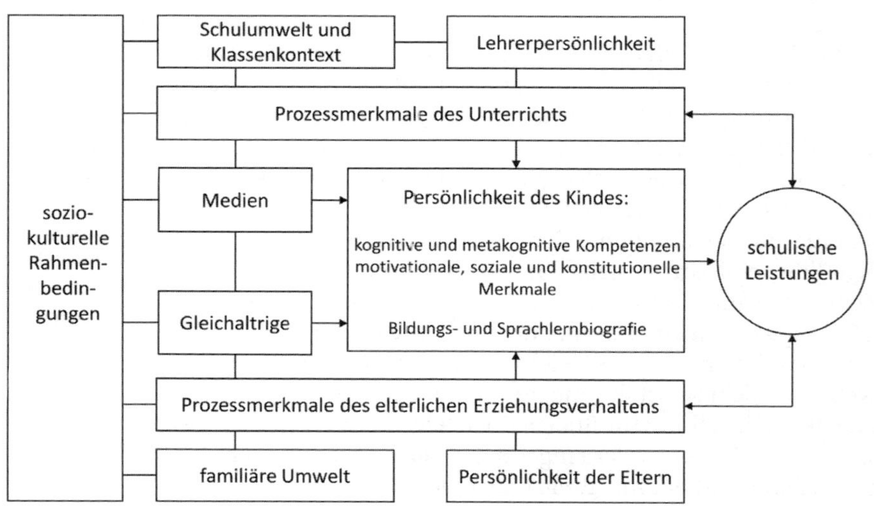


Abbildung 9: Bedingungen schulischer Leistungen. Aus: Helmke (2009), S. 30 [8. Aufl., S. 28]. Abgedruckt in: Wiater (2013), S. 199.

Der Schulpädagoge und Ethikdidaktiker Werner Wiater greift in seiner Darstellung von Lernvoraussetzungen auf die Grafik des Erziehungswissenschaftlers Andreas Helmke zurück (siehe Abb. 9). Wir sehen in der Grafik etwas rechts von der Mitte den Kasten, in dem „Persönlichkeit des Kindes“ steht. Jede Person bringt bestimmte Kompetenzen und Merkmale mit. Das Kind hat sie aber nicht oder nicht nur von sich aus, sondern sie finden ihren Ursprung in soziokulturellen Rahmenbedingungen. Sie werden über die Gleichaltrigen und die Medien an das Kind vermittelt. Hinzu kommen noch Erfahrungen, die das Kind täglich im Elternhaus – unten – und in der Schule – oben – macht. Auf diese Weise kommen die spezifischen Leistungen des Kindes zustande. Und diese wirken dann wieder zurück in die Systeme Elternhaus und Schule.

In Anknüpfung an diese Grafik kommt Wiater zu einer langen Liste von Voraussetzungen, die von Schüler:in zu Schüler:in divergieren können. Aus eben dieser Anders- und Einzigartigkeit resultiert die Heterogenität der Lerngruppe.

Zur Liste der Voraussetzungen gehören entwicklungsbedingte, kognitive, emotionale, psychomotorische, sprachliche, soziale, motivationale, volitionale, gruppenbezogene, familiale, kulturelle, allgemeine schulische und fachliche. Soll man das alles im Blick haben? – Ja! Kann man das alles im Blick haben? – Nein! In dieser Unvollkommenheit liegen die unausweichlichen Grenzen des Lehrerberufs (vgl. Kapitel 8.2.2).

allgemeine plus fachspezifische Heterogenitätsfaktoren

Es kommt noch schlimmer: Denn zur Vielfalt möglicherweise wirksamer Heterogenitätsfaktoren generell kommen noch spezifische Wirkmomente für den philosophischen/ethischen Unterricht hinzu. Die folgende Tabelle enthält links die divergierenden SuS-Attribute und rechts einige Erläuterungen.

## Heterogenitätsfaktoren für philosophische/ ethische Lerngruppen

| In Lerngruppen des philosophisch/ethischen Unterrichts gibt es je nach Umständen SuS ...<br>1. *ohne* Bekenntnis | Es sind SuS, die keiner Religionsgemeinschaft angehören und bei der Anmeldung in den Schuldaten den Vermerk „ohne Bekenntnis" („o. B.") erhalten. Die Größe der Schülergruppe o.B. *steigt* in Deutschland ständig. In NRW in den letzten zehn Jahren um ca. 50 % auf 18.1 % (2020). In den Ländern der ehemaligen DDR ist diese Gruppe die weitaus größte. Primär für den Philosophie/Ethik vorgesehen, dürfen diese SuS in der Regel auf Wunsch auch an einem Religionsunterricht teilnehmen. |
|---|---|
| 2. *mit* Bekenntnis zu einer Religion, für die es an der Schule aber keinen Religionsunterricht gibt | Es sind vor allem Muslime, auch Aleviten, die manchmal zu den Muslimen gezählt werden; ferner kleinere Religionsgemeinschaften, z.B. Orthodoxe, oder auch Mitglieder von sogenannten Sekten. |
| 2.1. zum Teil *sehr religiös* | Teilweise ist für sie ihr Denken und Handeln ganz wesentlich von der Religion geprägt. Solche SuS haben einen gänzlich anderen weltanschaulichen Hintergrund als SuS der 1. Gruppe. |
| 2.2 zum Teil *säkular* | Teilweise ist für sie Religion eher eine Privatsache und sie messen ihr keine überragende Bedeutung zu. Zwischen ihnen und den SuS in 2.1 kann es zu Dissensen in grundlegenden Fragen kommen. |
| 3. die vom Religionsunterricht *abgemeldet* sind, | SuS, die in den Schuldaten einer Konfession zugeordnet sind, selbst oder auf Wunsch ihrer Eltern am entsprechenden Unterricht nicht teilnehmen *wollen* (vgl. Kapitel 4.). Ihr Anteil an der Gesamtkohorte ist vergleichsweise *gering* und *sinkt* weiter. Er liegt in NRW 2020 bei den katholischen SuS bei 0,6 % (2010: 0,9) und bei den evangelischen bei 0,5 % (2010: 0,8) der jeweiligen Schülerschaft. Unklar ist ihr Anteil an philosophisch/ethischen Lerngruppen. An bestimmten Schulen oder in bestimmten Jahrgängen kann er auch hoch sein. In den letzten zehn Jahren hat sich das Ersatzfach in NRW weitgehend etabliert; dies korreliert ersichtlich *nicht,* wie manche befürchtet haben und noch immer fürchten, mit einer steigenden Zahl von Abmeldungen vom Religionsunterricht, eher im Gegenteil. |
| 3.1 meist mit *Distanz zu Religion*, Kirche oder Religionsunterricht | Die meisten dieser SuS begründen, wenn sie danach informell gefragt werden, ihren Unwillen, am Religionsunterricht |

| | |
|---|---|
| | teilzunehmen, mit Distanz zu Religion („Ich glaube nicht an Gott"!) und/oder kirchlichen Institutionen. In Baden-Württemberg kann es offiziell nur dieserart motiviert SuS geben, denn sie müssen für eine Abmeldung „Glaubens- und Gewissensgründe" vorbringen müssen (vgl. Kapitel 4). Wenn eine Abmeldung auch ohne jegliche Begründung wirksam ist, dann sind auch noch andere Motive denkbar und legitim: „Mir geht der Religionsunterricht und/oder die Lehrperson auf die Nerven!" Eine so motivierte Entscheidung in der Schullaufbahn ist in keinem anderen Fach möglich. |
| 3.2 manchmal aus Interesse an etwas Neuem oder speziell an *Philosophie/Ethik* | Manche SuS erläutern, dass ihre Abmeldung vom Religionsunterricht nicht als Abkehr von Religion oder Kirche missverstanden werden dürfe. Nach jahrelangem Religionsunterricht und ggf. parallel zu außerschulischem kirchlichen Engagement wollten sie vielmehr etwas Neues bzw. das Philosophieren kennen lernen. |
| 4. mit sehr unterschiedlichem *Vorwissen* | Dieser generelle Heterogenitätsfaktor kann in Philosophie/Ethik *verschärft* zur Geltung kommen, wenn einzelne SuS oder Schülergruppen ohne fachspezifische Vorkenntnisse aufgrund ihrer Abmeldung vom Religionsunterricht in eine ggf. schon länger bestehende Lerngruppe inkludiert werden. |
| 5. mit unterschiedlichem Niveau im *Urteilsvermögen*, vor allem im Bereich der *moralischen Urteilskraft*. | Die philosophisch zentrale Anforderung, begrifflich präzise argumentieren zu können, erfüllen SuS entwicklungsbedingt sehr unterschiedlich. Wer im Sinne J. Piagets noch nicht formal-operational denken kann – dies trifft auf SuS der Primar- und Unterstufe vielfach zu – kann noch nicht oder nur ansatzweise mit allgemeinen Definitionen und Prinzipien argumentieren, sondern greift auf konkret-anschauliche *Beispiele* zurück: „Freundschaft ist – wenn er mir auch hilft." Ähnliches gilt für die Stufen des moralischen Urteils nach und im Anschluss an L. Kohlberg. Bei manchen SuS der Unterstufe ist in ihren moralischen Urteilen die elterliche Autorität (noch) unangefochten, bei anderen nicht (mehr) (Näheres dazu in Kapitel 10.3.2). |

Tabelle 1: Heterogenitätsfaktoren für philosophische/ethische Lerngruppen

Kulturelle und weltanschauliche Vielfalt wie auch die Individualisierung der Lebensstile werden in den Schulen immer mehr zur Herausforderung für den Unterricht, aber auch zur Chance bereichernder Begegnungen. In Philosophie/Ethik spielen sie eine größere Rolle als in den meisten anderen Fächern. Die Heterogenität ist hier strukturell besonders groß und besonders wirksam. Denn hier stehen vielfach existenziell bedeutsame Fragen im Mittelpunkt wie nach der eigenen Identität, nach Glück, nach Lebensgestaltung, nach dem Umgang mit Sterben und Tod sowie mit Krankheit und Beeinträchtigungen, und generell nach dem Sinn des Lebens. So kommt es häufig explizit zu einer Reflexion – wörtlich verstanden als Rück-beugung – auf zentrale Momente des eigenen Lebens.

Strukturell große Heterogenität besonders wirksam

## Literaturtipp zur Vertiefung

Garz, Detlef (2008[4]): Sozialpsychologische Entwicklungstheorien. Von Mead, Piaget und Kohlberg bis zur Gegenwart. Wiesbaden: VS Verlag für Sozialwissenschaften

# C. „Wichtig ist auf dem Platz" – Der Unterricht als Kerngeschäft von LuL

## 6. Unterrichtsbeobachtungen reflektiert *vorbereiten*

### 6.1 „Man sieht nur, was man weiß"

Hospitationen im Unterricht sind im Praxissemester vermutlich Ihr erster Kontakt mit dem Kerngeschäft Ihres zukünftigen Berufs. Vielleicht haben Sie aber auch schon selbst vor einer Klasse gestanden und sind der Überzeugung, dass man das Schwimmen nur im Wasser lernt und nicht, wenn man vom Beckenrand aus zusieht. Andererseits kann man beim unvorbereiteten Sprung in die tückischen Gewässer des Unterrichtens auch untergehen.

Wir möchten Ihnen in diesem Kapitel die Chancen einer gut vorbereiteten und strukturierten Unterrichtsbeobachtung verdeutlichen, auf Schwierigkeiten einer so voraussetzungsvollen Unternehmung aufmerksam machen und verschiedene Formen der Unterrichtsbeobachtung in ihrem Wert für die Professionalisierung des Unterrichtens vorstellen.

„Man sieht nur, was man weiß" – Mit dieser Sentenz des alten Goethe ist das Kernproblem der Beobachtung des Lernens und Lehrens auf den Punkt gebracht. Philosophisch ist Unterrichtsbeobachtung ein Wahrnehmungsproblem, denn so wie jede Wahrnehmung kein bloßes Abbilden der Welt ist, ist Unterrichtsbeobachtung kein objektives Geschehen. Mit Hilfe schon vorhandener kognitiver, aber auch emotionaler Strukturen konstruieren wir mehr oder weniger geordnete Wahrnehmungen.

Dem einen fallen im Unterrichtsgeschehen einer Philosophiestunde vielleicht die Inhalte besonders auf, die seiner persönlichen Position zu einem philosophischen Problem entsprechen oder gerade widersprechen. Die andere langweilt vielleicht eine Gruppenarbeitsphase, weil sie die Erfahrung gemacht hat, dass sie im Rahmen von Gruppenarbeiten weniger produktiv arbeitet. Oder jemand vermisst in einer Unterrichtsstunde* gerade Formen kooperativen Lernens, weil er mit Frontalunterricht schlechte Erfahrungen gemacht hat. Schließlich könnte jemand den Unterricht für zu textlastig halten und angeregte Diskussion vermissen oder umgekehrt bedauern, dass er keine solide Textarbeit sieht.

Eigene Erfahrungen als Beobachtungsfilter

So filtern unsere immer schon vorhandenen subjektiven Bilder von gutem Unterricht unsere Beobachtung. Man sieht nur, was man schon weiß.

Wäre es dann nicht besser, gar nichts zu wissen? – Abgesehen davon, dass dies unmöglich ist, wäre die Beobachtung eines hochkomplexen Geschehens wie Unterricht nur ein chaotisches Gewimmel von Eindrücken, aus denen wir keinerlei Erkenntnis ableiten könnten, da uns ordnende Strukturen fehlten. Unsere subjektiven Bilder guten Unterrichts beinhalten immer schon wichtige Ordnungsstrukturen, um Unterricht überhaupt angemessen beobachten zu können. Man kann eben nur richtig sehen, wenn man schon etwas weiß.

## 6.2 Varianten der Problemorientierung in den Blick nehmen

### 6.2.1 Problemorientierung in ihren polaren Ausprägungen sehen können

Ihr allgemein- und fachdidaktisches Theoriewissen, das von entscheidender Bedeutung zunächst für Ihre Unterrichtsbeobachtung und dann auch für die eigene Planung ist, möchten wir im Folgenden vorab komprimiert in Erinnerung rufen.[4] Dabei konzentrieren wir uns hier auf die Grundeinstellungen, d.h. darauf, mit welchen *Haltungen* Lehrpersonen die Präferenzen der Beziehungen innerhalb des Didaktischen Drei- bzw. Vierecks* setzen. Diese Grundeinstellungen wirken sich dann auf die konkreten Zielsetzungen sowie auf die Wahl der konkreten Unterrichtsgegenstände, Methoden, Medien und Sozialformen aus.

Sie sehen, wenn Sie philosophischen/ethischen Unterricht beobachten, SuS, die lernen (wollen). Die Lernenden setzen sich mit einer ihnen begegnenden Schwierigkeit, mit einem ihnen vor Augen liegenden Problem auseinander. Es wird auch inter-

4 Einen Überblick bietet Runtenberg (2016), S. 30-38. Eine umfassende Zusammenstellung von didaktischen Originaltexten, die auch weitere, hier nicht berücksichtigte Ansätze einschließt, ist der Sammelband von Peters (2019).

subjektiv (be)greifbar in der sprachlichen Handlung der Frage, was sich am folgenden Beispiel eines kleineren Kindes verdeutlichen lässt: „Wie komme ich selbständig auf die kleine Insel in unserem See? – Aufrecht gehen kann ich längst, Fahrradfahren mittlerweile auch. Aber das reicht hier nicht: Ich muss rudern und/oder schwimmen lernen!" Ein Problem (von griech. próblma, von pro-bállein: vor-werfen) ist ursprünglich eine Klippe oder auch ein Bollwerk, allgemein ein Hindernis, welches das Vorankommen hemmt. Wer vor einem Problem steht, stockt, ist mitunter überrascht von dem, was sich da dem üblichen Weiterso im Erkennen und Handeln in den Weg stellt.

Überrascht zu werden, zu staunen, Pro-bleme als solche überhaupt wahrzunehmen und deshalb etwas zu be- und hinterfragen ist bekanntlich der Beginn allen Philosophierens und aller Philosophie sowie aller Wissenschaft generell. Insofern ist Philosophie als philosophische Wissenschaft immer schon „immanent problemorientiert" (Tiedemann 2015, S. 71).

Problemorientierung* als unumgängliche didaktische Grundeinstellung von Lehrpersonen des philosophischen/ethischen Unterrichts zu erwarten, ist also von zwei Ecken des Didaktischen Drei- bzw. Vierecks* her begründbar: Von den SuS her als den Lernenden, die als solche Probleme zu bewältigen haben, und vom Stoff-Reservoir her, d.h. von der Seite der per se problemorientierten Philosophie aus.

Problemorientierung* als unumgängliche didaktische Grundeinstellung

Für eine genaue Beobachtung des Unterrichts ist damit aber noch viel zu wenig gesagt. Denn Problemorientierung* kann sich im philosophischen/ethischen Unterricht ganz unterschiedlich ausprägen. Die Spannweite der Problemorientierung* ist beträchtlich. Markus Tiedemann hat dies in ausdrücklich karikierender Zuspitzung wie folgt veranschaulicht: Er lässt die beiden bekannten, in den 80er Jahren konkurrierenden Didaktiker Ekkehard Martens und Wulff D. Rehfus als fiktive Lehrer jeweils eine Philosophiestunde beginnen:

Große Spannweite der Problemorientierung*

> „Martens betritt die Klasse und sagt: ‚Da wir in der letzten Stunde darüber gestritten haben, ob man wissenschaftlich über Gott sprechen kann, habe ich euch heute einen Auszug aus Kants Kritik der reinen Vernunft mitgebracht (gemeint ist die vierte Antinomie). Mal sehen, wie ihr über Kants Problembewertung denkt.'
> Rehfus betritt die Parallelklasse und sagt: ‚Ich habe euch die Kritik der reinen Vernunft mitgebracht. Jetzt habt ihr ein Problem!'" (ebd. S. 73).

Auf den ersten Blick stehen hier in der jeweiligen Problemorientierung* als Ausgangspunkt Probleme der SuS (Martens) polar denen aus der philosophischen Ideengeschichte (Rehfus) gegenüber, die als solche dann erst zu Problemen der Lernenden gemacht werden. Mit zweitem, genauerem Blick wird erkennbar, dass beide Varianten der Problemorientierung* letztlich aus der SuS-Ecke stammen und damit schülerorientiert* sind – bei Martens unmittelbar, mittelbar bei Rehfus. Die Fokussierung auf eine Ecke in der didaktischen Beziehung von Stoff und SuS bedeutet nicht, die andere Ecke zu vernachlässigen. Vielmehr bleiben sie aufeinander bezogen oder bewegen sich aufeinander zu.

Unmittelbar und mittelbar schülerbezogene Problem-orientierung*

Ekkehard Martens (*1943) bezeichnete seinen Ansatz von 1979 als „dialogisch-pragmatisch" (Martens 2019). Er betont mit dieser Kennzeichnung die konstitutive Bedeutung des Gesprächs wie auch ihre Verankerung in einem problematisch gewordenen Erfahrungs- und Handlungshorizont, d. h. in einem Fragehorizont der SuS. In einer vorgestellten fiktiven Situation werfen diese – möglicherweise in Distanzierung zu Erlebnissen ihrer religiösen Sozialisation und Erziehung – die sie bewegende Frage nach der Möglichkeit einer wissenschaftlichen Thematisierung Gottes auf (pragmatisch) und streiten darüber (dialogisch). Und jetzt soll ein ‚Dialogpartner' der Tradition (Kant) in den Diskurs einbezogen werden. Dezidiert schülerorientiert* ist diese Art von Problemorientierung* somit durch die Verortung des Problems bei den SuS als auch durch seine Bearbeitung, nämlich im Gespräch der Lernenden untereinander, dann auch mit der Lehrperson und einem einschlägigen Text.

Martens: dialogisch-pragmatisch philosophieren

Nach der Jahrhundertwende radikalisiert Martens – im Wortsinne von „radikal" (von lat. radix: Wurzel) – diesen Ansatz, indem er die Ermöglichungsbedingungen des eben skizzierten SuS-problemorientierten Unterrichts in den Blick nimmt (vgl. Marten 2019b und 2009). Das Philosophieren-Können, verstanden als Bereitschaft, Haltung und Fähigkeit zu reflektiertem Fragen und Problematisieren in existenziell wichtigen Lebensbereichen der SuS, sei eine „elementare Kulturtechnik", deren Beherrschung den philosophischen Dialog allererst ermöglicht und vorantreibt. Selbst für die bekannten anderen drei Kulturtechniken – Lesen, Schreiben und Rechnen – sei die Kulturtechnik des Problematisierens und Reflektierens Voraussetzung und somit elementar. Martens legt Wert darauf, beide Bestandteile von „Kulturtechnik" in ihrer elementaren Bedeutung zu unterstreichen: Als Kultur*technik* im Sinne von Kunstfertigkeit beinhalte Philosophieren den mit „Fingerspitzengefühl" verbundenen sicheren Umgang mit einschlägigen Denkinstrumenten. Sie ließen sich zusammenfassen in fünf miteinander verschränkte Methoden(-Gruppen) mit den Etiketten Phänomenologie, Hermeneutik, Analytik, Dialektik und Spekulation (siehe Kapitel 8.4). Martens hat sie aus der Beobachtung der philosophischen Praxis des Sokrates extrahiert, in Verbindung mit methodischen Erwägungen von Aristoteles. Das Instrumentarium sei nun im Sinne von *Kultur*technik immer gerichtet auf spezifische Inhalte, nämlich auf kulturelle Erzeugnisse, auf den Reichtum der philosophischen Tradition. Hier kommt die Sachbeziehung der Schüler:innen zum Stoff zur Geltung.

Martens: Philosophieren als elementare Kulturtechnik

Wulff D. Rehfus' Problemorientierung* von 1986 scheint klar an der Stoff-Ecke des Didaktischen Drei- bzw. Vierecks* angesiedelt zu sein, denn der Didaktiker fordert: „Der Lehrer muss die Probleme der Philosophie zu Problemen der Schüler machen" (Rehfus 2019, S. 38). Primär sind es philosophische Probleme, die als solche sekundär SuS-Probleme werden. Dennoch ist der Ansatz von Rehfus keineswegs nur an der Stoff-Ecke zu verorten. Er sieht die SuS – gemeint sind 1986 ganz überwiegend Oberstufen-SuS – in einer sie bedrückenden Problemlage, nämlich einer „Identitätsnot", freilich einer historisch bedingt „objektiven", und nicht einer individualpsychologisch zu begreifenden. Die Neuzeit insgesamt habe nämlich ihr mit Vernunft verbundenes „Selbstverständnis" „eingebüßt". Und das genau zu erkennen sei die exklusive Aufgabe der Philosophie – auch in der Schule.

Heute, so können wir Rehfus (1944–2015) weiterdenken, zeigt sich solche von außen an SuS herangetragene „Identitätsnot" auffällig in den Schattenseiten bestimmter Entwicklungen, die hier mit den Schlagworten Individualisierung, Pluralisierung von Lebensformen, Migration und Multikulturalität, Singularisierung, Panökonomisierung, Virtualisierung, Gamification usw. nur angedeutet werden können.

Für den entsprechenden Unterricht erwachse nach Rehfus aus solcher Not „wenigstens die Möglichkeit, den Schüler im Erkennen der Not zu lehren, sie auszuhalten" (ebd. S. 47). Mehr noch: „Der Philosophieunterricht heute muß das Ziel haben, den Schüler aus der objektiven Identitätsnot zu führen" (ebd. S. 48). Damit diese Herausführung gelingen kann, müsse er hingeführt werden zu den „überkommenen und gegenwärtigen Problemstellungen und -Lösungen der Philosophie" (ebd. S. 39). Nur im weiten und sicherlich auch beschwerlichen Umweg über die Auseinandersetzung mit Problemen der philoso-

Rehfus: Mit Philosophie zur Befreiung aus objektiver Identitätsnot

phischen Tradition gelangten SuS zu zentralen Problemlagen und -fragen ihrer eigenen Identität und der ihrer Mitmenschen. Hier kommt die Sachbeziehung des Stoffs in Richtung auf die SuS zum Tragen.

Philosophieren soll erfahrbar sein als tua res agitur

Auf der Stoff-SuS-Seite des Didaktischen Drei- bzw. Vierecks* bewegen sich Martens und Rehfus also aufeinander zu. Sie sind sich prinzipiell einig in der Überzeugung, für die SuS müsste das „tua res agitur" (um *deine* Sache geht es hier) im Philosophieren erfahrbar sein. Entsprechend gilt nunmehr die unversöhnlich erscheinende Didaktik-Kontroverse der 80er Jahre als überwunden.

Die hier skizzierte polare Entgegensetzung der Grundeinstellungen leistet aber für Sie auch heute noch gute Dienste; sie hilft beim Durchschauen der maßgeblichen ‚Philosophie' von Philosophie-Lehrpersonen. Neigen sie bei Ihrer anvisierten Beobachtung mehr zur Autorität über viele Generationen hin bewährter, weil Probleme erhellender, in Textgestalt vorliegender philosophischer Positionen oder eher zu den unabweisbar erscheinenden, drängenden Fragen von SuS, die – auch mithilfe philosophische Texte – diskutiert werden wollen? Mag diese Waage zwischen Lehrpersonen des Oberstufenunterrichts noch tendenziell ausgeglichen sein, so wird sie sich bei jüngeren SuS in der Regel deutlich zur Seite der unmittelbaren Problemorientierung* neigen. Denn Kinder werden oftmals ungeduldig, wenn sie nicht schnell merken, dass es um ‚ihre Sache' geht, und sie haben weniger Zugang zu Originaltexten der philosophischen Tradition.

Das von Tiedemann skizzierte Didaktikerduo, das eine fiktive Philosophiestunde so unterschiedlich problemorientiert beginnt, können wir aus unserer Erfahrung gedanklich zum Trio erweitern: Die fiktive Philosophielehrerin Sophia Weishaupt schätzt ihren kleinen, engagierten Philosophiekurs aus 14 SuS sehr. Der Unterricht war bisher für alle Beteiligten fruchtbar; im Rahmen des Lehrplans konnten die philosophischen Interessen der Lernenden und der Lehrerin gut aufeinander abgestimmt werden. Texte von Kant wurden kaum diskutiert. Medien, Methoden und Sozialformen waren motivierend; das Klima im Kurs hervorragend. Der leistungswillige und -starke Kurs war bereit und in der Lage, auch sehr anspruchsvolle Probleme differenziert zu bearbeiten. Auf allen Seiten war Resonanz* zu spüren. Und nun betritt Frau Weishaupt besorgt den Kursraum und sagt:

> „Ich habe soeben vom Oberstufenkoordinator erfahren, dass sechs von euch Philosophie als Abiturfach gewählt haben, und zwar drei die mündliche und drei die schriftliche Prüfung. Um die mündlichen Prüfungen mache ich mir keine Sorgen, da bereite *ich* ja mit Blick auf euer Leistungsvermögen die Prüfungsaufgaben vor. Aber für die schriftlichen müssen wir uns genau an den Vorgaben für das Zentralabitur orientieren. Die sehen die vierte Antinomie in Kants Kritik der reinen Vernunft als Pflichtbestandteil vor. Da haben *wir* ein Problem!"

Sollten Sie etwas Ähnliches tatsächlich einmal beobachten, so wissen Sie bereits, das Problem hier hängt ersichtlich mit der vierten Ecke des Vierecks*, der institutionellen Ecke, zusammen. Sie werden hier sicherlich einwenden, dass dieses fiktive Problem nichts mit dem zu tun hat, was Sie bisher an Theorien zum problemorientierten Unterricht gelernt haben. Zu Recht! – Dennoch verdient es hier Beachtung. Denn es ist durchaus möglich, dass Sie im Praxissemester mit einem Weishaupt-Problem konfrontiert werden: Der von einer Lehrperson empfundene Zwang, noch einen bestimmten Stoff ‚durchnehmen zu müssen', kann Ihre Möglichkeiten eigenen Unterrichts oder/und die Durchführung von Studienprojekten* beeinträchtigen. Die mögliche Gefährdung des Bestehens der Prüfung oder der Versetzung aufseiten der SuS wird von den verantwortlichen Lehrpersonen in aller Regel als vorrangig betrachtet werden. Eine abgeschwächte, aber dafür häufiger begegnende Variante des Weishaupt-Problems hängt mit der organisatorischen Notwendigkeit einer längerfristigen Klausurplanung zusammen. Wenn eine Lehrperson überzeugt ist, für eine terminlich und sachlich anvisierte Klausur noch Unterrichtszeit zu benötigen, weil etwa unvorhersehbar Unterricht ausgefallen ist, müssen Sie mit Ihren Planungen ggf. zurückstecken. Sie müssen sich also darauf einstellen, angesichts eines Weishaupt-Problems sagen zu müssen: „Da habe *ich* ein Problem."

Probleme bei Planungen im Praxissemester durch Abitur- und Klausurzwänge

## 6.2.2 Problemorientierung in vermittelnden Ansätzen wahrnehmen können

Im Unterricht auf der Grundlage dreier weiterer didaktischer Ansätze können Sie eventuell in der Beobachtung auch wahrnehmen, wie die didaktische ‚Entfernung' zwischen Philosophie/Stoff und SuS in den Überlegungen und Handlungen der Lehrperson explizit überbrückt wird:

Rohbeck: Transformationsdidaktik

1. Dies leistet etwa die Transformationsdidaktik von Johannes Rohbeck (*1947) (Rohbeck 2019). Für die Stoff-Ecke steht hier das Ensemble wirkmächtiger Denkrichtungen des 20. Jahrhunderts (analytische Philosophie, Konstruktivismus, Phänomenologie, Dialektik, Hermeneutik und Dekonstruktion). Diese seien als Ressourcen für didaktisch relevante Unterrichtselemente (Inhalte, Medien, Methoden) zu nutzen. Es geht hier aber nicht um eine einseitig deduktive Beziehung von einer Denkrichtung zum Unterricht, sondern um eine mehrmals die Richtung ändernde Bewegung, die Rücksicht nimmt auf jeweilige Kontexte. Für Fragen aus dem Horizont der SuS müssten Bearbeitungs- und Antwortvorschläge in den genannten Denkrichtungen aufgespürt und dann wieder auf den Kontext der SuS angepasst werden. Dies entspreche im Sinne von Peirce einer abduktiven Strategie. Bei dieser Vorgehensweise wendet die Lehrperson ihren diagnostizierenden und planenden Blick mehrmals abwechselnd von den SuS zum Stoff und vom Stoff zu den SuS. Dadurch könne es zu deutlichen Gewichtsverlagerungen zwischen der akademischen Philosophie und dem philosophischen Unterricht kommen.

Was Sie sich beispielsweise an der Uni als *fundamental* erschlossen haben, etwa Strukturen und Regeln formaler Logik(en), kann sich für Ihren Unterricht als *marginal* erweisen – und umgekehrt: Für die Uni-Philosophie eher marginale Textgattungen wie Aphorismen, Kurzgeschichten oder Gedichte können sich beim schulischen Philosophieren als besonders bereichernd erweisen. Vor allem bei jüngeren SuS rücken präsentative Medien (Näheres hierzu in Kapitel 8.4.3) immer stärker in den Fokus. Darauf gehen allenfalls einige Vertreter der Phänomenologie und Hermeneutik näher ein.

Das hier skizzierte abduktive Hin und Her dürfte sich Ihnen wohl nur erschließen, wenn Sie Gelegenheit haben, sich mit der beobachteten Lehrperson über deren Unterricht auszutauschen.

2. Volker Steenblock (1958 – 2018) vermittelt die beiden besagten Ecken anders: Für ihn steht der Begriff der philosophischen Bildung direkt in der Mitte seiner Überlegungen und der Dreiecksseite SuS-Stoff (vgl. Steenblock 2019). W. v. Humboldts zentrale Einsichten aufgreifend, fasst Steenblock in seiner bildungstheoretischen Philosophiedidaktik Bildung als eine doppelte Arbeit: als „Arbeit am Logos“ als dem mit Vernunft wei-

terzuentwickelnden philosophischen und wissenschaftlichen Stoff-Kosmos und als Arbeit an sich selbst, d.h. als selbstbildnerische Arbeit der SuS an ihrer eigenen „Persönlichkeit". In dieser bidirektionalen Arbeit gehen nach Steenblock „Wissen" und „lebendige Subjekte" eine fruchtbare „Synthese" ein (vgl. ebd. S. 174). Zwecks Ermöglichung und Förderung dieser Arbeit der SuS am Logos müsse sich die Lehrperson „für jede Stunde basale Fragen stellen wie: ‚Befinden wir uns im Horizont der Schülerinnen und Schüler?' und ‚Kriegen wir es als Lerngruppe bzw. in Lerngruppen hin, dass kompetente Zugriffsweisen auf die Gehalte der Kultur- und Philosophiegeschichte unserem Orientierungsbemühen aufhelfen?'" (ebd. S. 175).

Steenblock: Bildung als Arbeit am Logos und an sich selbst

Wenn sich solche Hintergrundfragen bei der beobachteten Lehrperson als leitend herausstellen sollten, dürfte diese somit der bildungstheoretischen Didaktik nahestehen.

3. Vielleicht werden Sie in dem zu beobachtenden Philosophie/Ethik-Unterricht auffällig häufig die Wörter „Fakten", „Wissenschaft", „naturwissenschaftlich", „empirisch belegt" oder „Wissenschaftstheorie" usw. hören. Dann könnte der wissenschaftsorientierte Didaktikansatz von Bettina Bussmann (*1964) bewusst oder unbewusst für die Unterrichtsgestaltung maßgeblich sein. Bussmann stellt ihr Konzept zusammengefasst und bildlich in ihrem „Philosophiedidaktischen Dreieck" (Bussmann 2019, S. 234) dar.

Bussmann: Philosophiedidaktisches Dreieck aus Philosophie, Lebenswelt und Wissenschaft

Dieses Dreieck soll *nicht* das von uns zugrunde gelegte allgemein-didaktische Drei- bzw. Viereck* ersetzen. Es kann vielmehr als dessen ‚Anbau' verstanden werden, so dass ein Fünfeck entsteht. Als eigenes Dreieck hat das von Bussmann mit unserer Stoff-SuS-Seite eine gemeinsame Seite und spannt sich darüber auf: Für die Stoff-Ecke steht bei Bussmann „Philosophie". Die SuS-Ecke ist bei ihr durch „Lebenswelt" besetzt. Und „Wissenschaft" ist hier anders als bei Rohbeck und Steenblock kein vermittelnder Begriff *auf* der Stoff-SuS-Seite, sondern ist dieser Seite *gegenüber* verortet. Zwei Ecken im Dreieck von Bussmann bedürfen näherer Erläuterungen:

Mit „Lebenswelt" ist hier prima facie die problemträchtige Alltagswelt der SuS gemeint. Man kann daher grob „Schülerorientierung*" und „Lebensweltorientierung*" als synonyme Begriffe für dieselbe didaktische Grundeinstellung verstehen. Der Lebenswelt-Begriff hat aber den Vorzug, zu größerer Differenzierung einzuladen. Hubertus Stelzer macht mit Blick auf je individuelle Erfahrungen darauf aufmerksam, dass es *die* Lebenswelt der SuS nicht gibt. Man müsse vielmehr „von einem

Plural der Lebenswelten ausgehen" (Stelzer 2015, S. 82). Und innerhalb der jeweiligen Lebenswelt müsse man noch zwischen „Fremd- und Heimwelten" (ebd.) unterscheiden. Zum Fremden, das in das Heimische bereits hineinragt, gehörten kulturelle Differenzen, aber auch das von SuS noch zu erschließende weite Feld der Wissenschaften. In dieser Bedeutung ist Lebenswelt (noch) präwissenschaftlich charakterisiert.

Um das heutige und künftig wachsende philosophiedidaktische Eigengewicht von Wissenschaft zu betonen, weist Bussmann ihr eine eigene Ecke in ihrem Dreieck zu. Von dieser Ecke aus gesehen gälte es dann zu beachten, dass die SuS-Lebenswelt als noch präwissenschaftliche zunehmend von Wissenschaft und Technik beeinflusst ist. Als glaubwürdig gilt unseren SuS, was auf Fakten beruht, was wissenschaftlich belegt, was evidenzbasiert ist. Viele Richtlinien für Philosophie werden – so Bussmann – bereits der „verwissenschaftlichen Lebenswelt" (Bussmann 2019, S. 235) gerecht.

Die Quellen der einzelwissenschaftlichen Expertise im philosophischen Unterricht können sehr verschieden sein. (1) Die Lehrperson – auch Sie als Beratende:r oder Unterrichtende:r – kann sie möglicherweise selbst durch ihr zweites Fach mitbringen. (2) Sie kann in (teilweise) fächerverbindendem Unterricht durch eine andere Lehrperson zur Geltung kommen. (3) Nicht selten verfügen einzelne SuS durch Unterricht und/oder Hobby über Expertenwissen, das für den Philosophie/Ethik-Unterricht sehr fruchtbar werden kann.

Fehlen einzelwissenschaftlicher Kenntnisse keine Schande

Es ist keine Schande für eine Lehrperson und auch nicht für eine:n Praxissemester-Studierende:n, das Fehlen bestimmter einzelwissenschaftlicher Kenntnisse einzugestehen. Ein solches Bekenntnis dokumentiert vielmehr den reflektierten Umgang mit Wissen und Nichtwissen. Es würde aber die Glaubwürdigkeit der Lehrperson gefährden, wenn etwa einschlägige Fakten aus der Biologie, Geographie, Physik oder Ökonomie beispielsweise bei Problemen der angewandten Ethik (Klimawandel, Präimplantationsdiagnostik, Panökonomisierung, Pandemie usw.) einfach übergangen oder unter Hinweis auf eine nur scheinbare Nichtzuständigkeit bewusst ausgeklammert würden.

Die für den Unterricht wichtige Beziehung von Wissenschaft zur Philosophie ist nach Bussmann eine doppelte: Auf der einen Seite gilt es, „wo notwendig" Ergebnisse der empirischen Wissenschaften – auf der Basis welcher Expertise auch immer (s.o.) – zu *eruieren* und argumentativ in die philosophische Problemerörterung zu *integrieren* (vgl. ebd. S. 243). Damit wird aber der Positivismus nicht blind angenommen. Denn auf der anderen Seite ist es ureigene Aufgabe der Philosophie – auch in der Schule – Begriffe, Prämissen, Verfahren und Geltungsansprüche der Einzelwissenschaften wissenschaftstheoretisch zu *hinterfragen*. Beim Thema Klimawandel etwa wären solche zu befragenden „wissenschaftstheoretischen Voraussetzungen: Was sind Modelle? Auf welche Weise erklären sie die Wirklichkeit? [...] Wie treffsicher können Prognosen überhaupt sein?“ (ebd. S. 240f.).

Ergebnisse empirischer Wissenschaften eruieren, integrieren und hinterfragen

In der folgenden Abbildung werden – darstellungsbedingt vereinfacht – wichtige Varianten problemorientierten Philosophie- und Ethikunterrichts mit dem Didaktischen Drei- bzw. Viereck* verbunden:

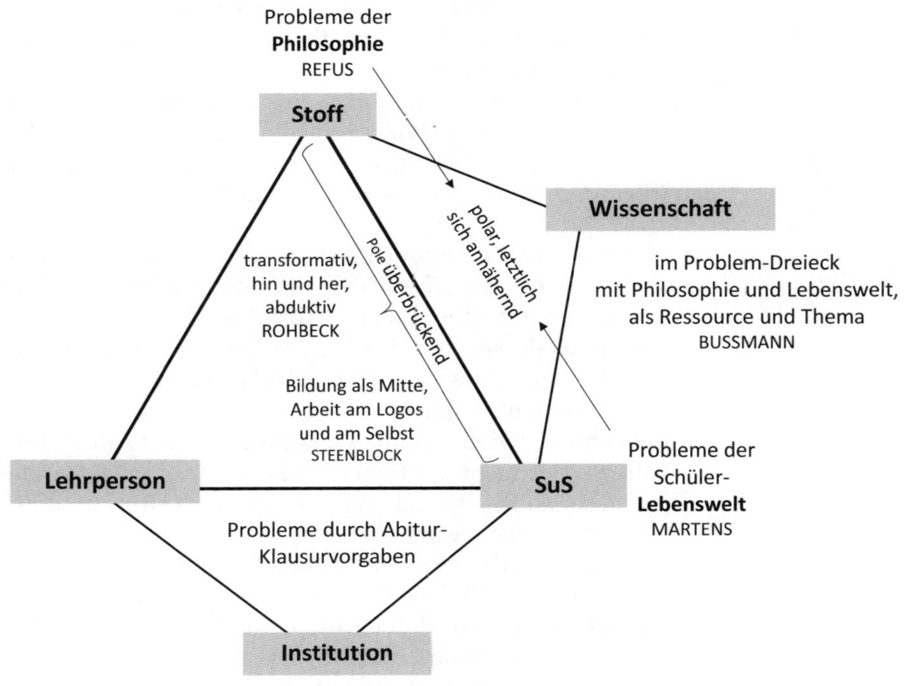


Abbildung 10: Varianten problemorientierten Unterrichts in Philosophie/Ethik

## 6.3 „Soll heutiger Unterricht nicht kompetenzorientiert sein?"

Bereits ein flüchtiger Blick in Lehrpläne aller Fächer, Schulformen und Schulstufen offenbart, Kompetenzorientierung* ist heute ein Muss. Philosophiedidaktiker:innen aber fremdeln häufig mit dieser Verpflichtung, und zwar aus folgendem Grund:

Die Kompetenzorientierung der Lehrpläne und des darauf aufbauenden Unterrichts gehen bekanntlich zurück auf einen Schock, den uns die „Organisation für wirtschaftliche (!) Zusammenarbeit und Entwicklung" (OECD) mit ihren länderübergreifenden Schulleistungsuntersuchungen PISA beschert hat: Deutsche SuS, so das bestürzende Ergebnis der Tests, können am Ende ihrer jeweiligen schulischen Ausbildung messbar zu wenig. Der zu geringe Output zeige, dass ihnen wichtige Fähigkeiten und Fertigkeiten fehlen, um im Wettbewerb einer globalisierten Wirtschaft und Gesellschaft bestehen, d.h. die dort anfallenden Probleme lösen zu können. Um einer solchen Problemlösungskompetenz willen müsste in den Schulen ein stärkeres Gewicht auf fortschreitende Entwicklung von Fähigkeiten und Fertigkeiten gelegt werden.

Kompetenzorientierung* als Folge des PISA-Schocks

Diese knappe kompetenzorientierte Diagnose enthält Momente, die nicht wenige Philosophiedidaktiker:innen (vgl. Balliet et al. 2016) für problematisch halten – und mit entsprechenden (rhetorischen) Fragen erwidern könnten:

- Ergebnis- bzw. Outputorientierung: Ist das Tun, das Philosophieren selbst, die „Theoria" (Aristoteles) nicht auch schon eine in sich wertvolle „Praxis" (Aristoteles)?
- Test- und Messbarkeit des Lernerfolgs: Sind Bildung und Persönlichkeitsentwicklung so objektivierbar, dass sie in Skalen darstellbar sind?
- Ausrichtung auf die künftige Bewährung in der Arbeitswelt: Werden hier nicht die Mittel – die Arbeit und der Markt – und der Zweck – Gestaltung des eigenen Lebens und der Gemeinschaften – vertauscht?
- Ausrichtung auf die Fähigkeiten und Fertigkeiten zur Lösung von Problemen: Sind nicht vielmehr das methodisch geleitete Entdecken sowie das differenzierte Ausformulieren von Problemen und dann erst die Suche nach Lösungsalternativen typisch für notwendiges philosophisches Hinterfragen?

Diese und andere Einwände gegen eine Kompetenzorientierung*, wie sie hier grob skizziert wurde, sind nicht folgenlos geblieben. So wird etwa als Ziel des kompetenzorientierten Lehrplans für Philosophie in NRW gerade *nicht* die philosophische Lösungskompetenz benannt. Es heißt vielmehr: „Ziel des Philosophieunterrichts ist die Befähigung zur philosophischen Problemreflexion" (Schulministerium NRW, 2014, S. 11).

Insgesamt hat die Diskussion um Kompetenzen im Philosophie/Ethik-Unterricht nicht zu einer grundlegenden Revision der hier erinnerten fachdidaktischen Positionen geführt, sondern zu einer Akzentuierung bereits vorhandener Momente:

- Die Lehrperson muss sich ihrer Verantwortung für den Lernerfolg bewusst sein, sie darf sich nicht allein auf Bereitstellung von Inhalten (Input) konzentrieren. Sie hat stets das sich bildende Subjekt im Blick. Dann arbeitet sie kompetenzorientiert, weil ergebnisorientiert.
- Verfahren der Leistungsbewertung bedürfen transparenter und nachvollziehbarer Kriterien (siehe Kapitel 11). Dadurch wird ein gewisses Maß an Messbarkeit gewährleistet.
- Die Berücksichtigung der enger und weiter gefassten Lebenswelt der SuS im Unterricht schließt die Beachtung der wissenschaftlich-technischen und digitalisierten Arbeitswelt und Wirtschaft ein – aber eben auch deren Hinterfragung und begründete Beurteilung.
- Fähigkeiten und Fertigkeiten sind für den problemorientierten Philosophie/Ethik-Unterricht von zentraler Bedeutung, denn Philosophieren heißt, philosophische Methoden auf philosophische Inhalte anzuwenden.[5] Dies betont Martens mit dem Gewicht auf *beiden* Bestandteilen von Kultur-technik. Schon vor der von PISA ausgelösten Kompetenzdebatte steht für ihn fest: „Primäres Ziel ist Kompetenzerwerb, nicht Wissenserwerb, Philosophieren-Können, nicht Philosophie-Wissen, wenn auch in notwendiger Verbindung von Kompetenz- und Wissenserwerb [...]" (Martens 2009, S. 16).
- Ein so verstandener inhaltsbezogener Kompetenzerwerb verlangt sowohl der Lehrperson als den SuS Geduld ab. Denn Kompetenzerwerb ist kein einmaliger Vorgang, sondern

---

5 So werden im NRW-Philosophie-Lehrplan „Kompetenzbereiche" und „Inhaltsfelder" zu „Kompetenzerwartungen" verknüpft. Vgl. Schulministerium NRW (2014), S. 14.

ist die Frucht geduldigen, wiederholten und progressiven Übens. Philosophische Urteilskraft oder auch -kompetenz wächst erst allmählich. *Dieser* Akzent der Kompetenzorientierung* erscheint uns besonders wichtig und hilfreich.

Wenn Sie also vielfältig problemorientierten und geduldig methodisch arbeitenden Philosophie/Ethik-Unterricht beobachten, bei dem der Lehrperson spürbar der Bildungserfolg der Bildungssubjekte am Herzen liegt, dann sehen Sie damit Unterricht, der in einem wohlverstandenen Sinne kompetenzorientiert ist.

## Literaturtipp zur Vertiefung

Peters, Martina & Jörg (Hg.) (2019): Moderne Philosophiedidaktik. Basistexte. Hamburg: Meiner

## 7. Unterrichtsbeobachtungen differenziert *durchführen*

Wie kann nun Unterrichtsbeobachtung aussehen, die um das notwendige Vorwissen weiß (Kapitel 6.1) und dieses vorbereitend geschärft hat (Kapitel 6.2 und 6.3)?

Fünf Schritte zur reflektierten Unterrichtsbeobachtung

1. Nutzen Sie Unterrichtsbeobachtungen, um sich Ihrer subjektiven Bilder guten Unterrichts bewusst zu werden und nehmen Sie sie ernst. Sie sind nicht falsch, nur weil sie subjektiv sind.
2. Hinterfragen Sie Ihre subjektiven Bilder, indem Sie sie mit Ihrem allgemein- und fachdidaktischen Theoriewissen über Merkmale guten Unterrichts vergleichen.
3. Beobachten Sie Unterricht, um Ihr fachwissenschaftliches und didaktisches Theoriewissen durch Praxiswissen über gelungenes Unterrichten zu erweitern.
4. Nutzen Sie Ihr Theoriewissen, um Unterricht kriterienorientiert wahrzunehmen.
5. Hinterfragen Sie Unterrichtspraxis mit Hilfe von Kriterien guten Unterrichts – und umgekehrt: Befragen Sie theoretisch erworbene Kriterien auf ihre Tauglichkeit im Praxisbad konkreter Unterrichtssituationen.

Unterrichtsbeobachtung wird so zu einem wichtigen Baustein eines beruflichen Selbstverständnisses als reflektierte:r Praktiker:in.

Wir stellen Ihnen hierzu ein dreistufiges Verfahren mit den passenden Beobachtungsbögen vor, das von der chronologisch deskriptiven Beobachtung über die Rekonstruktion und Bewertung von fachunabhängigen Unterrichtskonzepten bis zum kriteriengeleiteten kritischen Nachdenken philosophischer Lernprozesse reicht.

Drei Stufen der Unterrichtsbeobachtung

## 7.1 Zusehen und zuhören: Zunächst chronologisch-deskriptiv beobachten

Der Weg zu einer reflektierten Unterrichtsbeobachtung sollte unserer Meinung nach mit einer offenen Unterrichtsbegleitung beginnen. Wir wählen hier bewusst den Begriff Begleitung, weil zunächst nicht der beobachtend wertende Blick auf Unterricht im Mittelpunkt steht, sondern die Gelegenheit, sich im Handlungsfeld Unterrichten zu orientieren.

Offene Unterrichtsbegleitung als Einstieg

Wenn Ihre Praktikumsschule dies ermöglicht, begleiten Sie unbedingt unabhängig von Ihren Fächern, eine Lerngruppe (und/oder einzelne SuS) einen ganzen Unterrichtstag, um gemeinsam die verschiedenen Unterrichtsfächer und deren Lernprozesse zu durchlaufen. Leitendes Prinzip sollte dabei der Perspektivwechsel in die Schüler:innen-Rolle sein, um aus dieser Sicht Unterricht zu erleben.

So können sie nachvollziehen, was SuS anspricht, was sie langweilt, wann sie im Sinne der Resonanzpädagogik* responsiv und begeistert reagieren, wann indifferent oder gar repulsiv (siehe Kapitel 7.3.1). Ganz nebenbei erfahren Sie, wieviel Anstrengung, Flexibilität und Durchhaltevermögen ein ganz normaler Unterrichtstag den SuS abverlangt.

Diese Begleitung sollten Sie in der Unter-, Mittel- und Oberstufe wiederholen, denn so bekommen Sie Einblicke in kognitive und emotionale Entwicklungsstufen von SuS.

Begleiten Sie nach Möglichkeit auch eine Lehrperson einen Unterrichtstag lang. Schauen Sie auch hier nicht primär auf die Qualität einzelner Unterrichtsstunden, sondern z.B. auf den unterschiedlichen Umgang der Lehrperson mit SuS verschiedenen Alters oder beobachten Sie den spezifischen Zugriff auf die zu verhandelnde Sache in den Fächern, die eine Lehrperson vertritt. Nutzen Sie Gelegenheiten, sich mit den wechselnden Herausforderungen an die Erziehungsarbeit bei Lerngruppen unterschiedlichen Alters (siehe Kapitel 11) vertraut zu machen und lernen Sie z.B. die Aufgaben einer Pausenaufsicht kennen.

Ganz nebenbei erfahren Sie hier, wie es gelingen oder misslingen kann, die geistige, emotionale, aber auch physische Herausforderung eines vollen Unterrichtstages zu bewältigen.

Zur Dokumentation solcher offenen Begleitformen ist es sinnvoll, die eigenen Eindrücke entlang der o.g. Perspektiven chronologisch über einen Unterrichtstag hinweg zu notieren, ohne dabei den Fokus auf Einzelaspekte zu richten. Machen Sie Anmerkungen zu dem, was ihnen merk-würdig erscheint und besprechen Sie solche Auffälligkeiten mit der Lehrperson.

Nach den ersten Begleitungen in den Handlungsraum Unterricht und darüber hinaus, sollten im nächsten Schritt Hospitationen in Ihren Fächern folgen. Die Ausbildungsbeauftragten* Ihrer Schule werden Ihnen in der Regel fachliche MuM* zuteilen, in deren Unterricht Sie zunächst hospitieren, um dann im Laufe des Praxissemesters selbst im sog. Unterricht unter Begleitung tätig zu werden.

Erste fachliche Hospitationen

Für den Einstieg in die *fachliche* Unterrichtsbeobachtung bietet sich eine chronologische Mitschrift des Unterrichtsgeschehens an, die sie um erste Eindrücke, Ideen und Kommentare zum Gesehenen ergänzen können.

1. Stufe der Beobachtung: Die chronologisch-deskriptive Mitschrift

Wichtig ist dabei, in die Beschreibung nicht schon deutende oder wertende Aspekte einfließen zu lassen, sondern dies klar voneinander zu trennen. Wertende Kommentare sind nämlich zumeist schon Ausdruck Ihrer subjektiven Bilder guten Unterrichts. In einer gemeinsamen Reflexion mit der Lehrperson vergleichen Sie Ihre Eindrücke und Ideen und mit den Intentionen der Lehrperson – der erste Schritt zu einer kritischen Einordnung Ihrer eigenen Vorstellungen von gelungenem Unterricht.

In weiteren Hospitationen können Sie dann vermehrt Ihr fachdidaktisches Theoriewissen über guten Unterricht in die Kommentierung einfließen lassen, Unterrichtssituationen bewerten und in der vergleichenden Auseinandersetzung von subjektiver Einschätzung, Theoriewissen und Praxiserfahrungen Ihr Verständnis über gelungen Unterricht erweitern (siehe Schritte 2 – 4 einer reflektierten Unterrichtsbeobachtung).

Für eine differenzierte Mitschrift und eine nachhaltige Dokumentation sollten Sie zunächst die Rahmenbedingungen (Kurs und Thema des Unterrichtsvorhabens, in dem die Stunde stattfindet) notieren und sich vor der Unterrichtstunde bei Ihren MuM* über die wichtigsten Lernvoraussetzungen der SuS und das Hauptlernziel bzw. den Beitrag der Stunde zur Kompetenzentwicklung der SuS informieren. Um dies zu ermöglichen, treffen Sie früh genug Terminabsprachen für Vor- und Nachbesprechungen. Bedenken Sie dabei, dass die zeitlichen Ressourcen der Lehrpersonen begrenzt sind und nicht zu jeder Unterrichtsstunde* eine ausführliche Vor- und Nachbesprechung möglich ist. Für die Beobachtung ist das Wissen um die o.g. Rahmenbedingungen zwar wünschenswert, aber nicht zwingend notwendig.

Wir bieten Ihnen für die chronologische Mitschrift einen nach folgenden Unterrichtsdimensionen vorstrukturierten Beobachtungsbogen (s.u.) an:

- Zeit (Die Dauer einer Unterrichtsphase),
- Beobachtete Personen (Wer? Lehrperson/SuS),
- Aktivitäten und Methoden der Lehrperson (Impuls, Frage, Tafelanschrieb, Diskussionsleitung, Hausaufgabenkontrolle, Beobachtung von Gruppenarbeit usw.),
- Aktivitäten und Methoden der SuS (Antwort, selbstständige Frage, Vortrag, Arbeit am Lernmaterial, Rollenspiel, Gespräch mit Nachbarn usw.),
- Medien (Tafel, Folie, Arbeitsbuch, Bild, Film, Karikatur, digitales Medium, usw.),
- Sozialformen (Unterrichtsgespräch, Debatte, Einzelarbeit, Partnerarbeit, Formen der Gruppenarbeit usw.),
- Phase (Einstieg, Problemstellung, intuitive Problemlösung, Arbeit am Lernprodukt, Ergebnisaustausch, Sicherung, Transfer, Stellung der Hausaufgabe usw.).

Weitere Beobachtungsaspekte außerhalb des Bogens sind z.B.:

- Äußeren Rahmenbedingungen (Raumausstattung, Sitzordnung, Gestaltung des Raumes usw.),
- Lehrperson (Fachlehrkraft, fachfremd unterrichtend, kennt die SuS länger/nur kurz, Klassenlehrer:in usw.),
- Lerngruppe (Größe, Geschlechterverteilung, nach Einschätzung der Lehrperson leistungsstark, motiviert, heterogen, diszipliniert usw.).

| Fach: | F.-Lehrer | Kl. /Kurs: | Dat.: | Std.: | Reihen-Stunde: | Blatt: |
|---|---|---|---|---|---|---|
| Thema des Unterrichtsvorhabens: | | | | | | |
| Lernvoraussetzungen / Vorwissen (optional): | | | | | | |
| Hauptlernziel (optional): | | | | | | |

| Zeit | Wer? (L/S) | Aktivitäten und Methoden | Medien und Sozialformen | Phase | Bemerkungen |
|---|---|---|---|---|---|
| | | | | | |
| | | | | | |
| | | | | | |
| | | | | | |
| | | | | | |
| | | | | | |
| | | | | | |

Tabelle 2: Beobachtungsbogen I: chronologisch-deskriptiv

## 7.2 Nach-Denken: kriteriengeleitet beobachten und werten

Ihre fachliche Unterrichtsbeobachtung kann sich nicht in Wertungen und Reflexionen erschöpfen, die lediglich auf deskriptiv-chronologische Mitschriften des Unterrichtsgeschehens zurückgreifen. Denn jeder Lehr-Lernprozess (jede Unterrichtsstunde*) ist ein hochkomplexes Zusammenspiel verschiedener Faktoren und Ereignisse, bei dem sowohl die Einzelaspekte wie auch deren Zusammenspiel von einer beobachtenden Person gar nicht mit Hilfe einer chronologischen Mitschrift wahrgenommen werden können. Eine nachhaltige Rekonstruktion des Unterrichtsgeschehens muss daher die unterschiedlichen Faktoren und Kriterien gelingenden (Philosophie-)Unterrichts und deren Wechselwirkung thematisieren.

Für diese Aufgabe gibt es, schaut man in die Literatur, eine Vielzahl von Kriterienkatalogen, Checklisten und Beobachtungsbögen, deren Gemeinsamkeit im Versuch der Objektivierung, Strukturierung und Fokussierung des beobachtenden Blicks auf Schlüsselfaktoren des unterrichtlichen Geschehens besteht.[6]

Für die Belange des Praxissemesters sind unter den kriterienorientierten Beobachtungsformen folgende wichtig:

Zwei Grundformen der kriteriengeleiteten Unterrichtsbeobachtung und -bewertung

1. Die forschende Unterrichtsbeobachtung: Sie ist hypothesengeleitet und verwendet standardisierte Methoden. Ihre Ergebnisse werden zur Überprüfung der Ausgangshypothese wissenschaftlich ausgewertet. Diese Form werden Sie regelmäßig in Ihren Studienprojekten* anwenden (siehe Kapitel 13).
2. Die fokussiert-reflektierende Unterrichtsbeobachtung: Sie ist kriterienorientiert und dient der Reflexion über Unterrichtspraxis mit dem Ziel der Rekonstruktion eines Lehr-Lernprozesses zum Zweck der Professionalisierung des eigenen unterrichtlichen Handelns. (siehe Kapitel 6.1, Schritt 4 – 6 einer reflektierten Unterrichtsbeobachtung).

   Für diese Form der kriteriengeleiteten Unterrichtsbeobachtung bieten wir Ihnen zwei Modelle an, die sowohl die Rekonstruktion einzelner Faktoren ermöglichen als auch die Wechselwirkung der unterschiedlichen Faktoren in den Blick nehmen.

---

6 Eine brauchbare Bündelung der verschiedenen Faktoren und Kriterien für gelingenden Unterricht bietet das „Basismodell für die Unterrichtsbeobachtung“ 2010, das für die beruflichen Schulen in Baden-Württemberg entwickelt wurde (Landesbildungsserver BW, 2010).

### 7.2.1 Die Rekonstruktion einer Unterrichtsstunde nach dem „Horster-Modell"

2. Stufe der Unterrichtsbeobachtung: Horster-Modell

Das Konzept zur Unterrichtsbeobachtung des Pädagogen und ehemaligen Leiters des Studienseminars (heute ZfsL*) Bocholt Leonard Horster (siehe Horster & Rolff 2006, S. 168ff.) wurde von ihm fächerübergreifend und für unterschiedliche Beobachtungskontexte entwickelt. Da Horster die Rekonstruktion des unterrichtlichen Konzepts der Lehrperson und damit einen Perspektivwechsel der beobachtenden Person an den Anfang stellt, ist dieses Konzept auch für Praxissemesterstudierende ein geeignetes Verfahren, Unterricht kriterienorientiert zu entschlüsseln und zu bewerten. Horster hat den Rekonstruktionsprozess in ein Formular zur Unterrichtsbeobachtung übersetzt, das Sie für eine kriteriengeleitete Beobachtung nutzen können. Die Pfeile verdeutlichen den Analysefokus bzgl. Passung oder Friktion von zentraler Entscheidung und unterrichtlichen Dimensionen.

Diese Rekonstruktion orientiert sich nach Horster an der didaktischen Grundeinsicht, dass im Mittelpunkt einer sinnvoll angelegten Unterrichtsstunde* eine *zentrale didaktische oder methodische Entscheidung* steht: Sie könnten die Lehrperson fragen: „Was machen Sie denn heute im Ethikkurs der 10?" Die knappe Antwort könnte lauten: „Wir diskutieren ein Dilemma in einer Freundschaft." Die Antwort signalisiert die zentrale Entscheidung und diese wirkt sich dann auf die verschiedenen unterrichtlichen Dimensionen wie das Handeln der Lehrkraft und der SuS, Aufgabenstellung, Methoden, Materialien und Medien usw. aus.

Über diese zentrale Entscheidung, in der besonders die Intention einer Unterrichtsstunde* zum Ausdruck kommt, sollten Sie möglichst im Vorfeld der Unterrichtsbeobachtung die Lehrperson befragen. Ist dies vielleicht aus zeitlichen Gründen nicht möglich, so versuchen Sie diese zentrale Entscheidung im Unterrichtsprozess selbst zu ermitteln und im Nachgespräch mit (der Intention) der Lehrperson abzugleichen. Wenn es Ihnen – eventuell auch zu zweit – nicht wirklich gelingt, aus zwei oder drei didaktischen Entscheidungen die *zentrale* zu bestimmen, können Sie das Formular auch mehrmals und dann unterschiedlich ausfüllen. Grundsätzlich dürfte es leichter sein, den Horster-Bogen durch Nach-Denken, also nach der Stunde, wertend zu nutzen.

Ein wichtiges Kriterium für das Gelingen des Unterrichts und der begründeten Bewertung dessen ist die Frage nach der Passung oder Friktion zwischen der zentralen Entscheidung und den verschiedenen Unterrichtsdimensionen. Passte etwa das beobachtete LuL-Handeln zur gewählten Dilemmadiskussion? Waren Sozialformen und Sitzordnung dafür geeignet?

Mögliche allgemeine Erschließungsfragen:

- Wie wurde die zentrale didaktisch/methodische Entscheidung in den einzelnen Dimensionen umgesetzt (passend oder unpassend)?
- Inwiefern bestätigt der Verlauf des Unterrichts die zentrale Entscheidung; inwiefern muss sie evtl. revidiert werden?

Nutzung des Modells* als Vorlage *mit Platz* für eigene Eintragungen: Vergrößerte Kopie der Abbildungsvariante S. 168

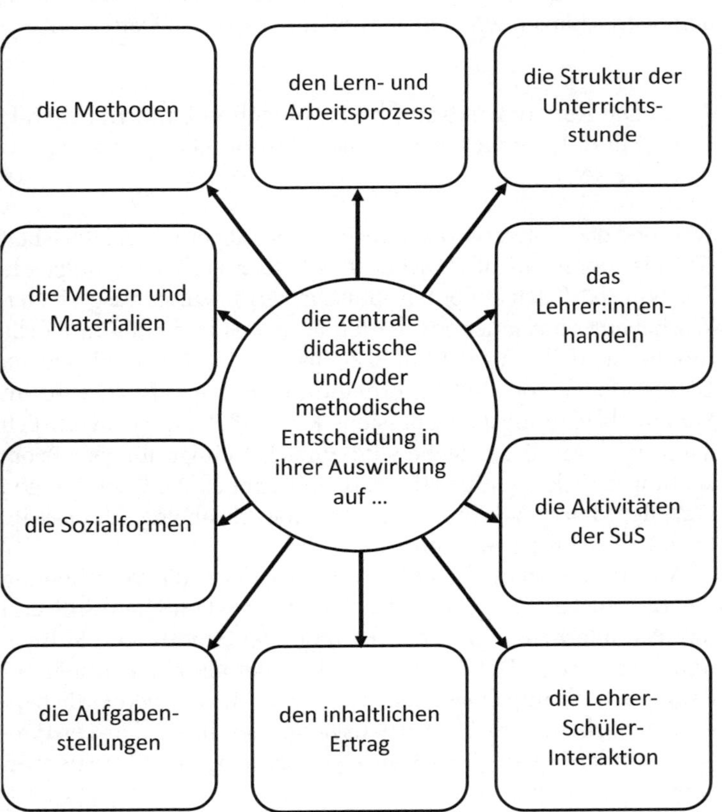


Abbildung 11: Horster-Modell zur fokussiert-reflektierenden Unterrichtsbeobachtung (Horster & Rolff, 2006, S. 173, leicht verändert).

Die von uns im Formular genannten und in Teilen von Horster übernommenen unterrichtlichen Dimensionen sind nicht vollständig oder gar die einzig denkbaren. Für jede Unterrichtsstunde* sollten Sie im Gespräch mit der Lehrperson konkretisieren, welche Dimensionen für den Lernprozess besonders wichtig sind.

Die Aufforderung Horsters, das unterrichtliche Konzept zunächst aus der Sicht der Lehrperson zu rekonstruieren, ermöglicht Ihnen, das Konzept stärkenorientiert zu bewerten und erst dann nach Verbesserungsmöglichkeiten zu fragen. Eine Neukonstruktion des Unterrichtskonzepts findet dann immer in einem wertschätzenden Dialog mit der Lehrperson statt.

### 7.2.2 Die Rekonstruktion philosophischen Unterrichts mit Hilfe des erweiterten „Bonbonmodells“ (Sistermann, Leisen)

3. Stufe der Unterrichtsbeobachtung: Bonbon-Modell

Während das Horster-Modell wegen seiner allgemeindidaktischen Grundstruktur auf alle Fächer anwendbar ist, ist das folgende Konzept spezifisch auf philosophische Lernprozesse ausgerichtet. Wir haben es aus einer erweiterten Form des Lernphasenmodells (Bonbonmodell*) für den philosophischen Unterricht abgeleitet. Dieses Modell von Rolf Sistermann (Sistermann 2008) wird im Verlauf als Planungskonzept (siehe Kapitel 8.2.1 u. 3) ausführlich dargestellt. An dieser Stelle sind zunächst einige für den Beobachtungszweck wichtige Hinweise zu nennen. Die Eintragungen (Tabelle 3) können Sie wie oben *nach* einer chronologisch-deskriptiven Beobachtung vornehmen.

Am Anfang steht auch hier, wenn möglich, die Vorerhebung der Lernausgangslage bzw. des Kompetenzstands der SuS und des Hauptlernziels bzw. des Beitrags der Stunde zur Kompetenzerweiterung. Die Platzierung des Hauptlernziels unten auf dem Beobachtungsbogen (siehe Tabelle 3) soll verdeutlichen, dass ausgehend von der Lernausgangslage durch den Lernprozess (mittlere Spalte) das Hauptlernziel bzw. die Kompetenzerweiterung erreicht wird.

Philosophischen Lernprozess rekonstruieren

Indem Sie in der mittleren Spalte die Schüleraktivitäten der jeweiligen Phase eintragen und werten, rekonstruieren Sie den philosophischen Lernprozess von der Problementdeckung bis zur Problembeurteilung.

Da ein philosophischer Lernprozess entlang des Bonbonmodells* in der Regel nicht in einer einzelnen Unterrichtsstunde* vollständig durchlaufen wird, sollten Sie immer mehrere Unterrichtsstunden beobachten. Sie können auch jede einzelne Phase gesondert in den Blick nehmen und über einen längeren Zeitraum vergleichend analysieren und bewerten.

> Mögliche Erschließungsfragen:
> - Wie gelingt es den SuS, das philosophische Problem zu entdecken?
> - Welche eigenen Ideen und Lösungsvorschläge für das philosophische Problem haben die SuS?
> - Welche Rolle spielen diese Ideen im weiteren Verlauf?
> - Wie gehen die SuS mit dem Lernmaterial um?
> - Worin besteht der inhaltliche Lernertrag?
> - Wie werden der Lernertrag gesichert und das philosophische Problem gelöst?

Mit Hilfe der linken Spalte des Beobachtungsbogens (materiale Begleitung) können Sie die eingesetzten Aufgaben, Methoden, Materialien und Medien in den Blick nehmen und die dadurch initiierte Steuerung des Lernprozesses nachhalten.

> Mögliche Erschließungsfragen:
> - In welcher Weise strukturieren die gestellten Aufgaben den Lernprozess?
> - Inwiefern werden schwierige Texte durch die Aufgabenstellung vorentlastet?
> - Wie erfolgreich werden Formen der Differenzierung angeboten?
> - Inwieweit ist das Textmaterial dem Lernstand angepasst (z.B. Umfang, Kürzungen, Transformation)?
> - Inwieweit sind die eingesetzten Methoden zielführend?

Mit Hilfe der rechten Spalte des Beobachtungsbogens (personale Steuerung) können Sie das (Sprach-)Handeln der Lehrperson rekonstruieren und dessen Steuerungswirkung einschätzen.

Mögliche Erschließungsfragen:

- Inwieweit gelingt es der Lehrperson, die SuS durch Impulse bei der Problementdeckung zu unterstützen?
- Strukturiert/fokussiert die Lehrperson in den unterschiedlichen Lernphasen den Diskurs transparent?
- Wie (in welchen Phasen) diagnostiziert die Lehrperson Lernentwicklungen/Lernhemmnisse ihrer SuS?
- Inwieweit gibt die Lehrperson den SuS Rückmeldung über ihre Beiträge/Leistungen?
- Durch welche Impulse unterstützt die Lehrperson die philosophische Urteilsbildung?
- Welche Haltung zeigt die Lehrperson gegenüber der Sache und den SuS?

Anfänglich sollten Sie bei der Beobachtung der materialen und personalen Steuerung nicht zu viele Faktoren gleichzeitig in den Blick nehmen, sondern sich auf einzelne, ggf. in Absprache mit der Lehrperson ausgewählte Faktoren und deren Steuerungswirkung konzentrieren, die sie dann über mehrere Unterrichtsstunden in ihrer Gestaltung und Wirksamkeit verfolgen können.

Wir verzichten in diesem Kapitel auf eine Darstellung von Strukturen einer Nachbesprechung des von Ihnen beobachteten Unterrichts, da in Kapitel 9.2 Evaluation und Nachbesprechung von Unterricht ausführlich thematisiert werden.

## 7.3 Bedingungen gelingenden Philosophie/Ethik-Unterrichts

Wenn Sie dem Gedankengang dieses Buches bei Ihren ersten Schritten in der Praktikumsschule gefolgt sind, so haben Sie Ihre Unterrichtsbeobachtungen vorbereitet (Kapitel 6), durchgeführt (Kapitel 7.1) und anschließend fokussiert über sie nach-gedacht (Kapitel 7.2). Sie werden bei den Hospitationen festgestellt oder gespürt haben, dass Unterricht mal mehr, mal weniger gelingt, und zwar unabhängig vom jeweils präferierten didaktischen Konzept. Es ist sicherlich nicht beliebig, mit welcher didaktischen Variante die Lehrperson ihren philosophischen Unterricht gestaltet – auch wir Autoren haben da durchaus bestimmte Vor-

| **Kurs:** | | |
|---|---|---|
| **Thema des Unterrichtsvorhabens:** | | |
| **Lernvoraussetzungen/Vorwissen/Kompetenzstand:** | | |
| **Materiale Begleitung** | **Lernprozess** | **Personale Begleitung** |
| **Methodenauswahl** | **Hinführung** | **Moderation des Lernprozesses** |
| | **Problemstellung** | |
| **Aufgabenstellungen** | **Intuitive Problemlösung** | **diagnostizieren, rückmelden, bewerten** |
| | **Angeleitete Problemlösung** | |
| **Medien als Lernmaterial** | **Festigung / Sicherung** | **Resonanzerfahrungen ermöglichen** |
| | **Transfer / Stellungname** | |
| **Hauptlernziel / Beitrag zur Kompetenzentwicklung** | | |

Tabelle 3: Das (erweiterte) Bonbonmodell zur Rekonstruktion philosophischen Unterrichts.

lieben –, aber nach unserer Überzeugung gibt es das eine, allein *gültige didaktische Konzept eben* nicht.

Nicht nur *ein* allein gültiges didaktisches Konzept

Deshalb sollten Sie als Praxissemesterstudierende:r mit diversen didaktischen Konzepten und Phasenschemata im Theoriegepäck keinesfalls eine Lehrperson belehren wollen, wenn sie augenscheinlich nach einem veralteten oder gar falschen Konzept unterrichtet. Bescheidene Zurückhaltung ist hier nicht nur eine Frage von Takt und Höflichkeit, sondern genauso sachlich begründet:

Didaktische Präferenzen können für sich genommen gelingenden Unterricht weder garantieren noch verhindern. Maßgeblich ist vielmehr die Stimmigkeit aller relevanten Unterrichtsmomente untereinander (vgl. Kapitel 7.2.1). Diese sollen Sie hier dadurch ergründen, dass Sie gleichsam mit einem ‚Röntgenblick' die jeweils realisierten Verhältnisse der Ecken und Seiten des Didaktischen Drei- bzw. Vierecks* betrachten. Daher lautet eine erste Frage nach Bedingungen für guten Philosophie/Ethik-Unterricht: Erzeugt das Zusammenspiel der Unterrichtsmomente einen Zusammenklang im Drei- bzw. Viereck, so dass sie zu Resonanzen* führen, oder bleiben sie tonlos oder erzeugen gar Dissonanzen? Besonders resonanzrelevant ist die damit verbundene Frage: Von welcher Grundhaltung aus gestalten die Lehrpersonen ihre Beziehung zu den SuS? Dies betrifft also besonders die soziale Seite im Didaktischen Dreibzw. Viereck*.

Die Beantwortung dieser Fragen dient zunächst der Schärfung Ihres Blicks für den beobachteten Unterricht. Sie ist aber auch relevant für Ihre eigene Unterrichtsplanung (siehe kapitel 8).

Die Metapher der Resonanz*, die bereits in Kapitel 1 und 6.2.1 verwendet wurde, soll hier genauer entfaltet werden. Anschließend werden die Ermöglichungsbedingungen für gelingenden Unterricht in Philosophie/Ethik, die Befolgung *dreier didaktischer Maximen Kants,* und schließlich das diese tragende Prinzip der *theoretischen und praktischen Autonomie* umrissen. Im Folgenden hangeln wir uns also an einer Kette von Begründungen entlang.

### 7.3.1 Resonanz

Resonanzpädagogik* meint eine auf Harmut Rosa (vgl. Rosa & Endres 2016) zurückgehende erziehungswissenschaftliche Konzeption, die auf dem Didaktischen Dreieck* aufbaut und als fachübergreifende Hintergrunddidaktik gelten kann. In einer differenzierten Version entfaltet Jens Beljan (Beljan 2019) grob drei mögliche Konstellationen.

Repulsionsdreieck

1. In einem gänzlich misslingenden Unterricht wird das Dreieck zu einem „Repulsionsdreieck", d.h. hier „stehen Lehrer, Schüler und Sache in einer negativen, abweisenden und feindlichen Beziehung zueinander" (ebd., S. 116). Abstoßung ist im philosophischen Unterricht vor allem zwischen Schüler:in und Sache zu beobachten: Die SuS empfinden gegenüber dem sorgsam ausgewählten Text nur Aversionen, zeigen sogar Aggressionen, und zwar weil er nicht *ihre Sprache spricht* und/oder weil er nicht *zu ihnen spricht*, d.h. nicht ihre (potenziellen) Probleme trifft. Ein Dialog mit dem Text ist dann ausgeschlossen. Als Folge, aber auch unabhängig davon kann die LuL-SuS-Beziehung repulsiv sein. Unterricht muss in der sozialen Dimension misslingen, wenn die Lehrperson davon ausgeht, ‚Perlen vor die Säue zu werfen'. Hier fehlt es fundamental an der notwendigen – möglichst wechselseitigen – Achtung und Wertschätzung. Auch dann, wenn die Lehrperson – ggf. durch bestimmte Lehrplanvorgaben –, dem anstehenden Stoff reserviert gegenübersteht, ist das Misslingen des Unterrichts zu befürchten.

Indifferenzdreieck

2. Anders als Rosa benennt Beljan auch jene Bedingungen, unter denen Unterricht zwar nicht direkt misslingt, aber doch auch nicht gelingt. Wird eine Unterrichtsstunde* durch ein „Indifferenzdreieck" bestimmt, so wird sie von allen Beteiligten als „zäh, langweilig und monoton empfunden. Die Schüler können sich nicht zur Mitarbeit motivieren, sie nehmen innerlich keinen Anteil am Unterrichtsgeschehen, vielleicht, weil sie vom Stoff unter- oder *überfordert* sind" (ebd., S. 114). Ein Indiz hierfür kann sein, wenn SuS und Lehrpersonen regelmäßig auf die Uhr schauen.

   Die Gründe für misslingenden oder nicht-gelingenden Unterricht können vielfältig sein. Fehlende Motivation bei SuS kann beispielsweise auch in Problemen gründen, die diese individuell, miteinander oder in irgendeiner Form außerschulisch haben. Die in Kapitel 1 und 2 skizzierten Hinweise sollen Ihnen aber helfen, den diagnostizierenden oder forschenden Blick in die möglicherweise maßgebliche ‚Ecke' oder ‚Dreiecksseite' zu lenken, um so Unterrichtsproblemen etwas besser auf die Spur zu kommen. Übrigens: Eine Lehrperson, der der Unterricht immer gelingt, haben wir auch nach jahrzehntelanger Erfahrung nicht kennen lernen können.

Resonanzdreieck

3. Für einen vom „Resonanzdreieck“ geprägten Unterricht haben Hartmut Rosa und Wolfgang Endres folgendes Bild gefunden: „Unterricht gelingt, wenn es im Klassenzimmer knistert“ (Rosa & Endres 2016, S. 15; vgl. Beljan 2019, S. 118). Mit ‚Knistern‘ ist ein Lernklima gemeint, das im positiven Sinne provokativ und dadurch produktiv ist. Ein Text etwa kann herausfordernd sein, wenn sich die SuS mit ihm auseinandersetzen *können* und *wollen*, weil er in verständlicher Form Unerwartetes und Neues zu ihrer Problemlage beiträgt. Oder die SuS sind in einem resonanzgeprägten Lernklima motiviert, einen zunächst unverständlichen Text zu erschließen. Fruchtbar provokativ können auch Äußerungen der Lehrperson oder aus der Lerngruppe sein, welche die Mitschüler:innen irritieren und dann zu weiter tragenden Erwiderungen inspirieren.

Resonanz* als Ant-wort-Geben aus drei Ecken

Insgesamt stehen im Resonanzdreieck alle drei ‚Ecken‘ zueinander in einer Beziehung des wechselseitigen Antwort-Gebens (Responsion), wobei hier die Etymologie von ‚Antwort‘ als ‚Wider- und Gegenrede‘ lebendig bleibt. Das ‚Klanggebilde‘ Resonanz* darf daher nicht verwechselt werden mit Ein-Tönigkeit.

Weite und leuchtende Augen bei den SuS

Dass in einem Resonanzklima Erkenntnis wächst, können Lehrpersonen bisweilen in den Gesichtern der Lernenden sehen, wenn nämlich „die Augen der Schüler sich weiten oder zu leuchten beginnen“ (Beljan 2019, S. 118). Das gibt es wirklich, auch wenn im Kontext evidenzbasierter Erziehungswissenschaft dafür unseres Wissens noch kein objektives Messverfahren entwickelt wurde.

Nun wäre es doch schön, wenn man wüsste, wie es einer beobachteten Lehrperson gelungen ist, Resonanz* zu erzeugen. Ein sicheres Rezept dafür gibt es leider nicht und kann es nicht geben, denn Unterricht ist als Prozess in lebendiger Interaktion jedes Mal etwas Neues und in diesem Sinne unkalkulier- und unplanbar (siehe auch Kapitel 8.1).

### 7.3.2 Drei didaktische Maximen

Kein Rezept, aber notwendige Bedingungen für gelingenden Unterricht

Aber wir können hier notwendige Bedingungen bewusst machen, die erfüllt sein dürften, wenn Sie gelingenden Unterricht in Philosophie/Ethik beobachtet haben und selbst gestalten wollen. Die heutige Philosophiedidaktik kann diesbezüglich immer noch von der *philosophisch begründeten Philosophiedidaktik Kants* profitieren. Dabei handelt es sich nicht um ein ausgefeiltes Konzept à la Martens, Rehfus, Steenblock & Co., sondern gleichsam ‚nur' um ein Grundkonzept, das aber die genannten komplexen Konzepte durchaus (mit) zu tragen vermag. Es setzt an jener Ecke im Didaktischen Drei- und Viereck* an, die als Schlüssel aller schulischen Bemühungen zu gelten hat, an der Ecke der SuS. Von ihrem durch die Lehrperson angeregten philosophischen Tun und ihrer Stellung im Unterrichtsgefüge hängt gelingender Unterricht primär ab.

Drei Maximen als didaktisches Grundkonzept von Kant

Kants didaktisches Grundkonzept (vgl. Blesenkemper 2018a) ist ein überschaubares Zusammenspiel der folgenden, häufiger bei ihm erwähnten drei Maximen, die sich alle Philosophierenden zu eigen machen sollten :

> „1) *Selbst* denken. 2) Sich (in der [Gemeinschaft] Mitteilung mit Menschen) in die Stelle jedes *anderen* zu denken.
> 3) Jederzeit mit *sich selbst einstimmig* zu denken."[7]

1. Selbst denken

Die erste Maxime ist eine generelle Absage an gedankliche Vormünder, auch in der Gestalt von Lehrpersonen. Für Kant ist ein Belehrer eben kein guter Lehrer. Positiv gewendet geht es in der 1. Regel um die emphatische Ermutigung aller Denkenden, sich des eigenen Verstandes zu bedienen, wie Kant in seiner berühmten Antwort auf die Frage *Was ist Aufklärung?* (WA Bd. 9, S. 53; AA Bd. VIII, S. 33) fordert. Dieses Tun sollte sämtliche philosophischen Operationen durchherrschen, insbesondere a) das eigene Nachdenken in stiller Einzelarbeit, b) den Diskurs in

---

7 Hier zitiert nach Kants Anthropologie in pragmatischer Hinsicht (WA Bd. 10, S. 549, vgl. AA Bd. VII, S. 228). Die Ergänzung in eckigen Klammern findet sich nur in der WA, entnommen aus einem handschriftlichen Zusatz von Kant.

der Lerngruppe und c) die Auseinandersetzung mit Texten. Übrigens: Wenn Kant grundsätzlich auf das Selberdenken[8] setzt, so verträgt sich dies gut mit heutigen Lerntheorien, die sich einem gemäßigten Konstruktivismus verpflichtet sehen.

Kants Maxime des Selberdenkens steht auch deshalb an erster Stelle, weil es das zeitlich Erste im Prozess der Erkenntnisgewinnung oder Urteilsbildung ist. Denn jedes Verstehen beginnt bei einem schon vorhandenen Vor-Urteil – im positiven Sinne nach Gadamer. Noch genauer könnte man das startende Selberdenken so fassen, dass es in eine Ausformulierung des eigenen Präkonzeptes mündet. In diesem Sinne versteht Christian Thein unter „philosophischen Präkonzepten" präzisierend

Präkonzepte als Ergebnis des Selbstdenkens

> „solche sprachlich – verbal oder schriftlich – artikulierten Vorstellungen und Vorannahmen von SchülerInnen zu fachlichen Impulsen und Fragestellungen [...], die ihrer Struktur und ihrem Gehalt nach bereits eine Form der philosophischen Bestimmtheit – insbesondere durch die Anführung von Gründen für eine Vorannahme, Haltung oder Einstellung – aufweisen" (Thein 2020, S. 70).

Bei jüngeren SuS dürfen allerdings die Erwartungen an „philosophische[] Bestimmtheit" bei den ersten Gehversuchen philosophischen Selberdenkens nicht allzu hoch angesetzt werden.

Die versprachlichten Präkonzepte als Produkt des eigenen Denkens müssen im nächsten Schritt überprüft und ggf. überwunden werden. Entsprechend fordert die zweite Maxime von allen (Lernenden), den eigenen Standpunkt zu verlassen und das jeweils Fragliche aus der Perspektive eines potenziell jeden anderen zu betrachten. Der Blick von woanders soll den eigenen Blick, das Vor-Urteil, das Präkonzept, bestätigen oder irritieren und korrigieren, und zwar durch „Mitteilung" in „Gemeinschaft". Was wäre dazu besser geeignet als der Diskurs in einer philosophischen Lerngruppe? – Heutige Verfechter kooperativer Lernformen können hier in Kant einen gedanklichen Vater sehen.

2. Durch Mitteilung in Gemeinschaft vom anderen her denken

8 „Selbstdenken" und „Selberdenken" sind synonym. Der zweite Ausdruck ist wohl wegen der leichteren Aussprache eher umgangssprachlich.

Unter gemeinschaftlicher und damit wechselseitiger Mitteilung verstand Kant auch den Austausch in der Gelehrtenwelt, d.h. als Rezeption von und Reaktion auf einschlägige Publikationen. Die zweite Maxime ist daher auch als Aufforderung zu verstehen, bei der Lösung philosophischer Probleme den in Texten vorliegenden Reichtum der philosophischen Tradition einzubeziehen.

Einschließlich Dialog mit Texten der Tradition

Kants dritte Maxime, die eine Stimmigkeit mit sich selbst fordert, wird meist verstanden als Plädoyer für die Beachtung logischer Folgerichtigkeit. Aber darin erschöpft sie sich nicht, wie Kants eigene Erläuterungen in seiner *Kritik der Urteilskraft* nahelegen: Dort bindet er den Erfolg der dritten Maxime an die zur Haltung gewordenen permanenten Beachtung der beiden anderen:

> „Die dritte Maxime, nämlich die der konsequenten Denkungsart, ist am schwersten zu erreichen und kann auch nur durch die Verbindung beider ersten, und nach einer zur Fertigkeit gewordenen *öfteren* Befolgung derselben, erreicht werden" (WA Bd. 8, S. 391; AA Bd. V, S. 295).

Die Folgerichtigkeit ist eine solche für mich persönlich, es geht um Stimmigkeit in mir selbst, um Einklang mit mir. Das Selbst der 1. Maxime, verstanden als „Maxime der *Selbsterhaltung* der Vernunft" (WA Bd. 5, S. 283 Fn; AA Bd. VIII, S. 146 Fn.), trägt sich durch.

3. Einklang mit sich selbst anstreben

Ein solcher Einklang mit mir ist das – immer vorläufige – Ergebnis einer *dialektischen* Bewegung, die bei meinem mir wichtigen eigenen Denken beginnt (1. Maxime), zu Positionen vieler anderer wechselnd sich weitet (2. Maxime) und in der Synthese wieder bei mir als Person stimmig anlangt (3. Maxime). Dies ist jener philosophische Bildungsprozess, wie ihn im Kern alle hier erwähnten didaktischen Konzepte anstreben. Dass er gelingt, kann niemand versprechen. Ob er gelingt, kann man u.U. daran erkennen, dass „die Augen der Schüler sich weiten oder zu leuchten beginnen" (Beljan 2019, S. 118).

### 7.3.3 Autonomie

Die philosophischen Grundlagen, die im genannten Maximentrio Kants zur Geltung kommen, sind folgende: Für alle Operationen der philosophischen Orientierung und Wahrheitssuche ist nach Kant das Vertrauen *in* die Vernunft und die Gesetzgebung *durch* die eigene und zugleich intersubjektive Vernunft grundlegend.

Vertrauen in die autonome Vernunft als Grundlage

Dies gilt zunächst erkenntnistheoretisch: Die Vernunft, so die Kritik durch die Vernunft an der Vernunft (gemäß der *Kritik der reinen Vernunft*), gibt sich für sich selbst ihre eigenen Gesetze, ist in dieser Hinsicht also auto-nom. Bei der Suche nach Wahrheitsbeweisen bleibt uns daher, so die Auskunft in Kants kleiner Schrift *Was heißt: Sich im Denken orientieren,* keine andere Möglichkeit, als den „letzten Probierstein der Zulässigkeit eines Urteils [...] *allein in der Vernunft* zu suchen" (WA Bd. 5, S. 275; AA Bd. VIII, S. 140). Ergänzend gilt, „*Selbstdenken* heißt den obersten Probierstein der Wahrheit in sich selbst (d. i. in seiner eigenen Vernunft) suchen" (WA Bd. 5, S. 283 Fn.; AA Bd. VIII, S. 146 Fn.).

Autonome, aber nicht selbstgenügsame theoretische Vernunft

Diese autonome Vernunft darf sich aber nicht solipsistisch für selbstgenügsam halten. In der eben zitierten Schrift legitimiert Kant mit Nachdruck auch die 2. Maxime. Er fragt rhetorisch und mit Rufzeichen: „Allein, wie viel und mit welcher Richtigkeit würden wir wohl *denken,* wenn wir nicht gleichsam in Gemeinschaft mit anderen, denen wir uns und die uns ihre Gedanken *mitteilen,* dächten!" (WA Bd. 5, S. 280; AA Bd. VIII, S. 144). Mit der Beachtung der zweiten Maxime wird jeglicher fehleranfällige „logische Egoismus" (AA Bd. XXIV, S. 551) überwunden.

Die Selbstgesetzgebung (Autonomie) der praktischen Vernunft manifestiert sich bei Kant bekanntlich im Sittengesetz, im kategorischen Imperativ. Er fordert in der Grundformel die Prüfung gemäß seiner *Grundlegung zur Metaphysik der Sitten,* ob die je eigene Maxime zu einem Gesetz für alle taugen könnte (WA Bd. 6, S. 53; AA Bd. IV, S. 421). Vor allem diejenige Formel, gemäß der ein Mensch „niemals bloß als Mittel" (WA Bd. 6, S. 61; AA Bd. IV, S. 429) behandelt werden darf, in der also die Autonomie als Selbstzweckcharakter (vgl.: WA Bd. 6, S. 60; AA Bd. IV, S. 428) eines jeden vernünftigen Wesens betont wird, ist fundamental für die LuL-SuS-Resonanz*-Beziehung. SuS haben erfahrungsgemäß ein gutes Gespür dafür, dass sie von der Lehrperson als autonome Subjekte (des Lernens) in ihrer Eigenständigkeit und Eigenart wertgeschätzt werden. Vielfach ist der

SuS als autonome Subjekte

Erfolg solcher Achtungs- und Anerkennungshandlungen deren Wechselseitigkeit. Dann sind vielleicht auch bei der Lehrperson ‚weite und leuchtende Augen' oder zumindest ein zufriedenes Lächeln zu beobachten.

## Praxistipps

Praxistipps

Bitte beachten:

- Entwickeln Sie Sensibilität für das sensible Feld der Unterrichtsbeobachtung. Wenn eine Lehrperson Sie in ihren Unterricht schauen lässt, gewährt sie Ihnen auch immer einen Blick in ihre Haltung und Persönlichkeit, das ist nicht selbstverständlich.
- Bleiben Sie offen für Überraschungen – kein Unterricht verläuft vollkommen planungskonform. Täte er dies, so würde er vollstreckt.
- Konzentrieren Sie sich in ihren Beobachtungen nicht nur auf die messbaren Parameter, sondern bleiben Sie sensibel für die Lernatmosphäre, die Haltung der Lehrperson und damit verbundene Resonanzphänomene.

Bitte vermeiden:

- Lassen Sie sich bei der Unterrichtbeobachtung nicht durch Vorinformationen über Personen („Schüler X stört dauernd den Unterricht!") oder Sachverhalte („Dies ist ein leistungsschwacher Kurs.") beeinflussen, sonst entwickeln Sie eine Erwartungshaltung für bestimmte Verhaltensweisen.
- Vermeiden Sie spontane Urteile aufgrund von Ersteindrücken, die dann die weitere Beobachtung beeinflussen können.
- Geben Sie Einzelfaktoren nicht vorschnell ein zu starkes Gewicht, so dass alle weiteren Beobachtungen davon bestimmt werden.
- Vermeiden Sie vorschnelle Wertungen des Gesehenen, da solche Urteile den Blick kanalisieren und oft nicht mehr revidiert werden.

## Literaturtipps zur Vertiefung

Landesbildungsserver BW (2010): Basismodell für die Unterrichtsbeobachtung an beruflichen Schulen (2010). Hrsg. v. Institut für Bildungsanalyse Baden-Württemberg. Online: www.schule-bw.de/themen-und-impulse/oes/material-ubeobachtung.html

Dalehefte, Inger Marie & Kobark, Mareike (2013): Aus Unterrichtsbeobachtungen lernen. Leibniz-Institut f. d. Pädagogik d. Naturwissenschaften an d. Universität Kiel. Online: www.sinus-an grundschulen.de/fileadmin/uploads/Material_aus_SGS/Handreichung_DaleheфteKobarg_fuer_Web.pdf

Leisen, Josef (o.J.): Die Beobachtung von Unterricht. Online: www.studienseminar.rlp.de/fileadmin/user_upload/studienseminar.rlp.de/bb-nr/Praktika/Leisen_Skript_Unterrichtsbeobachtung.pdf

Horster Leonard & Rolff, Hans Günther ([2]2006): Unterrichtsentwicklung. Grundlagen einer reflektorischen Praxis. Weinheim/Basel: Beltz.

Blesenkemper, Klaus (2018a): Kants Denkmaximen und ihre Anwendung als Maximen der Philosophiedidaktik. In: Angewandte Philosophie. Eine internationale Zeitschrift/Applied Philosophy. An International Journal, Heft 1/2017, hrsg. v. Runtenberg, Christa, S. 9 – 28.

# 8. „Ins kalte Wasser" – eigenen Philosophieunterricht *planen*

## 8.1 „Ja, mach nur einen Plan ..." – Notwendigkeit und Grenzen der philosophischen Unterrichtsplanung

Nachdem Sie das Terrain ihrer Praktikumsschule erkundet, Unterricht beobachtet und das Beobachtete reflektiert haben, wird es nun Zeit, nicht mehr nur vom Beckenrand zuzuschauen, sondern selbst ins Wasser zu springen. Es ist an der Zeit, eigenen Unterricht zu planen und durchzuführen.

Kenntnisreich nach Modellen planen?

Philosophieunterricht zu planen, setzt ein solides Wissen über dessen fachdidaktische Prinzipien und Modelle sowie Kenntnisse der Elemente von philosophischen Lehr-Lernprozessen und deren Zusammenspiel voraus. Zur Konkretisierung bietet die Didaktik Planungsmodelle an, die die unterschiedlichen Facetten des Wissens über Unterricht fokussieren und vernetzen.

Planungsmodelle nur für Anfänger:innen?

Dagegen hört man von manch erfahrener Lehrperson, Philosophieunterricht mit einem Planungsmodell vorzubereiten, sei doch nur etwas für Praktikant:innen, Referendar:innen und Berufsanfänger:innen. Ein fester Plan verführe dazu, ihn auch zu vollstrecken und überhaupt: Pläne gehen doch nur so lange gut, bis etwas dazwischenkommt.

In Ihrem bisherigen Studium haben Sie aber sicher Planungsmodelle kennengelernt und von der Erfahrung gehört, dass diese sich durchaus erfolgreich einsetzen lassen. Man müsse eben nur das richtige Rezept haben und der Unterricht würde dann gelingen. Beide Standpunkte halten wir in der hier formulierten Zuspitzung für einseitig und daher, wie schon beim eingangs skizzierten ‚Praxisschock' (vgl. Kapitel 1) für falsch. Versuchen wir also auch hier den „Wahrheitskern" aus beiden Standpunkten herauszuhören.

Planungsmodelle erhöhen den Lernerfolg

Richtig ist, dass der Einsatz von Planungsmodellen aus Sicht der Unterrichtsforschung die Wahrscheinlichkeit für den Lernerfolg der SuS deutlich erhöht. So weisen Unterrichtsforscher nach (vgl. Hattie & Zierer 2020), dass sich Lehrpersonen durch den Einsatz von Planungsmodellen nicht länger auf bestimmte Planungselemente fokussieren – besonders beliebt sind Methoden und Materialien – sondern mehrdimensional planen, z.B. durch eine differenzierte Diagnose der Lernvoraussetzungen ihrer SuS und durch Planungsentscheidungen, die die angestrebten Ziele in den Fokus rückt, nicht die eingesetzten Werkzeuge.

Ein Planungsmodell hilft auch bei der Überwindung der „Ich-Erzähler-Perspektive“ (ebd. S. 23), die Lehrpersonen dazu verführt, inhaltliche und methodische Vorlieben zu präferieren oder nach Kompetenzschwerpunkten zu unterrichten, was beispielsweise zur Folge haben kann, dass der Unterricht von Unterrichtsgesprächen und Projektlernen dominiert wird. Insgesamt nötigen Planungsmodelle also dazu, sich vertieft mit dem Unterrichten auseinanderzusetzen, mit der Vielzahl seiner Dimensionen und deren Vernetzung (vgl. ebd. S. 21ff.).

Planungsmodelle sind keine Garantie für guten Unterricht

Richtig ist aber auch, dass die Überzeugung, man müsse nur das beste Konzept finden und umsetzen, um den Lernerfolg der SuS zu garantieren, eine Illusion ist. Sie verführt die Lehrperson dazu, ihre Planung für alternativlos zu halten und dann in Situationen, in denen „etwas dazwischenkommt“, nicht mehr offen für veränderte Lernwege zu sein.

Mit seinen Prinzipien von Resonanz* und Autonomie als Leitzielen (siehe Kapitel 7.3) ist Philosophieunterricht aber gerade darauf angelegt, dass „etwas dazwischenkommt“, sodass SuS eigene Ideen entwickeln. Nur so bietet er den Lernenden Gelegenheit zum Selberdenken und Urteilen. Nur so bleibt er auch resonanzsensibel, denn gerade, wenn philosophisch etwas dazwischenkommt, können sich resonante Beziehungen im Didaktischen Dreieck* von LuL, SuS und Stoff aufbauen.

Und noch ein zwiespältiger Aspekt: Richtig ist weiterhin, dass Planungsmodelle das philosophische Unterrichten zum Gegenstand einer (wissenschaftlich gestützten) Betrachtung machen und Lehrpersonen dabei distanziert und verallgemeinernd auf diesen Gegenstand Bezug nehmen.

Planungsmodelle ermöglichen eine objektivierende Betrachtung

Eine solch objektivierende Betrachtung verhindert nicht nur, den Unterricht von den eigenen Stärken und philosophischen Vorlieben der Lehrperson her zu planen, sie verheißt auch eine *stärkere Verfügbarkeit* und damit mehr *Kontrollierbarkeit* der hochkomplexen Zusammenhänge pädagogischen Handelns im Allgemeinen und philosophischen Unterrichtens im Besonderen.

Planungsmodelle versprechen mehr Verfügbarkeit

Hartmut Rosa hat dieses Verfügbarkeitsversprechen kritisch analysiert und als ein vierfaches beschrieben: Verfügbarkeit durch Sichtbarmachen, Erreichbarmachen, Beherrschbarmachen und Nutzbarmachen eines bestimmten Weltausschnitts, in unserem Falle des Unterrichts (vgl. Rosa 2019, Kapitel II).

Darin besteht durchaus die wesentliche Stärke einer systematischen Unterrichtsplanung. Die verschiedenen Dimensionen des Unterrichtens und Lernens werden transparenter. Die Lehrperson sieht die Lernausgangslage einer Lerngruppe deutlicher vor sich und kann z.B. philosophische Präkonzepte ihrer SuS klarer erkennen. Das Zusammenspiel von Methoden, Medien und Materialien wird sichtbarer.

Der Lernprozess der SuS, der uns ja immer nur in ihrem Sprach-Handeln, also in den Äußerungen der SuS, zugänglich ist, wird erreichbarer, wenn die Lehrperson ihre Einflussmöglichkeiten z.B. durch gezielte Auswahl von Aufgaben, Methoden, Medien und Materialien besser kennt.

Schließlich verspricht eine präzise Planung dadurch eine bessere Beherrschbarkeit der Lernprozesse, wenngleich sie auch nicht garantiert ist.

Wenn wir über Lernprozesse so verfügen könnten, dass eine gelungene Planung auch gelingenden Unterricht hervorbringt, dann bestünde die Gefahr, philosophische Bildung zu instrumentalisieren, und den Erfolg des Unterrichtens daran zu messen, wie „effektiv [...] die Ressource Bildung produziert wird" (Beljan & Winkler 2019, S. 9).

Missverständnis: Bildung als bloße Ressource

Mit diesem Miss-Verständnis von Bildung als Ressource kann sie, im Sinne des vierten Verfügbarkeitsversprechens, nutzbar gemacht werden für gesellschaftliche Ziele, z.B. als passgenaue Summe von Kompetenzen für eine bessere Employability (Beschäftigungsfähigkeit).

So gesehen ist es eine heilsame Enttäuschung, wenn eine „Strategie der Verfügbarmachung" (Rosa 2018, S. 20) misslingt, wenn der präzise und differenziert geplante Unterricht die SuS trotzdem langweilt, die Lehrperson frustriert und im Sinne der Resonanzpädagogik* das Didaktische Dreieck* zum Indifferenz- oder gar Repulsionsdreieck wird (vgl. Kapitel 7.3.1).

Die Erfahrung nicht gelingenden Unterrichts machen Lehrpersonen immer wieder. Zur frustrierenden Enttäuschung wird sie aber nur, wenn man sich völlig darauf verlässt, dass Unterrichten sich allein durch Drehen an den Stellschrauben der Planung optimieren und dann in gleichbleibender Qualität reproduzieren lässt. Wer sich so enttäuschen lässt, hat übersehen, dass präzise Planung zwar eine notwendige, aber keine hinreichende Bedingung für gelingenden Unterricht ist.

Planung als notwendige, aber nicht hinreichende Bedingung guten Unterrichts

LuL wissen aus ihrer alltäglichen Arbeit, dass Unterrichten so nicht funktioniert. Der distanziert planende Blick reicht nicht aus, um Resonanz* im Didaktischen Dreieck* zu erzeugen.

Harmut Rosa definiert Bildung darum als einen „bestenfalls halbverfügbaren Prozess des In-Resonanz-tretens zwischen [dem] Kind und einem bestimmten Weltausschnitt" (ebd. S. 79). Und Jens Beljan fordert resonanzpädagogisch* eine Haltung, in der „Lehrende resonanzfähig und resonanzsensibel sind“ (Beljan 2019, S. 168).

Eine resonanzfähige und resonanzsensible Haltung der LuL

Zu einer solchen Haltung von LuL gehört substanziell die Fähigkeit, sich auf Menschen einzulassen, sie in ihrer Autonomie zu achten und eine personale Beziehung aufzubauen, statt einer objektivierenden Betrachtung. Im Zentrum stehen eben nicht Objekte, sondern Menschen und die mit ihnen gemachten Erfahrungen.

So ist unterrichtliches Handeln zwar als Gegenstand einem objektivierend planenden Zugriff zugänglich, aber in jeder neuen unterrichtlichen und erzieherischen Situation „ein individuelles, einmaliges und unwiederholbares“ (Giesecke 2001, S. 93) Handeln. Es erschöpft sich nicht in Handwerk, sondern erfordert auch eine Haltung, die resonanzförderlich ist und sich immer des letztlich unverfügbaren Kerns unterrichtlichen Handelns bewusst bleibt.

Philosophischer Unterricht als Schritt ins Unverfügbare

Zu unterrichten bleibt ein Schritt ins Ungewisse und Unverfügbare. Für einen philosophischen Unterricht, der „als Unterricht für Selbstdenker und Gesprächsgemeinschaften“ Resonanz* und Autonomie (vgl. Kapitel 7.3) anstrebt, gilt dies umso mehr.

Fassen wir also zusammen und fragen, welche Kriterien ein Planungsmodell erfüllen muss, dem es gelingt, die Balance zwischen präziser Planung und der nötigen Offenheit für den unverfügbaren Charakter von Autonomie und Resonanz* zu finden:

Zusammenfassung

Ein Modell für eine differenzierte Planung von Lehr-Lernprozessen

- befreit den Planungsprozess von subjektiven Vorlieben und individuellen Stärken der Lehrperson,
- macht die verschiedenen Planungsdimensionen und deren Zusammenspiel sichtbar,
- gibt der Lehrperson mehr Sicherheit den Lernprozess zu betreuen, auch wenn etwas dazwischenkommt,
- ermöglicht der Lehrperson eine größere Souveränität, damit etwas dazwischenkommen darf,
- ist keine Garantie für guten Unterricht – wobei nicht zu planen eine Garantie für schlechten Unterricht ist –,
- berücksichtigt, dass Lernprozesse, die die Autonomie der Lernenden anstreben, letztlich unverfügbar sind und
- bleibt offen für eine resonanzsensible Haltung der Lehrperson und befördert diese schon im Planungsprozess.

Im Folgenden werden wir Ihnen mit dem erweiterten „Bonbonmodell*“ (skizziert in Kapitel 7.2.2) ein Planungsmodell vorstellen, von dem wir überzeugt sind, dass es die oben genannten Kriterien erfüllt.

## 8.2 Wohin soll es gehen? – Planungselemente und ihr Zusammenhang

Nach der kritischen Analyse von Notwendigkeit und Grenzen einer philosophischen Unterrichtsplanung möchten wir Sie ermutigen, das „Planungsgeschäft“ nicht vor lauter Kritik mit spitzen Fingern anzufassen, sondern beherzt zuzugreifen und eine präzise Planung als stützendes Gerüst für Ihr unterrichtliches Handeln zu nutzen, das Ihnen mehr Sicherheit verschafft und Spielräume eröffnet. Dazu gibt es zum Glück viele Hilfen für Sie, die Ihnen in diesem Kapitel zuteilwerden.

Planung als stützendes Gerüst

Wir stellen Ihnen hier das erweiterte Bonbonmodell als ein Planungsinstrument vor, das das Lernen und das Lehren verbindet, die verschiedenen Planungsdimensionen und -elemente zueinander in Beziehung setzt und dabei die Grundprinzipien philosophischen Unterrichtens beachtet: die Problemorientierung*, die Autonomie(förderung) und die Resonanz*(sensibilität).

### 8.2.1 Das erweiterte Bonbonmodell als Planungsinstrument für philosophische Lernprozesse

Den Kern bildet das von Rolf Sistermann entwickelte „Bonbonmodell*“ (Sistermann 2008, S. 304) des Lernprozesses der SuS, das in der Fachdidaktik aufgrund seiner konsequenten Umsetzung der Problemorientierung* und seiner Anschaulichkeit vielfach als Planungsinstrument vorgeschlagen wird. Wir haben es entlang der didaktischen Maximen Kants (siehe Kapitel 7.3.2) autonomieförderlich konkretisiert und um die Dimension des Lehrens bzw. der Planungselemente in der Hand der Lehrperson erweitert. Die Verknüpfung von Lernen und Lehren haben wir dem Lehr-Lernmodell von Josef Leisen (Leisen 2018) entnommen und für den philosophischen Unterricht angepasst.

Kern und Erweiterungen des Planungsmodells

Die veranschaulichende Grafik (Abb. 14) und die folgenden Erläuterungen ermöglichen Ihnen einen Überblick über die Planungselemente in ihrem Zusammenhang.

Lernprozess und Lehrprozess

Da der Lernprozess der SuS (Bonbon in der mittleren Spalte der Grafik) einer Lehrperson niemals direkt, sondern nur durch die Sprach-Handlungen der SuS zugänglich ist (grafisch veranschaulicht durch das Feld um das Bonbon herum), müssen Sie als Lehrperson von außen durch Lehren auf den Lernprozess einwirken.

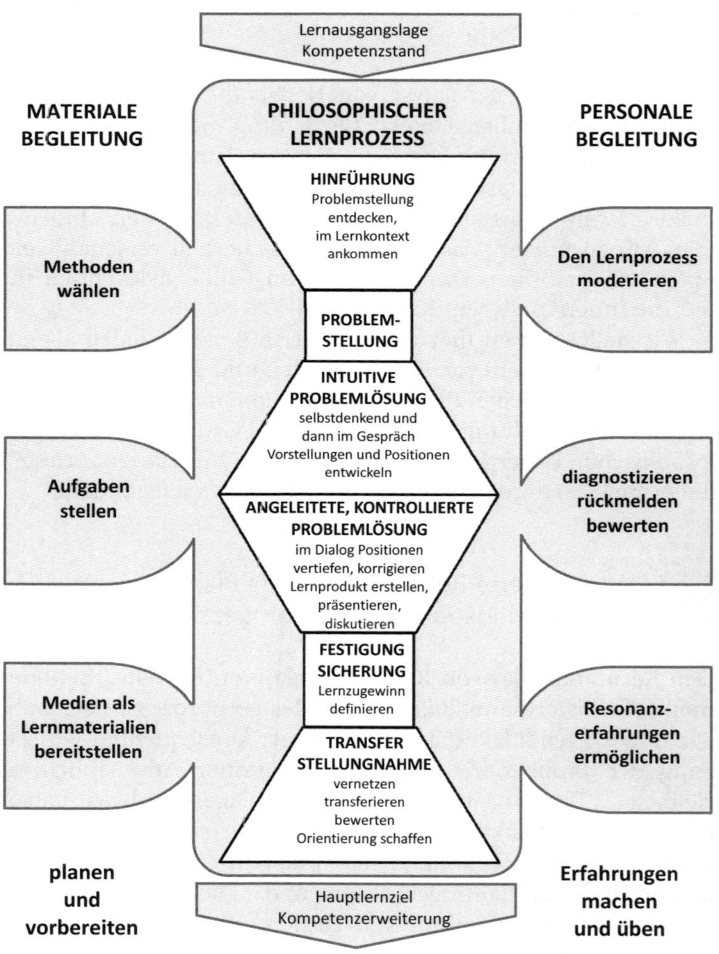


Abbildung 12: „Bonbonmodell" nach R. Sistermann, erweitert u.a. um Elemente des Lehr-Lernmodells von J. Leisen

Dazu stehen Ihnen zwei Zugänge zur Verfügung: zum einen die didaktisch-methodischen *Werkzeuge* (materiale Begleitung, linke Spalte), zum anderen das eigene *Sprach-Handeln* (personale Begleitung, rechte Spalte). Die Werkzeuge und ihr Einsatz sind am Schreibtisch planbar. Durch personale Begleitung zu lehren, lässt sich nur in seinen Rahmenbedingungen planen, weil es sich dabei um den Aufbau einer im Idealfall responsiven Beziehung zwischen der Lehrperson und den SuS handelt. Sie erlangen darin mehr Sicherheit durch die Erfahrungen, die Sie machen, und durch ständiges Üben, als allein durch Planungshandeln. Sie sollten sich deshalb nicht frustrieren lassen, wenn sich Fortschritte in diesem Bereich erst langsam einstellen.

Die grafische Form verweist auf die Unterrichtsführung

Schon durch seine grafische Form (das Bonbon) verweist das Lernmodell auf die für die jeweilige Phase erforderliche Art der Unterrichtsführung durch die Lehrperson: Die geweiteten Abschnitte zu Beginn des Lernprozesses – wie auch in Phase drei und sechs – machen die Notwendigkeit einer *offenen* Unterrichtsführung durch eher moderierende Begleitung deutlich. Die engen Abschnitte (Phase 2 und 5) verweisen auf die Notwendigkeit einer *fokussierten* und *bündelnden* Unterrichtsführung. Denn es geht darum, Problemstellungen oder Lernergebnisse präzise und insofern ,eng' auf den Begriff zu bringen.

Die Formen personaler Begleitung des Lernprozesses werden wir in Kapitel 8.5 konkretisieren.

Lernprozesse und ihre Begleitung finden natürlich nie im luftleeren Raum statt, sondern stets in einer konkreten Lerngruppe mit konkreten Inhalten. Darum ist der Startpunkt jeder Planung eine Diagnose der *Lernausgangslage* der SuS, ihrer bis dahin erreichten Wissensstände und Fähigkeiten (in der Grafik als Feld „Lernausgangslage, Kompetenzstand" visualisiert), mit denen sie in den Lernprozess „einsteigen". Zu diesem wichtigen Teil der Planung haben Sie bereits auf verschiedenen Ebenen Hinweise erhalten (vgl. Kapitel 1 u. 4), weitere Details folgen im nächsten Abschnitt.

Startpunkt und Ziel in den Blick nehmen

Ist der Startpunkt des Lernprozesses im Blick, gilt es, das Ziel ins Auge zu fassen, d.h. den Gegenstand und die Intention des angestrebten Lernprozesses (in der Grafik das Feld „Hauptlernziel, Kompetenzerweiterung").

Start- und Zielpunkt legen die „Fahrspur" fest, in der sich der Planungsprozess bewegt.

In den folgenden Abschnitten werden wir die einzelnen Planungselemente genauer betrachten.

### 8.2.2 Von den Enden her denken – Lernausgangslage und Lernziel bestimmen die Planung

Wer wissen will, welcher Weg der beste ist, muss wissen, wo man steht und wohin es gehen soll.

Lernprozesse sind wie eine Bergwanderung

Um diesen Allgemeinplatz für die Unterrichtsplanung fruchtbar zu machen, möchten wir Ihnen eine analoge Situation vor Augen führen. In ihr wird die Planung von Lernprozessen mit der Routenplanung für eine Bergwanderung verglichen.

Nehmen wir einmal an, Sie müssten als Bergführer:in eine Gipfeltour für eine Wandergruppe planen. Was gilt es zu bedenken?

Der/die erfahrene Bergführer:in wird sich zunächst die Wandergruppe anschauen. Wie ist es um die körperliche Fitness der einzelnen Mitglieder bestellt? Handelt es sich um eine Gruppe von Anfänger:innen oder haben die meisten schon Routine bei Bergwanderungen? Wie ist es um die Tagesform bestellt, sind die Wanderer ausgeschlafen und motiviert oder schon müde von anderen Wanderungen? Kennt ein/e Bergführer:in die Gruppe schon von anderen Wanderungen, so kann er/sie die Einstellung der Wanderer zu ihrem Sport einschätzen. Sind sie motiviert sich einzusetzen und bereit auch mal an ihre Grenzen zu gehen, wenn es anstrengend wird? Wieviel Durchhaltevermögen und Einsatz werden sie auf einer anspruchsvollen Tour vermutlich aufbringen?

Nur dieser genaue Blick auf die Wandergruppe macht eine verantwortungsvolle und erfolgversprechende Planung in Bezug auf den zu erreichenden Gipfel und die Route dorthin möglich.

Lernvoraussetzungen analysieren

Wer verantwortungsvoll und erfolgversprechend Lernprozesse planen will, muss wie der/die Bergführer: in die (Lern-)Voraussetzungen einer (Lern-)Gruppe analysieren.

Dabei lassen sich verschiedene Faktoren unterscheiden. Wir greifen im Folgenden drei Faktoren auf, die Hattie und Zierer als besonders wichtig identifiziert haben (vgl. Hattie & Zierer, S. 39-47).

1. *Das Vorwissen*
   In Analogie zur körperlichen Fitness muss die Lehrperson das bisher erlangte Wissen und die erreichten Fähigkeiten ihrer SuS einschätzen können. Sie muss um das Leistungsniveau ihrer SuS wissen und erkennen auf welcher Erkenntnisstufe sie stehen. Ist ihr Kompetenzstand noch

auf niedrigem Niveau oder sind die meisten methodisch und in der Sache schon auf höherem Niveau? (siehe auch Kapitel 5)

2. *Das Lernverhalten*
   Wie der/die Bergführer:in einschätzen muss, wie engagiert und anstrengungsbereit seine Wandergruppe ist, muss die Lehrperson Motivation und Leistungsbereitschaft ihrer SuS erkennen. Wieviel Interesse zeigen die SuS an philosophischen Fragen? Können Sie sich für ein philosophisches Problem begeistern und haben sie dazu eigene Ideen? Sind die SuS bereit sich auch mit komplexeren Fragestellungen auseinanderzusetzen und können sie eigenständig an Lösungen arbeiten?
3. *Das Arbeitsverhalten*
   Hier geht es z.B. um Durchhaltevermögen, Konzentrationsfähigkeit, eine positive Arbeitshaltung und ein gutes Arbeitsgedächtnis. Können die SuS auch über einen längeren Zeitraum an philosophischen Fragen arbeiten und bleiben sie dabei auch bei der Sache? Lernen Sie aus Fehlern und empfinden sie Lernerfolge als ihre eigene Leistung? Merken sie sich neue Inhalte schnell und nachhaltig?

Weitere Faktoren von Lernvoraussetzungen

Neben diese drei zentralen Aspekten sind noch andere Faktoren bei der Analyse der Lernvoraussetzungen relevant, wie z.B. das Sozialverhalten, das häusliche und kulturelle Umfeld oder die sprachlichen Kompetenzen von SuS. Um auch diese Faktoren in die Analyse einzubeziehen, benötigen Sie unbedingt die Unterstützung Ihrer MuM*, die bei der Diagnose der letztgenannten Faktoren die SuS über einen längeren Zeitraum kennen und einschätzen können.

Es ist sicher nie möglich, *alles* Relevante über die SuS im Vorfeld zu erkunden; aber es ist umgekehrt völlig verfehlt, Unterricht ganz ohne Einsichten in die Lernausgangslage der betreffenden SuS planen zu wollen (vgl. Kapitel 5). Darin liegen auch die Grenzen des Nutzens von detaillierten Unterrichtsplanungen in Printform oder aus dem Internet.

Gute Bergführer:innen werden sich auch Gedanken darüber machen müssen, welcher Berggipfel als Ziel für die Wandergruppe in Frage kommt. Welche Gipfel stehen für die Gruppe überhaupt zur Verfügung, sind nicht zu weit entfernt oder aus anderen Gründen nicht erreichbar? Welcher Gipfel ist für die Gruppe eine neue Herausforderung und kein bloßer Spaziergang? Sind die möglichen Routen zum Gipfel für die Gruppe auch begehbar?

Bergführer:innen müssen das Ziel einer Bergwanderung genau aussuchen, denn dadurch werden alle weiteren Planungen bestimmt. Wann muss die Gruppe aufbrechen? Welche Ausrüstung muss mitgeführt werden? Wer aus der Gruppe benötigt Hilfestellungen auf dem Weg zum Gipfel und wer wird auch schwierige Passagen selbstständig bewältigen? Gibt es alternative Routen zum Gipfel, die bei unerwarteten Hindernissen genutzt werden können?

Das Ziel klug wählen

Übertragen wir wiederum unsere analoge Situation auf Lernprozesse, so bedeutet das, die Lehrperson muss auf dem Hintergrund der Lernvoraussetzungen ihrer SuS das *Ziel* eines Lernprozesses klug wählen, um einen echten Zuwachs an Wissen und Fähigkeiten zu ermöglichen, die SuS nicht zu über- noch zu unterfordern und interessante Lernwege anbieten zu können.

Der didaktische Dreischritt für Lernziele

Um ein Lernziel im o.g. Sinne klug auszuwählen, schlagen wir einen didaktischen Dreischritt[9] vor.

1. *Den Unterrichtsgegenstand erfassen*
   Bei der Festlegung von Lernzielen ist der Unterrichtsgegenstand in der Regel der Ausgangspunkt des didaktischen Dreischritts. Zum Unterrichtsgegenstand kann jeder fachphilosophische Inhalt werden, der für den Unterricht relevant ist.

   Unterrichtsgegenstände durch Lehrpläne und Curricula vorgegeben

   Unterrichtsgegenstände werden durch Lehrpläne und schulinterne Curricula vorgegeben und bilden den Lerninhalt von Lernprozessen. D.h. der Unterrichtsgegenstand ist die Antwort auf die Frage, *was soll gelernt werden.*

   Zunächst müssen Sie sich diesen philosophischen Inhalt aneignen, ihn fachphilosophisch klären. Dabei sollten Sie sich unbedingt ein breites und tiefes Wissen über den jeweiligen Gegenstand aneignen, denn je besser Sie sich in der Sache

9 Der hier vorgeschlagene didaktische Dreischritt ist aus einem Element des Seminarprogramms des Seminars Gymnasium/Gesamtschule im Zentrum für schulpraktische Lehrerausbildung Recklinghausen abgeleitet. Der dort formulierte „didaktischen Dreiklang" ist ein zentraler Baustein der Unterrichtsplanung im Rahmen der Ausbildung von Referendarinnen und Referendaren im Vorbereitungsdienst*. Quelle: Autor unbekannt: Der didaktische Dreiklang (Gegenstand-Thema-Schwerpunktlernziel). Online: www.zfsl.nrw.de/REC/Seminar_GyGe/Seminarprogramm/Der-didaktische-Dreiklang.pdf.

auskennen, desto präziser können Sie die noch folgenden didaktischen Schritte gehen und desto souveräner können Sie im Unterricht mit überraschenden Fragen umgehen oder reagieren, wenn bei Ihrem Plan etwas dazwischenkommt. Ein möglicher Unterrichtsgegenstand könnte in einem Oberstufenkurs z.B. Platons *Höhlengleichnis* sein. Er ergibt sich im Rahmen der platonischen Ideenlehre, die wiederum als philosophisches Modell zur Lösung des im Lehrplan vorgegebenen Problems von Erkenntnis- und Wahrheit im Unterricht behandelt werden soll.

2. *Das Unterrichtsthema bestimmen*
Der fachlich durchdrungene Unterrichtsgegenstand kann in der Regel aufgrund seiner Komplexität nicht einfach unterrichtet werden. Vielmehr bedarf es einer didaktischen Analyse, die den Gegenstand für einen schulischen Lernprozess aufbereitet und damit das Unterrichtsthema formuliert. Erst das Thema macht den Gegenstand des Unterrichts zum „Stoff" im Sinne des Didaktischen Dreiecks* (siehe auch Kapitel 1).

Das Unterrichtsthema – Ergebnis der didaktischen Analyse

Es muss geklärt werden, warum die SuS sich mit diesem Gegenstand auseinandersetzen sollen. Welche Relevanz hat dieser Gegenstand für den Lernprozess der Schüler?

Weiter ist zu fragen, wozu an diesem Gegenstand gelernt werden soll. Welche Funktion hat dieser Gegenstand im Lernprozess der SuS?

Schließlich ist zu klären, wie an diesem Gegenstand angesichts seiner Komplexität, der Lernvoraussetzungen der SuS und der zur Verfügung stehenden Zeit gelernt werden soll. Welche Aspekte des Gegenstands sind bedeutsam und angemessen komplex für den Lernprozess der SuS? Im Unterrichtsthema werden also die Fragen beantwortet *warum, wozu* und *wie* soll dieser Unterrichtsgegenstand im Lernprozesse erarbeitet werden. Es könnte daher in unserem Beispiel lauten: *Erarbeitung der verschiedenen Ebenen im Höhlengleichnis zur Veranschaulichung der platonischen Ideenlehre.*

3. *Das Hauptlernziel festlegen*
Mit dem Unterrichtsgegenstand und Unterrichtsthema haben Sie eine erste recht allgemeine Zielbestimmung für den Lernprozess vorgenommen. Es muss aber noch präzise festgelegt werden, was die SuS am Ende des Lernprozesses gelernt haben sollen. Nur so können Sie als Lehrperson feststellen, ob ihre SuS auch das gelernt haben, was intendiert war.

Zu diesem Zweck ist die Formulierung eines Hauptlernziels notwendig. Das Hauptlernziel gibt den angestrebten

Das Hauptlernziel beschreibt den angestrebten Lernertrag

Lernertrag eines Lernprozesses an. Dazu sollte es den philosophisch inhaltlichen Ertrag benennen und beschreiben, was die SuS mit diesem Ertrag anfangen können/sollen. In unserem Beispiel könnte das Hauptlernziel lauten: *Die SuS können mit Hilfe der Stufen des Aufstiegs im Höhlengleichnis die Funktion der Ideen im Erkenntnisprozess nach Platon veranschaulichen.*

Weitere Lernziele

Natürlich werden in einem komplexen Lernprozess immer auch weitere Lernziele angestrebt, insbesondere methodische oder affektive. Als Anfänger:in kann man hier aber schnell den Überblick verlieren, zumal für jedes dieser Lernziele auch nachgewiesen werden müsste, ob es von den SuS auch erreicht wurde. Wir schlagen daher vor, dass Sie sich auf ein Hauptlernziel beschränken.

Das Hauptlernziel bestimmt alle anderen Entscheidungen

Mit diesem Ziel formulieren Sie die zentrale didaktische Entscheidung des geplanten Lernprozesses. So wie die Entscheidung des/der Bergführers:in für einen bestimmten Berggipfel alle anderen Entscheidungen bestimmt – die Frage der Ausrüstung, der Hilfestellungen, verschiedener Routenvarianten zum Gipfel usw. – müssen Sie als Lehrperson alle anderen Elemente der Planung an ihrer Tauglichkeit für das Erreichen des Hauptlernziels messen.

## 8.3 Die Phasen philosophischer Lernprozesse

Rolf Sistermann hat mit seinem „Bonbon“ ein Phasenmodell entwickelt, das unter Berücksichtigung lernpsychologisch begründeter Stufeneinteilungen von Denk- und Lernprozessen (vgl. Sistermann 2016, S. 209f.) die Planung eines problemorientierten philosophischen Lernprozesses veranschaulicht.

Wir werden Ihnen die einzelnen Phasen im Folgenden vorstellen und sie *autonomieförderlich* im Sinne der drei didaktischen Maximen Kants und *resonanzpädagogisch** ausschärfen. Dabei stellen wir zunächst zurück, welches Sprach-Handeln der Lehrperson in den einzelnen Lernphasen autonomieförderlich und resonanz*sensibel sein kann (mehr dazu in Kapitel 8.5).

Problemfindung

Phase 1: Eine philosophische Problemstellung entdecken

Diese Phase dient der Hinführung auf die Problemstellung, die Sie als Lehrperson in der Planung ausgehend vom Lernziel, der Diagnose der Lernvoraussetzungen und der Stellung der

Lerneinheit im Kontext eines Unterrichtsvorhabens entworfen haben (siehe Kapitel 8.2.2).

Für die Problemfindung ist es sinnvoll von *lebensweltlichen Anknüpfungen* (Lebensweltorientierung*), z.B. Erfahrungen und Interessen der SuS auszugehen und diese so zu kontextualisiert, dass eine *kognitive Dissonanz* entstehen kann. Z.B. können unreflektierte Überzeugungen in Frage gestellt oder Alltagserfahrungen der SuS durch (fiktive) Situationen herausgefordert werden, die diesen Erfahrungen widersprechen.

Gelingt dies, so wird das philosophische Problem resonanzfähig, weil es die SuS „etwas angeht“ (ebd. S. 210), „sie berührt“ (ebd.) und neugierig auf Antworten macht.

Ein philosophisches Problem, das die SuS etwas angeht

Phase 2: Die Problemstellung auf den Begriff bringen

Die mit der kognitiven Störung verbundene Irritation müssen die SuS nun in eine auch *sprachlich präzise* Problemstellung engführen. Diese eröffnet Ihnen die „Lernspur“, d.h. den Weg zum Ziel des Lernprozesses. Die Problemstellung kann auch als eine *leitende Fragestellung* formuliert werden.

Problemstellung

Phase 3: selbst-denkend Problemlösungen entwerfen

Diese Phase ist für philosophische Lernprozesse, in denen Autonomie gefördert werden soll, besonders wichtig. Sistermann nennt sie die intuitiv selbstgesteuerte Problemlösung.

Intuitiv selbstgesteuerte Problemlösung

Sind die SuS in Phase 1 von dem Problem im resonanzpädagogischen Sinne „affiziert“ (Rosa 2021, S. 87) worden, hat das Problem sie also erreicht und berührt, so ist die Lernsituation nun offen für ein resonantes *in Beziehung treten*. Als Lehrperson sollten Sie die SuS nun ermutigen, ganz im Sinne der ersten didaktischen Maxime Kants das Selbstdenken zu starten und eigene Lösungsvorschläge als vorläufige Konzepte (Präkonzepte) zu entwickeln und zu benennen (vgl. Kapitel 7.3.2). Damit eröffnen Sie den SuS im resonanzpädagogischen Sinne die Möglichkeit, in eine *responsive Beziehung* zum philosophischen Problem zu treten. Hartmut Rosa ist der Überzeugung: „Das berührte Subjekt erfährt sich als selbstwirksam (...) im Sinne eines wechselseitigen Erreichens und Verbundenseins, im Sinne eines *Antwortverhältnisses*“ (ebd.).

Zum Selbstdenken ermutigen

Im gemeinschaftlichen Diskurs der Lerngruppe können die SuS dann, im Sinne des ersten Teils der zweiten Maxime Kants (Denken in Gemeinschaft) ihre Präkonzepte einer ersten Überprüfung unterziehen, indem sie sie mutig verteidigen, sich vielleicht durch Kritik irritieren lassen oder ihre Konzepte korrigieren. Tragfähig wird diese Gesprächsgemeinschaft, wenn die SuS,

Eine Gesprächsgemeinschaft bilden

vom Problem affiziert, in eine echte Antwortbeziehung zu ihm treten, wenn also der „Resonanzdraht" (Rosa 2017, S. 279) zwischen SuS und Sache bzw. Stoff vibriert.

Das Selbstdenken in dieser Phase des Lernprozesses ist nicht nur ein Mittel zur Vorbereitung der „eigentlichen" Problemlösung im Dialog mit Texten und Positionen der philosophischen Tradition (Phase 4). Vielmehr ermöglicht es die wichtige Erfahrung der *Selbstwirksamkeit,* die durch die Würdigung der entstandenen Präkonzepte im weiteren Verlauf des Lernens verstärkt wird (siehe Phase 5).

Selbstwirksamkeit erfahren

Phase 4 und 5: angeleitet Problemlösungen erarbeiten, sichern und festigen

Angeleitete, kontrollierte Problemlösung

Die Phase der angeleitet-kontrollierten Problemlösung dient der *Auseinandersetzung* mit Positionen aus der philosophischen Tradition zur Lösung der gefundenen Problemstellung.

Vor dem Hintergrund des Diskurses von Phase 3 führen Sie als Lehrperson nun philosophische Texte aber auch andere Medien als *neue Dialogpartner* in den Diskurs ein. Die SuS können nun prüfen, inwieweit diese Dialogpartner zur Lösung des Problems beitragen. Es ist auch möglich, den Diskurs ohne materiale Grundlage weiterzuführen. Z.B. kann ein *sokratisches Gespräch* aufgrund seines stark durchstrukturierten Aufbaus als angeleitete Problemlösung dienen (vgl. Blesenkemper 2015, S. 320f.).

Die philosophische Tradition als Dialogpartner

In jedem Fall vollziehen die SuS dabei im Sinne des zweiten Teils der zweiten didaktischen Maxime Kants erneut einen *Perspektivwechsel,* von den eigenen Vorstellungen und Präkonzepten zu Positionen der philosophischen Tradition. Durch diesen Perspektivwechsel in der Arbeit an den Materialien erweitern die SuS ihre ursprünglichen Lösungsvorschläge und Präkonzepte, verbessern oder korrigieren sie.

Perspektivwechsel

Die Ergebnisse – Josef Leisen nennt sie „Lernprodukte" (Leisen 2017, S. 1) – sind, je nach Lernniveau der SuS, argumentativ mehr oder weniger abgesicherte und durch philosophische Positionen gestützte Problemlösungen.

Solche Lernprodukte sind naturgemäß nicht das Ende des Lernprozesses. Sie sind aufgrund der Heterogenität von Lerngruppen immer unterschiedlich, was fachliche Qualität, sprachliche Umsetzung und Darstellungsform angeht und müssen weiter bearbeitet und gesichert (Phase 5) werden.

Das Lernprodukt präsentieren, verhandeln und sichern

Dazu *präsentieren* einzelne SuS(-Gruppen) ihre Lernprodukte den Mitschüler:innen, welche diese dann mit den eigenen Lernprodukten vergleichen und *im Diskurs präzisieren* und *verbessern.*

Im *Rückbezug* auf die Ergebnisse der intuitiven Problemlösungsphase, wird dann gemeinsam nach der „überzeugendsten Lösung" (Sistermann 2016, S. 211) gesucht. So werden die gewonnenen Erkenntnisse *gefestigt* und in einer auf den Begriff gebrachten *gemeinsamen Problemlösung gesichert.*

Durch Festigung und Sicherung ist dann auch das Ziel des Lernprozesses erreicht (vgl. Kapitel 8.2.2).

Resonanzpädagogisch hat diese Folge von Lernschritten für die SuS ein starkes *„Moment der Selbstwirksamkeit"* (Rosa 2021, S. 87):

Selbstwirksamkeit bei gemeinsamer Problemlösung

1. in der Würdigung der erarbeiteten Lernprodukte in Präsentation und Vergleich,
2. in der Diskussion um Qualität und Gestaltung eines gemeinsamen Lernprodukts,
3. in der gemeinsamen Suche nach der überzeugendsten Lösung durch Rückbezug auf die eigenen Präkonzepte und
4. im Bewusstsein eine (vorläufig) gesicherte Problemlösung selbst gefunden zu haben.

Phase 6: Das Gelernte vernetzen, bewerten und dabei Orientierung schaffen

Transfer und Stellungnahme

Als Abschluss eines philosophischen Lernprozesses unterziehen die SuS die gesicherte Problemlösung auf unterschiedliche Weise einer kritischen Prüfung, indem sie z.B.

- nach logischen Brüchen oder Widersprüchen suchen,
- die Tragfähigkeit der Problemlösung erproben durch Anwendung auf neue Beispiele und in neuen Kontexten,
- die Konsequenzen kritisch betrachten, die sich aus der Problemlösung ergeben,
- sich fragen, ob bei der gefundenen Problemlösung offene Frage zurückbleiben oder
- auf diesem Hintergrund die Problemlösung bewerten und zu ihr Stellung nehmen.

Die kritische Prüfung dient so der didaktisch-methodischen Entwicklung und Einübung philosophischer Urteilskompetenz.

Schulung der Urteilskompetenz durch kritische Prüfung

Mit ihr wird die dritte didaktische Maxime Kants zur Geltung gebracht, zunächst im Sinne der „konsequenten Denkungsart" als Beachtung logischer Folgerichtigkeit.

Die konsequente Denkungsart

Spätestens mit der eigenen Stellungnahme wird die dritte Maxime, in ihrem erweiterten Sinn als „Stimmigkeit mit sich selbst" (vgl 7.3.2) angebahnt.

Stimmigkeit mit mir selbst

Zur Vertiefung des „Mit-sich-selbst-einstimmig-Werdens" beziehen die SuS die Ergebnisse des Lernprozesses auf sich selbst und fragen sich z.B.:

- Hat die Arbeit an der Problemstellung meinen Horizont erweitert?
- Haben die gewonnen Erkenntnisse einen echten Bezug zu meiner Lebenswelt?
- Ergeben die Einsichten Sinn, indem sie Zusammenhänge aufzeigen und mir Orientierung geben?
- Hat die Auseinandersetzung mit der Problemstellung mich selbst verändert?

Sollten die SuS die Fragen in ihrer Mehrheit begründet mit „ja" beantworten können, hat die Arbeit am philosophischen Problem nicht nur ihr Wissen erweitert, sondern ihnen ermöglicht, die gewonnenen Erkenntnisse für sich selbst stimmig zu machen und so Orientierung zu gewinnen.

Zweifache Transformation

Betrachten wir das „Mit-sich-selbst-einstimmig-Werden" aus resonanzpädagogischer Sicht, so kann sich ein zweifach „transformativer Effekt" (ebd.) resonanter Lernprozesse zeigen.

Wenn es gelingt, dass sich zwischen SuS und philosophischem Thema eine Resonanz*beziehung aufbaut, dann kann dies die SuS erstens selbst verwandeln. Indem sie sich in der Arbeit an der Problemstellung den philosophischen Gegenstand nicht einfach nur aneignen, sondern, so Hartmut Rose, eine „Anverwandlung" (Rosa 2018, S. 41) des thematisierten Gegenstands stattfindet, kann eine neue Einstimmigkeit mit sich selbst entstehen. Die SuS finden dann einen neuen oder gefestigten Standpunkt, eine neue oder gefestigte Orientierung.

Sich die philosophischen Gegenstände anverwandeln und nicht nur aneignen

Anders als bei der bloßen „Aneignung" (ebd. S. 42), transformiert die Anverwandlung zweitens auch den Gegenstand, weil in einem resonanten Antwortverhältnis zwischen Subjekt und Gegenstand dieser angereichert wird. Zwischen den beiden Ecken Schüler und Stoff des didaktischen Dreiecks* vibriert in diesem Sinne der „Resonanzdraht".

Die Phase 6 des Lernprozesses ist also nicht nur didaktischmethodisch wichtig für die Schulung von Urteilskompetenz, sondern auch resonanzpädagogisch und im Sinne der didaktischen Maximen Kants von zentraler Bedeutung.

Trotzdem können wir als Lehrpersonen weder das „Mit-sich-einstimmig-Werden“ noch das Vibrieren des Resonanzdrahts zum Lernziel machen. Beides lässt sich nicht planbar herstellen.

Ganz im Sinne Kants kann für die Lehrperson die gewünschte „Stimmigkeit mit sich selbst“ nur als regulative Idee Orientierungspunkt der Planung und des unterrichtlichen Handelns sein (vgl. Blesenkemper 2015, S. 321).

Hartmut Rosa macht deutlich, dass sich Resonanz*beziehungen nie erzwingen lassen, ihre transformativen Effekte „entziehen sich stets und unvermeidlich der Kontrolle und Planung“ (Rosa 2018, S. 14) und bleiben unverfügbar.

Unverfügbarkeit von Resonanzbeziehungen

Als Lehrpersonen müssen wir uns trotz akribischer didaktisch-methodischer Planung immer aufs Neue auch auf Prozesse einlassen, „bei denen wir nicht wissen, was dabei herauskommt“ (Rosa 2021, S. 87).

## 8.4 Die Werkzeuge – Methoden, Aufgaben, Materialien und Medien im Philosophieunterricht

Mit dem Kapitel „Werkzeuge – Methoden, Aufgaben, Materialien und Medien im Philosophieunterricht“ wenden wir uns nun den Elementen der Unterrichtsplanung zu, mit denen Sie vom Schreibtisch aus planerisch auf die Gestaltung von Lernprozessen im Sinne einer *materialen Steuerung* einwirken können. Im erweiterten Bonbonmodell* sind dies die Methoden, die Sie wählen, die Aufgaben, die Sie den SuS stellen, und die Medien, die Sie als Lernmaterialien bereitstellen.

### 8.4.1 Methode(n) wählen

Durch die Setzung des Hauptlernziels (vgl. 8.2.2) haben Sie als Lehrperson eine Herausforderung für Ihre SuS formuliert, die diese annehmen und bewältigen sollen. Das Ziel allein zeigt jedoch nur, wohin es gehen soll, setzt aber den Lernweg noch nicht in Gang. Durch Methoden und Aufgabenstellungen wird er überhaupt erst angestoßen.

Die guten Bergführer:innen aus Kapitel 8.2.2 werden ihren Wandergruppen nicht das Ziel der Bergtour nennen und sie dann einfach losschicken.

Sie werden eine passende Route zum Gipfel auswählen und dabei die Wegführung den Fähigkeiten der Wanderer anpassen, indem sie die zu erwartenden Steigungen, mögliche Zwischenstopps und vorhandene Hilfsmittel wie Steigleitern oder schon fixierte Kletterhaken beachten.

So können die Bergführer:innen eine Route zum Ziel anbieten, die die Gruppe bewältigen kann und die einen sicheren, aber auch interessanten Aufstieg ermöglicht, ohne ihnen dabei das Wandern und Klettern abzunehmen.

Im Idealfall gibt es vielleicht auch verschiedene Routen, zwischen denen die einzelnen Mitglieder der Wandergruppe wählen können. Man beachte: In „Methode" steckt das griechische Wort „hodós" für „Weg". Er soll zu einem Ziel führen, er ist nicht das Ziel selbst. Methoden haben diese dienende Funktion im Lernprozess. Damit Methoden aber einen solchen Dienst leisten können, müssen sie bewusst gewählt werden. Man muss ihre Vorzüge und Schwächen kennen. Keine Methode zu wählen ist keine sinnvolle ‚Methode', schließlich erreicht man ohne Route nicht das Wanderziel.

Methoden haben eine dienende Funktion im Lernprozess

Kaum ein Element der Unterrichtsplanung ist in der allgemeinen Didaktik, aber auch in der Philosophiedidaktik des letzten Jahrzehnts so ausführlich diskutiert worden wie die Methodenfrage (vgl. Steenblock 2013, Kap. 4.3). Vom Anspruch, das Lernen zu lernen, bis zur Kompetenzorientierung* in aktuellen Lehrplänen wurden Forderungen aufgestellt, primär Methodenkompetenz zu vermitteln.

Im Ergebnis finden wir eine inzwischen unübersichtlich gewordene Vielzahl an Methoden (und Sozialformen), die das Lernen strukturieren sollen. Allein die Methodenkiste der Bundeszentrale für politische Bildung (Scholz 2020) enthält sechzig Methoden für Schule und Bildungsarbeit.

Der verstärkte Fokus auf die Methodenfrage in der Philosophiedidaktik lässt sich aus einem „Begriff von Philosophie als Tätigkeit des Philosophierens" (Martens 2013, S. 9) erklären, der seinen Niederschlag in schulischen Lehrplänen findet.

Philosophie als Tätigkeit des Philosophierens

So formuliert der Kernlehrplan Philosophie des Landes NRW diese Tätigkeit als „übergreifende fachliche Kompetenz" (Schulministerium NRW 2014, S. 14) wie folgt:

> „Ziel des Philosophieunterrichts ist die Befähigung zur philosophischen Problemreflexion. Schülerinnen und Schüler sollen in die Lage versetzt werden, selbstständig zu philosophieren, d. h. grundsätzliche Fragestellungen und Probleme

methodisch geleitet und unter Einbezug der philosophischen Tradition zu reflektieren." (ebd. S. 12)

Ein „methodisch geleitet[er]" Unterricht bedarf der Leitung durch das weite Feld der Methoden. Eine Überblick bietende begriffliche Sortierung verdanken wir Johannes Rohbeck (vgl. Rohbeck 2016, S. 50 – 52), die wir hier in eine Grafik fassen (siehe Abb. 15). Die Kategorien sind von Rohbeck übernommen, die Liste der Beispiele haben wir ergänzt.

Methoden mit Rohbeck sortieren

Die für den Philosophie/Ethik-Unterricht relevanten Methoden (im weiteren Sinne) gliedern sich in

1. *allgemeine Unterrichtsmethoden*: Darunter sind solche zu verstehen, die auch in anderen Fächern zur Anwendung kommen. Diese teilen sich auf in
   1.1 die *Sozialformen*. Damit sind die jeweiligen Formate der Interaktion im Unterricht gemeint. Recht verbreitet ist die Sozialform/Methode des *fragend-entwickelnden Unterrichtsgesprächs*, bei die Lehrpersonen keine echten Fragen stellt, sondern solche, von denen die SuS wissen, dass die Lehrperson die ‚richtige' Antwort weiß und von den SuS zu hören hofft. Sehr häufig wird auch *Gruppenarbeit* unterschiedlicher Ausprägung eingesetzt;
   1.2 die *allgemeinen Arbeitstechniken*. Sie umfassen das breite Spektrum der Fertigkeiten zur Aufbereitung von Gedanken in Wort und Schrift. Eine wachsende Bedeutung finden *digital* gestützte Techniken;
2. die *fachspezifischen Methoden der Philosophie*. Sie sind zwar nicht nur, aber vorwiegend im philosophischen/ethischen Unterricht anwendbar. Es sind dies
   2.1 die *allgemeinen philosophischen Methoden* wie Begriffe klären, definieren, argumentieren usw. sowie
   2.2 die *besonderen methodischen Zugriffsweisen* der aufgeführten Denkrichtungen, denen die unter 2.1 genannten Methoden zugrunde liegen (daher der horizontale Pfeil in der Grafik, siehe Abbildung 13). Für Rohbeck sind die in der Grafik genannten sechs maßgeblich (vgl. Kapitel 6.2.2);
3. und die *medialen Formen* des Sprechens, Lesens und Schreibens. Zu ergänzen sind hier *weitere* Formen wie das szenische Darstellen oder das Spielen.

Nicht alle, aber viele der hier genannten Methoden (im weiteren Sinne) sind kombinierbar. Im Sokratischen Gespräch etwa vereinigen sich Gruppenarbeit, Protokollieren, Begriffe klären, Probleme formulieren, Argumentieren, und zwar vorwiegend analytisch, phänomenologisch und hermeneutisch, hauptsächlich im Medium des Sprechens und manchmal des Schreibens.

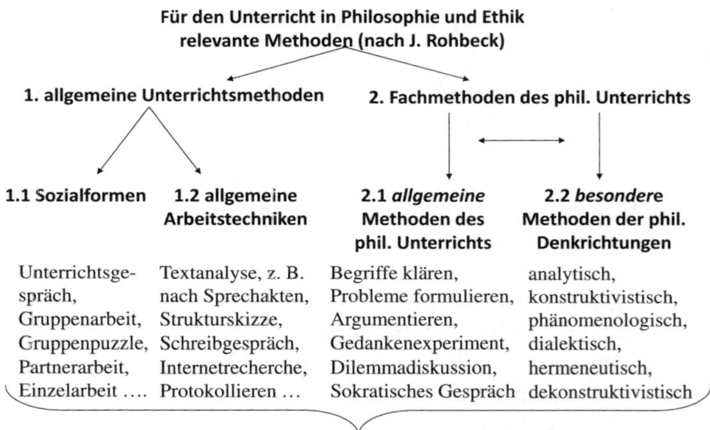


Abbildung 13: Für den Unterricht in Philosophie und Ethik relevante Methoden (nach Rohbeck)

Ekkehard Martens konzentriert sich in seiner Methodologie auf den Bereich, den Rohbeck „besondere Methoden der philosophischen Denkrichtungen“ nennt. Dabei kommt jener zu ähnlichen Ergebnissen wie dieser; deutlich erkennbar, wenn Sie 2.2 der obigen Grafik mit folgender erläuterten Liste von Martens vergleichen.

„1. **phänomenologische Methode**: differenziert und umfassend beschreiben, was ich wahrnehme und beobachte;
2. **hermeneutische Methode**: sich das eigene Vorverständnis bewusst machen sowie (nicht nur philosophische) Texte interpretieren oder andere Medien (Bilder, Musik, Gedichte) einsetzen;
3. **analytische Methode**: die verwendeten zentralen Begriffe und Argumente hervorheben und prüfen;

4. **dialektische Methode**: ein (mündliches oder schriftliches) Dialogangebot wahrnehmen, auf Alternativen und Dilemmata zuspitzen und diese abwägen, indem man „viele" Gesichtspunkte in „einer" umfassenden Sichtweise oder Definition zusammenfasst (wie Platon Dialektik bestimmt);
5. **spekulative Methode**: Phantasien und Einfälle zulassen und Lösungsversuche wagen, aber dann mit Hilfe der anderen Methoden prüfen." (Martens 2015, S. 41)

Integratives Methodenparadigma nach Martens

Diese fünf Methoden(-Gruppen) fasst Martens für die Praxis zu einem integrativen Set zusammen. Integrativ deshalb, weil die einzelnen Methoden nicht unabhängig voneinander, sondern immer schon aufeinander bezogen und miteinander vernetzt sind. Martens veranschaulicht dies mithilfe der fünf Finger einer Hand, die sich zwar eindeutig voneinander unterscheiden, sich aber funktional nie voneinander trennen lassen (vgl. Martens 2015, S. 44).

Diese fünffingrige Hand zu beherrschen ist für Martens so grundlegend, dass er solcherart methodisch geschultes Philosophieren als eine „elementare Kulturtechnik" (Martens 2015) begreift.

Philosophieren als elementare Kulturtechnik

Dreifache Herleitung des Methodenparadigmas

Martens begründet seine methodische Entfaltung der Kulturtechnik des Philosophierens durch eine dreifache Herleitung. Zum einen sind die fünf Methoden in der Methodenpraxis des platonischen Sokrates in seinen Gesprächen auf dem Markt zu erkennen. Zum anderen haben sie im Anschluss an Johannes Rohbeck einen Bezug zu modernen Denkrichtungen. Zuletzt lassen sie sich aus unseren alltäglichen Denk- und Sprachhandlungen herleiten (vgl. Martens 2015, S. 43f.), was Volker Steenblock in Anlehnung an Martens so beschreibt:

> „Am Anfang steht [1.] ein *Beobachten* der Phänomene, es folgt [2.] das *Deuten* der beobachteten Wirklichkeit, ferner [3.] das *begrifflich-logische Analysieren* der Deutungen der beobachteten Wirklichkeit
> und [4.] ein *Abwägen* der Analysen und Deutungen der beobachteten Wirklichkeit nach Pro und Contra, schließlich ist [5.] das Denken auf überraschende Einfälle und Einsichten angewiesen" (Steenblock 2005, S. 140).

Gerade die Herleitung aus unseren alltäglichen Denkschritten legt es nahe, die Methoden den Lernphasen des Bonbon-Modells zuzuordnen. Doch darf man hier nicht zu schematisch vorgehen; auch ein Gedankenexperiment oder eine Gedichtinterpretation könnten in der Phase der Hinführung eingesetzt werden. Beide Aktivitäten wären so nicht auf die angeleitete Problemlösung beschränkt.

Kulturtechnik mit eingeschränktem Geltungsanspruch

Den Geltungsanspruch seines Methodenparadigmas schränkt Martens recht resonanz*sensibel ein:

> „[Als] Kulturtechnik ist Philosophieren [...] eine Handwerkskunst oder Kunstfertigkeit (griech: techne). Sie geht nicht im Mechanischen auf. Zwar lässt sich Philosophieren beispielsweise als Begriffs- und Argumentationskunst bis zu einem gewissen Grad durchaus lehren und lernen, erschöpft sich aber nicht im schematischen Gebrauch von Regeln und Faktenkenntnissen." (Martens 2015, S. 41f.)

Sie enthält wie jede Kunstfertigkeit im resonanzpädagogischen* Sinne ein Moment der Unverfügbarkeit. Martens nennt es ein „nicht reglementierbares Fingerspitzengefühl" (Martens 2013, S. 31). So können wir z.B. nicht über den günstigen Augenblick verfügen, in dem wir einen erhellenden philosophischen Einfall haben, und genauso wenig endgültig und logisch zwingend ethische Problemfälle beurteilen.

Die Tabelle 4 erleichtert Ihnen die Vertiefung Ihrer Methodenkenntnisse.

Methoden zu *kennen* ist das eine, die richtige zu *wählen* das andere. Dazu die folgenden Hinweise:

1. Methoden ohne Ziele sind „blind". Welche Methoden in einem Lernprozess eingesetzt werden sollten, hängt davon ab, ob sie ermöglichen, das gesetzte Lernziel zu erreichen. Eine Methode allein deshalb einzusetzen, weil sie interessant, spannend oder neu ist, führt in aller Regel zu Lernprozessen, in denen die SuS zwar aktiv sind, echte Lernerträge aber selten.

   Die Eignung einer Methode für das Hauptlernziel lässt sich in der Regel an ihrer Passung für den im Lernziel angestrebten Anforderungsbereich ablesen. Wird im Hauptlernziel die Erläuterung eines philosophischen Sachverhaltes ausgewiesen, so sind analytische und hermeneutische Methoden gut geeignet, dialektisch-diskursive eher nicht.

| **Unterrichtsmethoden für den philosophisch/ethischen Unterricht** | **Literaturhinweise** |
|---|---|
| • Phänomene mit allen Sinnen wahrnehmen und beschreiben<br>• Phänomenologische (Schreib)-Übungen<br>• Wahrnehmungs-Experimente | Martens (2013): Kap. 4.1<br><br>Melters (2003)<br><br>Wittschier (2017)<br>Erfahrungsfeld (o.J.) (Ausstellung in Essen) |
| • Gedankenexperimente<br><br>• Experimentierendes, bildliches und meditatives Denken<br>• Kreatives Schreiben<br>• Theatrales Philosophieren<br>• Kreative Visualisierung | Engels (2020)<br>umfassend: Peters (2020)<br>Martens (2013): Kap.4.5.1 / 4.5.2 / 4.5.4<br>Haase (2015)<br>Gefert (2015)<br>Brieden (2007) |
| • Textanalytische und hermeneutische Verfahren (z.B. PLATO-Methode) | Wittschier (2010): Kap. 2.5<br>Wittschier (2016)<br>Pfeifer (2021): Kap. VI |
| • Allgemeine Begriffsanalyse<br>• Allgemeine Argumentationsanalyse (z.B. Toulmin-Schema)<br>• Philosophische Begriffs- und Argumentationsanalyse | Martens (2013): Kap. 4.3.1 – 4.3.3<br>Goergen (2015), Pfeifer (2021): Kap. VII<br>Brüning (2003): Kap. 2.1 u. 2.2 |
| • Sich mit Denkwidersprüchen auseinandersetzen und Dialoge führen<br>• Dilemmadiskussionen<br><br>• Debattieren<br>• Das sokratische Gespräch ...<br>... im Vergleich zum fragend-entwickelnden Unterrichtsgespräch | Martens (2013): Kap.4.4.1 u. 4.4.2<br><br>Kopp (2020)<br>umfassend: Peters (2020a)<br><br>Montag (2015)<br>Blesenkemper (2021)<br>Draken (2016) |
| • Philosophische Essays schreiben | Thomalla (2015) |

Tabelle 4: Literaturhinweise zu Unterrichtsmethoden im philosophischen Unterricht

Eine Methode ist auch dann blind und muss ihr Ziel verfehlen, wenn sie die *Lernausgangslage* der SuS nicht berücksichtigt. Die passenden Unterrichtsmethoden müssen also auf jene Kenntnisse und Fähigkeiten abgestimmt sein, die die SuS mitbringen. Der erfolgreiche Einsatz einer Methode hängt davon ab, auf welchem Niveau sie bereits beherrscht wird. Soll z.B. die Methode, eine Debatte zu führen, ein- oder durchgeführt werden, so sollten die SuS zunächst einzelne Elemente einer Debatte (z.B. die Eröffnungsrede) kennenlernen und üben, danach Schritt für Schritt weitere Elemente erlernen, um schließlich eine vollständige Debatte führen zu können.

2. Methoden ohne Inhalte sind „leer". Methoden benötigen immer konkrete Inhalte (Materialien und Medien), auf die sie angewendet werden. Nicht jede Methode passt zu jedem Inhalt. So kann das Erstellen einer Conceptmap für die Erarbeitung eines argumentierenden Sachtextes gut, für einen literarischen Text vielleicht weniger geeignet sein.

### 8.4.2 Aufgaben stellen

Mit der Wahl einer Methode haben Sie die Tour für Ihren Unterricht festgelegt. Aber Sie müssen auch dafür sorgen, dass die SuS auf dem Weg sicher vorankommen. Sie benötigen konkrete und wegweisende Aufgaben. Unterricht ohne Aufgaben ist wie eine Bergtour ohne Wegweiser.

Aufgabenstellungen – Wegweiser im Lernprozess

Wir werden uns in diesem Abschnitt mit Aufgabenstellungen für *Lernprozesse* beschäftigen, also mit solchen, die der Erweiterung von Wissen und Fähigkeiten der SuS dienen.

Aufgabenstellungen im Lernprozess

Davon zu unterscheiden sind Aufgaben in *Leistungssituationen*, die Wissen und Fähigkeiten überprüfen und Lernleistungen bewerten. Zu dieser Unterscheidung und dem Einsatz von Leistungsaufgaben erfahren Sie mehr in Kapitel 11. Auch die in Unterrichtsgesprächen eingesetzten Fragen und Impulse, die ja zumeist auch Aufgabencharakter haben, sollen hier nicht thematisiert werden. Mehr dazu erfahren Sie in Kapitel 8.5.

Hier geht es vielmehr um jene Aufgaben, mit denen die *Feinsteuerung* im Rahmen der jeweils gewählten Methode erfolgt. Konkret: Sie müssen etwa Aufgaben als Leitfragen formulieren, wenn Sie eine entsprechende Methode der Textanalyse gewählt haben. Sie müssen Aufgabenstellungen auf Arbeitsblättern gestalten, die die SuS im Rahmen von Stationenlernen lösen sollen. Sie helfen den SuS, wenn diese zur phänomenologischen Untersuchung eines Gefühls dazu von Ihnen konkretere Arbeitsaufträge erhalten, die ihnen sagen, worauf sie achten sollen usw.

Merkmale guter Aufgabenstellungen

Wie Aufgaben im Detail formuliert werden können, lässt sich nicht rezeptartig vorschreiben, aber es gibt Kriterien, an denen Sie Ihre entsprechen Planungen überprüfen können. Beachten Sie daher folgende Merkmale:

Gute Aufgaben sind zielorientiert. Sie verdeutlichen, z.B. durch *gestufte Teilaufgaben*, die wesentlichen Lernschritte zum Ziel. Eine solche Stufung ist besonders bei komplexen philosophischen Unterrichtsgegenständen und Zielsetzungen wichtig.

Gute Aufgaben schaffen Klarheit über die Lernprodukte, die zur Erreichung des Ziels erstellt werden sollen.

Gute Aufgaben sind schülerorientiert*. Sie zeichnen sich dadurch aus, dass sie von den SuS bewältigt werden können. Der aktuelle Lernstand der SuS bestimmt, wie anspruchsvoll die gestellten Aufgaben sein dürfen und welche Hilfen auf dem Weg zum Lernziel bereitgestellt werden müssen.

Gute Aufgaben sind differenziert. Sie sind ein *Werkzeug im Umgang mit der Heterogenität* (vgl. Kapitel 5) jeder Lerngruppe. Durch differenzierte und gestufte Aufgaben können Sie als Lehrperson den jeweils individuellen Lernstand Ihrer SuS berücksichtigen und so dafür sorgen, dass der Lernprozess von allen SuS bewältigt werden kann, aber auch für alle eine angemessene Herausforderung bleibt.

Aus diesem Grund sind Aufgabenstellungen in Schulbüchern immer mit Vorsicht zu genießen, denn ihnen fehlt die konkrete Lerngruppe mit ihren je individuellen Stärken und Schwächen.

Gute Aufgaben sind kontextorientiert. Sie berücksichtigen den Kontext von Lernprozessen, indem sie die SuS auffordern, auf *vorhandenes Wissen* über philosophische Denkmodelle und Methoden des Philosophierens zurückzugreifen und beides sinnvoll auf dem Weg zum Lernziel einzusetzen. Sie enthalten darüber hinaus Arbeitsaufträge, die den SuS die Gelegenheit geben, bereits *Gelerntes in neuen Zusammenhängen anzuwenden* und damit zu vertiefen.

So schaffen die gestellten Aufgaben Transparenz und Motivation, weil sie verdeutlichen, warum SuS etwas gelernt haben und wozu das Gelernte tauglich ist.

Gute Aufgaben sind lernproduktorientiert. Sie enthalten Hinweise auf *das Format* der zu erstellenden Lernprodukte und wie diese in der Lerngruppe präsentiert und diskutiert werden sollen (vgl. dazu die Phasen 4 und 5 des Bonbonmodells* in Kapitel 8.3).

Gute Aufgaben sind resonanz*sensibel. Sie stellen nicht nur Arbeitsaufträge zum reinen Wissenserwerb, sondern ermöglichen den SuS den Unterrichtsgegenstand mit einer *eigenen Stimme* zu befragen. Die berüchtigten W-Fragen (Wer? Wann? Was? Wo?) eröffnen, so der Resonanzpädagoge Jens Beljan, „keine

Resonanzbeziehungen, weil [... die Lehrperson] bereits vordefinierte Antworten erwartet, die der Schülerin und dem Schüler die eigene Stimme nehmen und sie somit zu seinem Echo machen." (Beljan 2019, S. 124)

Resonanz*sensibel sind Aufgabenstellungen dann, wenn sie den SuS ein möglichst hohes Maß an *Selbstwirksamkeit* einräumen. Sie ermöglichen den SuS, auf die Herausforderung einer philosophischen Problemstellung oder eines philosophischen Textes mit einer eigenen Stimme zu antworten.

Dafür sind Arbeitsaufträge geeignet, die nach Gründen (Warum?) oder Zwecken (Wozu?) fragen, oder solche, die, so Rolf Sistermann, die „Ob-Frage" stellen: „‚Prüfen Sie, ob ...', ‚Untersuchen Sie, ob ...', ‚Diskutieren Sie, ob ...', ‚Erörtern Sie, ob ...'" (Sistermann 2016, S. 219). Durch solche Arbeitsaufträge kann auch ein Unterrichtsstoff, dem die SuS zunächst eher gleichgültig begegnen, für sie bedeutsam werden, sodass sie sich von ihm berühren lassen und eine *resonante Antwortbeziehung* zwischen Stoff und Schüler:in möglich wird.

Gute Aufgaben sind autonomieförderlich. Im Sinne der drei didaktischen Maxime Kants fordern gute Aufgaben nicht nur die Wiedergabe von Sachverhalten und Kenntnissen, sondern *ermutigen zum Selbstdenken* (1. Maxime). Besonders die immer schon in der Problemstellung philosophischer Lernprozesse (Phase 2 im Bonbonmodell*) mitgedachten Arbeitsaufträge sollten daraufhin geprüft werden, ob sie die SuS ermutigen, so Sistermann, „sich einerseits selbstgesteuert und andererseits angeleitet damit zu beschäftigen und nach einer Lösung zu suchen" (ebd.). Für Problemstellungen, die dies leisten, schlägt er die oben schon genannten „Ob-Fragen" vor.

Autonomieförderlich im Sinne der zweiten didaktischen Maxime Kants sind Aufgabenstellungen, die Elemente kooperativen Lernens enthalten oder auf einen Plenumsdiskurs verweisen. So haben die SuS die Gelegenheit, sich *in Gemeinschaft an die Stelle jedes anderen zu denken.*

Entsprechend der dritten didaktischen Maxime Kants sind Aufgabenstellungen dann autonomieförderlich, wenn sie nicht nur einfordern, Sachverhalte und Kenntnisse wiederzugeben, sondern die SuS auch auffordern, Sachverhalte zu *vergleichen* und deren Wahrheitsanspruch *kritisch zu prüfen* (3. Maxime als Prüfung der logischen Folgerichtigkeit), um schließlich zu einem *begründeten eigenen Standpunkt* zu gelangen (3. Maxime im Sinne der Stimmigkeit mit sich selbst).

### 8.4.3 Medien als Lernmaterialien bereitstellen

Durch die Wahl einer Methode haben Sie für Ihre SuS den Weg zum Ziel eines philosophischen Lernprozesses angelegt und durch Aufgabenstellungen mit Wegweisern versehen.

Aber Methoden und Aufgaben liefen ins Leere, gäbe es nicht eine materiale Grundlage, auf der sie angewendet werden. Diese Grundlage bilden *Unterrichts-Medien*. Sie sind dem Wortsinn nach ein „Mittleres", das als Träger von Geltungs-, Sinn- und Bedeutungsangeboten zwischen zwei Anderen vermitteln. Im philosophischen Unterricht vermitteln sie zwischen den SuS und dem philosophischen Unterrichtsgegenstand (vgl. Rath 2016, S. 7).

Medien als ein „Mittleres"

Medien, welche auch immer, können im Lernprozess ihre Aufgabe als „Mittler" im o.g. Sinne jedoch erst erfüllen, wenn sie durch die Anwendung einer geeigneten Methode und durch konkrete Aufgaben zu *Lernmaterialien* werden und so für die SuS erschließbar sind.

Wer Medien als Lernmaterialien klug auswählen will, muss, wie bei der Methodenwahl, von den Enden her denken (siehe Kapitel 8.2.2). Die Vorkenntnisse und Fähigkeiten der SuS in Bezug auf das gewählte Medium und seine Erschließung im Lernprozess sind zu berücksichtigen. Zu klären ist, ob das gewählte Medium geeignet ist, das Lernziel, das mit seiner Hilfe realisiert werden soll, auch zu erreichen.

Medien als Lernmaterial

Des Weiteren sollten klug ausgewählte Medien

Merkmale klug ausgewählter Medien

- SuS durch lebensweltliche Bezüge (Lebensweltorientierung*) aktivieren oder durch Irritation ihrer Präkonzepte herausfordern,
- den SuS ermöglichen, sich von philosophischen Problemstellungen *berühren zu lassen,*
- „Gesprächspartner" in der philosophischen Problemreflexion sein (z.B. Texte als Dialogpartner, siehe 2. Maxime Kants),
- die Fähigkeit zur philosophischen Problemreflexion stärken und *zum Selbstdenken anregen* (siehe 1. Maxime Kants),
- philosophische *Gedanken anschaulich machen* oder den Weg *vom Konkreten zum Abstrakten* eröffnen,
- für die unterschiedlichen Phasen philosophischer Lernprozesse *passend sein,*
- durch Vielfalt unterschiedliche *Lerntypen ansprechen* und
- Möglichkeiten zur *Differenzierung* beinhalten.

Mit der Grafik zu Unterrichtsmedien für den philosophischen Unterricht (Abb. 14) möchten wie Ihnen einen geordneten Überblick über die wichtigsten Medien für den philosophischen Unterricht geben.

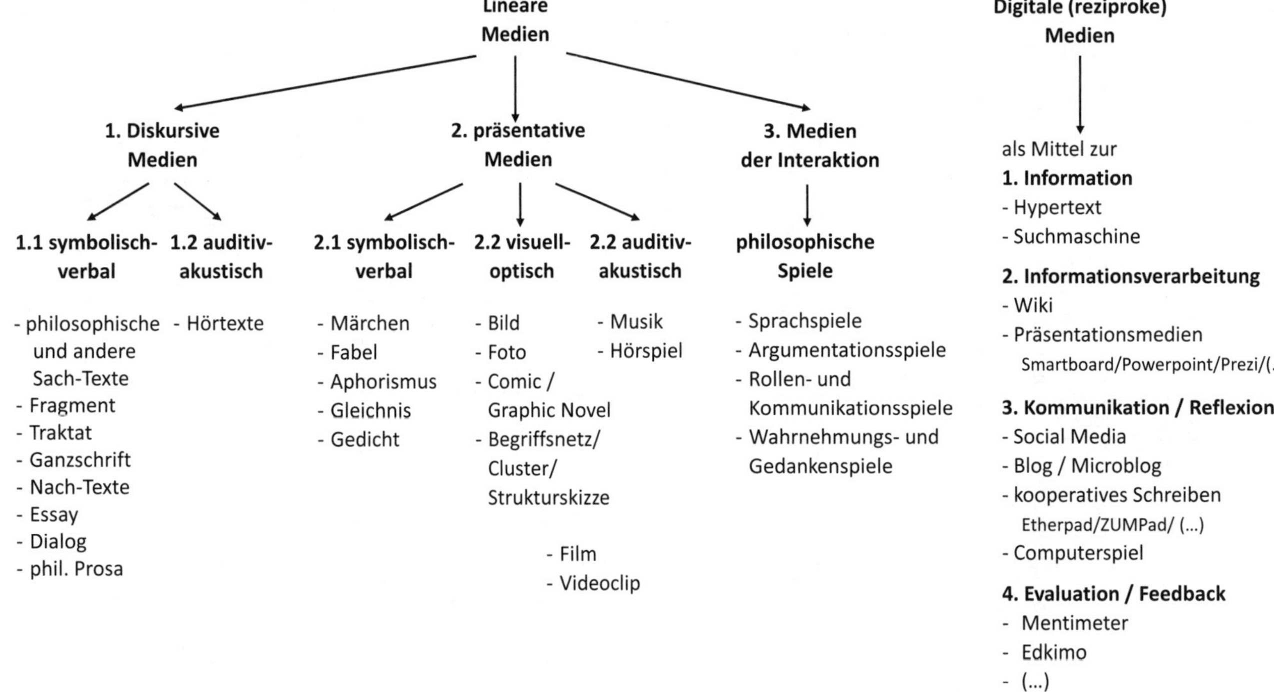


Abbildung 14: Unterrichtsmedien für den philosophischen Unterricht

Lineare und digitale Medien

Grundsätzlich sind *lineare* und *digitale Medien* zu unterscheiden. Die letzteren sind zum Teil reziprok bzw. interaktiv.

Die linearen Medien zeichnen sich dadurch aus, dass sie als Mittler nur in eine Richtung wirken, nämlich vom Produzenten zum Rezipienten. Ein philosophischer Text vermittelt Sinn- und Bedeutungsangebote zwischen seinem Produzenten (Autor:in) und dem Rezipienten (Leser:in).

Einteilung der Unterrichtsmedien

Die digitalen Medien erlauben es den Nutzer:innen (Rezipienten) selbst unmittelbar zum Produzenten zu werden. Sie sind reziprok (z.B. Wikis oder Padlets).

Die linearen Medien gliedern sich wie folgt:

1. Diskursive Medien: Dabei handelt es sich um Texte im engeren Sinne, die argumentativ philosophische Problemstellungen bearbeiten oder um Sachtexte, die implizit einen philosophischen Gehalt haben (vgl. Kultusministerkonferenz 2006, S. 7). Sie liegen sind in der Regel in gedruckter Form vor und sind symbolisch-verbal (1.1) codiert. Hierher gehören auch sog. Nach-Texte, in denen der philosophische Gehalt schwer verständlicher Originaltexte vor allem für jüngere SuS aufbereitet ist bzw. von Lehrpersonen gestaltet wird. Eine Ausnahme bilden Hörtexte, die Textinhalte auditiv-akustisch (1.2) präsentieren.
2. Präsentative Medien. Dabei handelt es sich um Artefakte, deren philosophischer Gehalt nicht unmittelbar erkennbar ist, sondern noch erschlossen werden muss. Wesentlich für den philosophischen Unterricht ist der veranschaulichende Charakter dieser Medien, der SuS den Zugang zu komplexen philosophischen Fragestellungen oft überhaupt erst ermöglicht (vgl. Peters 2015, S. 277).

   Sie teilen sich folgendermaßen auf.

   2.1 Symbolisch verbale Medien: Damit sind künstlerische Produkte gemeint, die in sprachlicher Form vorliegen und gelesen werden können.
   2.2 visuell-optische Medien: Das sind künstlerische Werke (Bilder, Fotos etc.), die zur Veranschaulichung argumentativer Gedankengänge (Strukturskizze u.ä.) vorliegen.
   2.3 Auditiv-akustische Medien (2.3): Musik oder Hörspiele sind Medien, die ebenso philosophische Implikationen enthalten können.

Filme und Video-Clips wiederum bilden eine mediale Mischform, da sie sowohl visuell-optisch als auch auditiv-akustisch codiert sind.

3. Medien der Interaktion: Das können Philosophische Spiele sein.

   Diese Medien sind geeignet, den oft komplexen philosophischen Gedanken „etwas von ihrer Schwere zu nehmen" (Pfeifer & Klager 2012). Sie ermöglichen es, über den kognitiven Zugang hinaus emotionale, soziale und leibliche Erfahrungen mit philosophischen Themen zu machen.

Die digitalen Medien haben wir entsprechend unserer Grafik nach ihren Funktionen geordnet (vgl. Schmidt & Schütze, 2015):

1. Das Internet als *Informationsquelle* nutzen und dabei die Fähigkeit zu einer differenziert-kritischen Quellenarbeit (vgl. Schmidt & Schütze 2015, S. 301 – 302) entwickeln,
2. die (auch gemeinschaftliche) *Informationsverarbeitung* mit Hilfe digitaler Tools, bei der philosophische Potentiale zum einen in der veranschaulichenden Präsentation philosophischer Gedankengänge und dem Denken in Gemeinschaft bei der kooperativen Arbeit an Lerngegenständen liegen,
3. digitale *Kommunikation* durch die sozialen Medien, die für unsere SuS zu einem unverzichtbaren Teil ihres Lebens geworden ist und für kooperative Bearbeitung von Unterrichtsthemen und als Instrumente der Reflexion geeignet.

Auch bei den von SuS sehr geschätzten digitalen Medien ist, wie bei allen Medien und Methoden, deren *dienende* Funktion im Lernprozess zu betonen und aus didaktischer und pädagogischer Sicht nach dem (Mehr)wert für den Lernprozess zu fragen.

Hilfreich bei der Einschätzung des Mehrwerts digitaler Medien kann das *SAMR-Modell* (vgl. Schulentwicklung 2020) sein. Es wurde 2006 von Ruben Puntedura zur Analyse der Integration digitaler Technik in den Unterricht entwickelt. Es vergleicht auf vier Ebenen den Einsatz digitaler mit linear-analoger Medien:

1. *Substitution (Ersatz)*; Das digitale Medium ersetzt das analoge Medium, ohne das sich funktional etwas ändert (einen Text online lesen/am PC schreiben),
2. *Augmentation (Intensivierung)*; Das digitale Medium ist Ersatz mit besserer Funktionalität (z.B. Thesaurus, Dictionary oder Rechtschreibprüfung in Schreibprogrammen),

3. *Modifikation (Veränderung der Aufgabenformate)*; Das digitale Medium ermöglicht die Neugestaltung von Aufgabenformaten (z.B. gemeinschaftliche Bearbeitung von Texten/ Feedback-Tools) und
4. *Redefinition (Neubelegung)*; Das digitale Medium ermöglicht Aufgabenformate, die sonst gar nicht möglich wären (z.B. Erstellen von eigenen Erklär-Videos).

| Medien für den philosophischen Unterricht | | |
|---|---|---|
| LINEAR-ANALOGE MEDIEN | | Literaturhinweise |
| Diskursiv | Philosophische und Sach-Texte allgemein | Wittschier (2010) |
| | - Fragment/Traktat/ Dialog/ phil. Prosa | Brüning (2003), Kap. 3.1 |
| | - Ganzschrift | Peters (2000) |
| | - Nach-Texte | Peters & Rolf (2009)<br>Blesenkemper (2020a) |
| | - Essay | Thomalla (2015) |
| | - Hörtexte | Baum (2020a) |
| Präsentativ | Präsentative Medien allgemein | Wittschier (2013) |
| | - Märchen | Brüning (2007) |
| | - Fabel | Viole (2007) |
| | - Aphorismus | Thimm (2017) |
| | - Gleichnis | Bekes (2018) |
| | - Bild/Foto | Peters (2015) / Wiesen (2007) |
| | - Comic/Graphic Novell | Peters (2021) |
| | - Begriffsnetz/Cluster/ Strukturskizze | Brüning (2003) Kap. 3.2.3,3.2.4 |
| | - Musik/Hörspiel | Ethik & Unterricht (2010)<br>Baum (2020b) |
| | - Film | Steenblock (2013a)<br>Peters (2019a) |
| | - Videoclip | Sistermann (2004)<br>Draken (2011) |
| | Philosophische Spiele | Klager (2020) |
| DIGITALE MEDIEN | | |
| | Überblick<br>1. Information<br>2. Informationsverarbeitung<br>3. Kommunikation und Reflexion | Schütze (2020)<br>Donat & Schütze (2015) |

Tabelle 5: Literaturhinweise zu einzelnen Medien

## 8.5 Personale Begleitung philosophischer Lernprozesse

In Ihren bisherigen Planungsanstrengungen (Kapitel 8.2 – 8.4) haben Sie die Lernausgangslage von SuS analysiert und von da aus Ziele für philosophische Lernprozesse festgelegt.

Sie haben Lernschritte auf dem Weg zu diesen Zielen durchdacht, durch Methoden und Aufgabenstellungen den Lernweg gestaltet und Medien als Lernmaterialien bereitgestellt.

Im Idealfall haben Sie all dies präzise und ausführlich am Schreibtisch ausgearbeitet und damit gute Voraussetzungen dafür geschaffen, dass Ihre SuS am Ende einer Lerneinheit den Stoff, um den es geht, sich zu eigen gemacht haben. Es könnte der Eindruck entstehen, dass nun alles für einen gelingenden Unterricht getan sei.

Unterricht als komplexes Beziehungsgeschehen

Ein solcher Eindruck beruht allerdings auf dem Missverständnis, dass Lernen ein rein technischer Prozess sei, in dem durch den Einsatz von Materialien und Werkzeugen Wissen oder gar Bildung hergestellt würden. Wie wir in Kapitel 8.1 ausgeführt haben, ist Unterricht aber keine reine Wissensvermittlung, sondern ein „komplexes Beziehungsgeschehen“ (Beljan 2017, S. 168).

Ein Beziehungsgeschehen ist durch Kommunikation also Sprach-Handeln geprägt. Darum wird es in diesem Kapitel um *Gesprächsführung* und die *Moderation von Lernschritten* gehen.

Gesprächsführung und Moderation sind situativ bedingt und personal geprägt

Beides wird von der konkreten Lernsituation bestimmt und verlangt „situativ-flexibles Agieren“ (Leisen 2015, S 14). Außerdem ist beides von den sprach-handelnden Personen geprägt und so nur sehr bedingt am Schreibtisch planbar.

Darum haben wir die „personale Begleitung“ von Lernprozessen in der grafischen Übersicht zum erweiterten Bonbonmodell* (Abb. 12) auch mit dem Hinweis „Erfahrungen machen und üben“ versehen. Es gilt zunächst von der langjährigen Unterrichtserfahrung Ihrer MuM* zu lernen. Dann müssen Sie eigene Erfahrungen machen und durch angeleitetes Üben Schritt für Schritt ihre Fähigkeit, gelingende Unterrichtsgespräche zu führen, ausbauen.

Sprach-Handlungsroutinen geben Sicherheit und machen frei für das, was möglich ist

Auch wenn Unterrichtsgespräche situativ und personal bestimmt sind, so gibt es doch einige *Sprach-Handlungsmuster*, deren Befolgung Ihnen die nötige Sicherheit in Gesprächssituationen geben kann. Solche Routinen, so Josef Leisen, „befreien vom Nachdenken über das »Wie« und machen frei für »das, was alles möglich ist«, also für die Möglichkeiten der Situation“ (Leisen 2015, ebd.).

Nachfolgend möchten wir ihnen Handlungsroutinen sowohl für die phasengerechte Begleitung philosophischer Lernprozesse als auch für eine philosophische Gesprächshaltung in solchen Lernsituationen vorstellen.

## 8.5.1 Philosophische Lernprozesse phasengerecht moderieren

Bezugnehmend auf die Lernphasen des Bonbonmodells* stellt die Übersicht in Abbildung 15 Sprach-Handlungsmuster für eine phasengerechte Gesprächsführung zur Verfügung. Schon die grafische Form des Bonbons weist auf offene bzw. fokussierend-bündelnde Gesprächsführung hin (vgl. Kapitel 8.2.1).

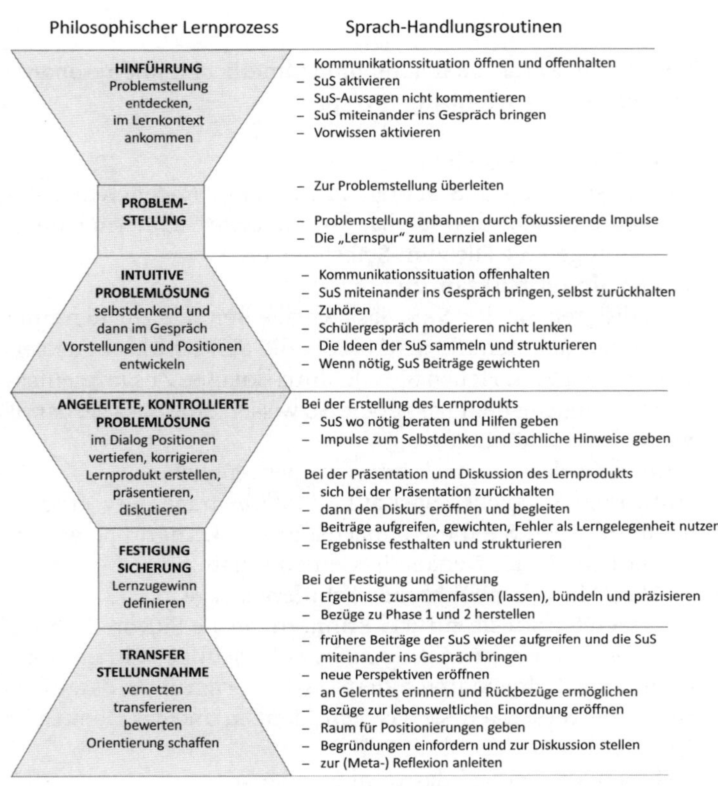


Abbildung 15: Phasengerechte Moderation philosophischer Lernprozesse

### 8.5.2 Eine philosophische Gesprächshaltung entwickeln – Praxistipps

Neben den handwerklichen Routinen ist eine gelungene Gesprächsführung durch die Einstellung geprägt, mit der Sie als Lehrperson Unterrichtsgespräche führen. Mit *Autonomieförderung* im Sinne der didaktischen Maximen Kants und *Resonazsensibilität* (vgl. Kapitel 7.3 und 8.3) haben wir die Gelingensbedingungen für guten Philosophieunterricht beschrieben. Sie sind auch die Merkmale einer philosophischen Gesprächshaltung.

Im Folgenden werden wir Ihnen auf dem Hintergrund unserer Erfahrung aus Unterricht und Lehrerbildung Praxistipps für eine autonomieförderliche und resonanzsensible Gesprächsführung geben (vgl. auch Leisen 2022, S. 5 – 9).

Praxistipps

**Hilfen für die Praxis einer autonomieförderlichen und resonanzsensiblen Gesprächsführung**

- **Üben Sie sich in Geduld.**
  Geben Sie Ihren SuS genügend Zeit zum Nachdenken. Reagieren Sie nicht unmittelbar auf die erste Schülermeldung. So ermutigen Sie alle zum Selbstdenken.
- **Hören Sie aufmerksam zu.**
  Signalisieren Sie den SuS, dass Sie alle Beiträge zur Kenntnis und ernst nehmen. So stärken Sie die Selbstwirksamkeitserfahrung der SuS. Heben Sie z.B. durch knappe Zusammenfassung gelungene Beiträge hervor. So wissen SuS, dass sie damit weiterdenken können.
- **Öffnen Sie das Gespräch wann immer möglich.**
  Antworten Sie nicht selbst auf Schülerbeiträge oder -fragen, sondern geben Sie diese zunächst an die Lerngruppe weiter. So stärken Sie das Denken in Gemeinschaft.
- **Merken Sie sich zielführende Schülerbeiträge.**
  Kommen Sie auf sie zurück. Erinnern Sie die SuS an Beiträge Ihrer Mitschüler:innen. Lassen Sie SuS wichtige Beiträge noch einmal wiederholen und bitten Sie die Lerngruppe, darauf zu reagieren. So stärken Sie das Selbstdenken und das Denken in Gemeinschaft.
- **Nehmen Sie den SuS das Denken nicht ab.**
  Stellen Sie möglichst wenig Fragen, besonders keine, auf die SuS mit ja oder nein antworten können. Setzen Sie stattdes-

sen Impulse, die das Selbst-Denken der SuS aktivieren oder befruchten.

- **Geben Sie klare Rückmeldungen.**
  Heben Sie deutlich hervor, was gelungen ist. Signalisieren Sie aber auch, dass Schülerbeiträge, die noch präzisiert werden müssen, wertvoll sind, da sie zu denken geben. So ermutigen Sie alle, sich einzubringen und stärken die Selbstwirksamkeitserfahrung Ihrer SuS.
- **Entwickeln Sie eine Fehlerkultur.**
  Klassifizieren Sie Fehler nicht vorschnell als Mangel, sondern als eine Chance, genauer hinzusehen und ins Gespräch zu kommen. So nehmen Sie den SuS die Angst, Fehler zu machen, und stärken Selbstdenken und Denken in Gemeinschaft.
- **Machen Sie den „roten Faden" sichtbar.**
  Erinnern Sie in den einzelnen Lernphasen an die Problemstellung, um die es geht. Ordnen Sie dabei die Beiträge der SuS in den Lernkontext ein. So erhalten Sie die Transparenz des Lernprozesses.
- **Halten Sie sich mit Lösungen zurück.**
  Auch wenn SuS Lösungen von Ihnen erwarten, signalisieren Sie, wo immer möglich, dass die gemeinsame Denkanstrengung nötig und jede/jeder mitverantwortlich für Problemlösungen ist.
- **Haben Sie Mut sich einzumischen.**
  Schalten Sie sich ein, wenn die SuS nicht selbstständig weiterkommen. So erhalten Sie die Motivation, das anstehende Problem zu lösen, und signalisieren, dass Ihnen die Schüler und die Sache wichtig sind.
- **Ermutigen Sie die SuS Position zu beziehen.**
  Dies passiert zunächst intuitiv und später begründet. So ermöglichen Sie den SuS, sich zu orientieren und für ihre Meinung einzustehen.

## 8.6 Unterrichtsstunden und Unterrichtsvorhaben planen

In den vorherigen Kapiteln haben Sie sich intensiv mit der Planung philosophischer Lernprozesse auseinandersetzen können.

Der schulische Unterricht ist allerdings nicht in solchen „natürlichen Lernprozess(en)" (Sistermann 2016, S. 212), sondern in *Unterrichtstunden** organisiert, die in der Regel 45 Minuten dauern, ein Zeitrahmen, in dem nur selten eine philosophische Lerneinheit nach dem Bonbonmodell* realisierbar ist.

Unterrichtsstunden* sind keine natürlichen Lernprozesse

Vielleicht hat Ihre Schule die Regelzeit für Unterrichtstunden durch einen 60-Minuten Takt oder ein Doppelstundensystem abgelöst, in der Regel mit der Begründung, dass natürliche Lernprozesse zumeist nicht in 45 Minuten gestaltet werden können.

Da aber die Mehrzahl der Schulen immer noch dem 45 Minuten Takt folgt und für philosophische Lerneinheiten auch 60 Minuten schon eine knappe Vorgabe sind, möchten wir Ihnen im Folgenden drei Varianten vorstellen, wie Sie unter Berücksichtigung der Lernphasen nach dem Bonbonmodell* Einzelstunden sinnvoll planen können (vgl. hierzu auch Sistermann 2016, S. 212).

### 8.6.1 Einzelstunden planen

Drei Varianten der Stundenplanung

**Die Erarbeitungsstunde** ist eine Einzelstunde, die sie vermutlich sehr häufig planen können. Von der *Problemfindung* über die *intuitive* und die *angeleitete Problemlösung* bis zur Phase der *Sicherung und Festigung* von Lernergebnissen setzt sie das Bonbonmodell um.

Die Phase der kritischen Prüfung und eigenen Stellungnahme kann dann in einer Hausaufgabe vorbereitet und in der Folgestunde umgesetzt werden.

**Die Problemfindungsstunde** ist eine Unterrichtsstunde*, in der schon bei der Planung erkennbar ist, dass die philosophische Problemstellung die SuS auf eine Weise berühren wird, die eine intensive Auseinandersetzung provoziert, wodurch das Selbstdenken in der *intuitiven Problemlösung* breiten Raum einnehmen wird. Dieser Raum sollte unbedingt auch gewährt und nicht vorschnell zugunsten der Erarbeitung von Positionen der philosophischen Tradition verkürzt werden.

Sie werden eine Sicherung der wichtigsten Hypothesen und Ideen der SuS planen müssen, um darauf aufbauen zu können. Zudem kann das Lernmaterial für die angeleitete Problemlösung in einer Hausaufgabe vorbereitet und so in der Folgestunde effektiver umgesetzt werden.

**Die Beurteilungs- und/oder Vernetzungsstunde** ist eine Variante der Stundenplanung, die die Lernergebnisse einer angeleiteten Problemlösung (z.B. aus einer Erarbeitungsstunde) schon voraussetzt und sollte darum durch eine *Wiederherstellung des Lernkontextes und der Lernergebnisse* eröffnet werden.

Von da aus können die SuS die Lernergebnisse der Vorstunde einer *kritischen Prüfung* unterziehen, sie in größere *philosophische Kontexte* einordnen und/oder eine *Stellungnahme* im Sinne des Mit-sich-selbst-einstimmig-Werdens (siehe Kapitel 8.3) entwickeln.

Die Ausführungen zu dieser Phase in Kapitel 8.3 verdeutlichen, dass genügend Zeit eingeplant werden muss, um die philosophische Urteilsfähigkeit der SuS wirklich fördern zu können. Dafür eine ganze Unterrichtsstunde* anzusetzen, ist unter Umständen sinnvoll.

Gemeinsam ist allen drei Varianten, dass die geplante Unterrichtsstunde* einen didaktisch sinnvollen Einstieg haben muss, in dem der jeweilige Lernkontext eröffnet oder wiederhergestellt wird. Sie muss auch einen Abschluss finden, der die Lernergebnisse so sichert, dass sie in der Folgestunde für die nächsten Schritte im Lernprozess zur Verfügung stehen.

### 8.6.2 Unterrichtsvorhaben planen

Aus der Einsicht, dass philosophische Lerneinheiten nur selten in Einzelstunden umgesetzt werden können, folgt, dass es didaktisch unklug ist, nur Einzelstunden zu planen. Mit der Planung einer Lerneinheit beginnen Sie, in einem Planungshorizont von 2 – 3 Unterrichtsstunden zu denken.

Der nächste Schritt ist dann die Planung einer Folge von mehreren Lerneinheiten, die miteinander verbunden sind. In solchen *Unterrichtsvorhaben** denken Sie Lehr- und Lernprozesse in einem größeren didaktisch-methodischen Kontext.

Unterrichtsvorhaben* mit dem Bonbonmodell* planen

Unterrichtsvorhaben* lassen sich ebenso wie Lerneinheiten in den Strukturen des erweiterten Bonbonmodells planen.

Auch hier denken Sie „von den Enden her“ (vgl. Kapitel 8.2.2) und diagnostizieren zunächst, welches Vorwissen und welche methodischen Fähigkeiten Ihre SuS mitbringen. Von da aus bestimmen Sie Gegenstand, Thema und Zielsetzung des Unterrichtsvorhabens. Die Lernziele der einzelnen Lerneinheiten sind dabei als *Zwischenziele* auf dem Weg zur *Gesamtzielsetzung* des Unterrichtsvorhabens zu verstehen.

Die Lernprogression selbst wird auch in einem Unterrichtsvorhaben* mit der Problemfindung beginnen und von da aus die Phasen des Bonbonmodells* durchlaufen. Wichtig ist dabei allerdings, die einzelnen Lerneinheiten (und auch Unterrichtssunden) weiterhin als „runden“ Lernprozess zu planen und nicht als bloße Phasen im „Großbonbon“ misszuverstehen (vgl. Blesenkemper 2015).

Unterrichtsvorhaben* erweitern den Planungshorizont

Mit dem Format Unterrichtsvorhaben* treten aber auch neue Fragestellungen in Ihren Planungshorizont. So ist erst im Rahmen des nun größeren Lernkontextes ein nachhaltiger Kompetenzaufbau (vgl. Kapitel 6.3) sinnvoll planbar.

Sie könnten z.B. in einem dafür geeigneten Unterrichtsvorhaben* die Methoden- und Urteilskompetenz Ihrer SuS fördern, indem sie die Methode, eine Debatte führen zu können, Schritt für Schritt mit Ihren SuS entwickeln. Ihre SuS würden dazu zunächst einzelne Elemente einer Debatte (z.B. Eröffnungsrede, Schlussrede und freie Aussprache) kennenlernen und einüben und diese im Laufe Unterrichtsvorhabens miteinander verbinden, um zum Schluss eine vollständige Debatte zu führen.[10]

Auch Fragen der Werteerziehung (vgl. Kapitel 10) finden ihren planerischen Ort erst im Kontext von Unterrichtsvorhaben* oder noch längerfristigen Planungsüberlegungen.

Sowohl resonanzpädagogisch* als auch im Sinne von Kants „erweiterter Denkungsart“ ist es wichtig, dass die SuS in der Abfolge der einzelnen Lerneinheiten und Stunden eines Unterrichtsvorhabens einen roten Faden erkennen und beibehalten können. Dazu müssen die Lerneinheiten sinnvoll miteinander verknüpft sein.

### 8.6.3 Planungsprinzipien

Lerneinheiten nach Planungsprinzipien verknüpfen

Da es aufgrund der vielfältigen philosophischen Problemstellungen und grundsätzlichen Verschiedenheit jeder Lerngruppe kein allgemeingültiges Prinzip zur Verknüpfung von Lerneinheiten zu einem Unterrichtsvorhaben* gibt, möchten wir hier nur zwei mögliche Planungsprinzipien vorstellen, die sich unterrichtlich bewährt haben.[11]

---

10 Zum schrittweisen Aufbau der Fähigkeit eine Debatte führen zu können, werden im Rahmen des Formats „Jugend debattiert“ verschiedene Kurse und Übungen angeboten. (vgl. z.B. Hielscher, Kemman & Wagner 2011)

11 Diese und weitere Aufbauprinzipien finden Sie in Blesenkemper (2015), S. 322-324

## Das Mehr-Perspektiven-Prinzip

In einem Unterrichtsvorhaben* nach dem „Mehr-Perspektiven-Prinzip" werden philosophische Problemstellungen aus verschiedenen Blickwinkeln beleuchtet. Dafür bieten sich z.B. die drei Lernperspektiven im Kernlehrplan Praktische Philosophie NRW an, die *personale*, die *gesellschaftliche* und die *Ideenperspektive*. Die einzelnen Lerneinheiten des Unterrichtsvorhabens repräsentieren dabei jeweils eine der drei Perspektiven.

Beispiel: Unterrichtsvorhaben* „Glück"

Zur Verdeutlichung am Beispiel eines Unterrichtsvorhabens zum Thema „Glück und Glücksvorstellungen" (Klassenstufe 7 – 8) ein kurzer Überblick:

Lerneinheit 1: Eröffnung des Lernkontexts durch die *personale Perspektive*, in der alltägliche Erfahrungen der SuS aufgegriffen werden: Z.B. „meine Glücksbringer"/„da habe ich noch mal Glück gehabt"/„als ich mich richtig glücklich gefühlt habe". Hinführung zur philosophischen Problemstellung: „Was ist eigentlich das Glück?" (o.ä.) und Diskussion der Präkonzepte der SuS (Bonbonmodell Phase 1 – 3, vgl. Kapitel 8.3; Kants 1. Maxime).
Lerneinheit 2: Erweiterung der personalen Perspektive durch die Bearbeitung gesellschaftlicher Glücksvorstellungen (*gesellschaftliche Perspektive*): Z.B. Traditionelle Glückssymbole/Glücksversprechen in der Werbung/etc. (Bonbonmodell Phase 4 – 5).
Lerneinheit 3: Aufgreifen und Bearbeiten von Fragen und Widersprüchen, die sich aus den Lerneinheiten 1 und 2 ergeben mit Hilfe der *Ideenperspektive* durch philosophische und religiöse Antworten auf die Frage nach dem Glück (Bonbonmodell Phase 4 – 5; Kants 2. Maxime).
Lerneinheit 4: „Was ist eigentlich das Glück?" SuS prüfen die erarbeiteten Antwortangebote, beziehen Stellung und finden Orientierung (Bonbonmodell Phase 6; Kants 3. Maxime).

## Das dialektische Prinzip

In Unterrichtsvorhaben* nach dem dialektischen Prinzip werden gegensätzlich Positionen zu einer philosophischen Problemstellung diskutiert, sodass im Laufe des Unterrichtsvorhabens eine Art Streitgespräch der Positionen entsteht. Durch die Gegensätzlichkeit und den „Streit" der philosophischen Positionen lassen sich bei den SuS kognitive Konflikte provozieren, in denen sie oft schon intuitiv selbst Position beziehen und gleichzeitig angeregt werden, sich um eine Lösung des Konflikts zu bemühen (vgl. Henke 2015, S. 90 – 93).

Als Beispiel dient ein Unterrichtsvorhaben* zum Problem von Wahrhaftigkeit und Lüge (Oberstufe):

**Unterrichtsvorhaben „Wahrhaftigkeit und Lüge"**
Lerneinheit 1: *Hinführung* zur Problemstellung anhand von Alltagserfahrungen der SuS, die in eine *Dilemmasituation* führen, in der die Wahrhaftigkeit in Konflikt mit anderen Werten gerät (z.B. Freundschaft oder Mitleid) und Diskussion der Präkonzepte.
Lerneinheit 2: *Eröffnung des philosophischen Streits* um das Problem eines rigorosen Lügenverbots, wie es häufig aufgrund der Prüfung der Lügenmaxime durch den kategorischen Imperativ Kant unterstellt wird (vgl. Geismann & Oberer 1986).
Lerneinheit 3: Benjamin *Constants Kritik an Kants Position, Kants Antwort* auf Constant (vgl. Rolf & Peters 2017, S. 148 f.) und seine Legitimation der erzwungenen „Lüge als Gegenwehr" aus der Vorlesungsmitschrift *Moralphilosophie Collins* (Kant, AA: Bd. XXVII, S. 448).
Lerneinheit 4: SuS prüfen, nehmen Stellung im Streit der beiden Philosophen und finden so zu einer *begründeten eigenen Position.*
Weitere Beispiele für philosophische Konfliktlinien, die in längeren Unterrichtsvorhaben strukturbildend sein können:

- *Anthropologie*: Materialismus versus Dualismus; Freiheit versus Determinismus
- *Ethik*: Universalismus versus Relativismus; Utilitarismus versus Deontologie
- *Staats- und Gesellschaftsphilosophie*: Egalitarismus versus Liberalismus
- *Erkenntnistheorie*: Empirismus versus Rationalismus

## Literaturtipps zur Vertiefung

Sistermann, Rolf (2008): Unterrichten nach dem Bonbonmodell. In: Zeitschrift für Didaktik der Philosophie und Ethik, Heft 4/2008, S. 299 – 305.

Sistermann, Rolf (2016): Problemorientierung, Lernphasen und Arbeitsaufgaben. In: Pfister & Zimmermann (2016) S. 203 – 223. Hier Abschnitt: Lernphasen nach dem Bonbonmodell, S. 209 – 217.

Leisen, Josef (2017): Die Strukturierung und Planung von Unterricht. Online: www.josefleisen.de/downloads/lehrenlernen/10%20Strukturierung%20und%20Planung%20von%20Unterricht%20.pdf

Leisen, Josef (2018): Was Lehrkräfte brauchen – ein praktikables Lehr-Lern-Modell. Online: www.josefleisen.de/downloads/lehrenlernen/00%20Was%20Lehrkr%C3%A4fte%20brauchen%20-%20Ein%20praktikables%20Lehr-Lern-Modell%20 2018.pdf

Martens, Ekkehard ([7]2013): Methodik des Ethik- und Philosophieunterrichts, Hannover: Siebert.

Rohbeck, Johannes ([4]2016): Didaktik der Philosophie und Ethik. Dresden: Thelem. Kapitel: Methoden des Philosophie- und Ethikunterrichts.

Wittschier, Michael (2010): Textschlüssel Philosophie – 30 Erschließungsmethoden mit Beispielen. München: Patmos.

Albus, Vanessa & Schalk, Helge: (Hg.) (2020): Handbuch Medien im Ethik- und Philosophieunterricht. Bamberg: C.C. Buchner.

Wittschier, Michael (2012): Gesprächsschlüssel – 30 Moderationsmodule mit Beispielen. München: Bayerischer Schulbuchverlag.

Leisen, Josef (2022): Unterrichtsgespräch: Fragend-entwickelnder Unterricht, sokratischer Dialog und Schülergespräche. Online: http://www.josefleisen.de/downloads/lehrenlernen/03%20Unterrichtsgespr%C3%A4ch%20-%20Fragend-entwickelnder%20Unterricht.pdf

# 9. „Erstens kommt es anders ...“ – philosophischen Unterricht selbst *durchführen* und *reflektieren*

## 9.1 Philosophischen Unterricht durchführen

Was nützt der beste Plan, wenn der Unterricht „irgendwie“ nicht läuft. Diese Erfahrung müssen selbst routinierte LuL immer wieder machen. Man kennt seine Lerngruppe schon lange, weiß um Stärken und Schwächen, hat alle Planungselemente ausführlich durchdacht und trotzdem: die SuS sind nicht aktiv bei der Sache, Aufgaben werden nur widerwillig bearbeitet, Unruhe macht sich breit.

Es kann sein, dass äußere Umstände das Lernen behindern oder unmöglich machen. Vielleicht wird in der nächsten Stunde eine Klassenarbeit/Klausur geschrieben, von der alle annehmen, sie werde ein „schwerer Brocken“, oder in der großen Pause ist ein schon lange schwelender Konflikt eskaliert und nun sind alle aufgeregt. Nun nützt auch die beste Planung nichts.

Planungserfolg nicht gleich Lernerfolg

Liegen solche Umstände nicht vor und ist die Beziehung zwischen der Lehrperson und ihren SuS nicht grundsätzlich gestört, dann müssen wir einsehen, so Hattie und Zierer: „Es besteht kein linearer Zusammenhang zwischen Planungserfolg und Lernerfolg.“ (Hattie & Zierer 2020, S. 239) „Wissen und Können [allein] reicht nicht aus, um eine erfolgreiche Lehrperson zu sein.“ (ebd. S. 82)

Hattie und Zierer diagnostizieren über die präzise Planung hinaus drei Aspekte, die für eine gelingende Unterrichtsdurchführung wichtig sind (vgl. ebd. S. 239 – 241):

- eine *dialogische Gesprächsführung,*
- die *Beziehung* zwischen Lehrperson und SuS und
- die Klassenführung und dabei besonders die *Reduktion von Störungen.*

Eine autonomieförderliche und resonanzsensible Gesprächsführung haben wir in Kapitel 8.5.2 schon thematisiert. Darum finden Sie im Folgenden Ausführungen zu den beiden anderen Aspekten.

### 9.1.1 Auf die Haltung kommt es an

Wenn Wissen und Können allein für eine erfolgreiche Lehrperson nicht ausreichen, geht es um das pädagogische Selbstverständnis, mit dem LuL beides umsetzen, resonanzpädagogisch gewendet um eine Haltung, der es gelingt, im Didaktischen Dreieck* von Lehrperson, SuS und Stoff vitale Resonanzachsen aufzubauen (vgl. Beljan 2019, S. 168).

Vitale Resonanzachsen aufbauen

Sie haben als Lehramtsstudent:innen Ihren zukünftigen Beruf und Ihre Fächer hoffentlich aus Überzeugung, mindestens aber freiwillig gewählt. Ihre SuS dagegen sind in der Schule, weil sie müssen. Zudem ist die Lehrer-Schüler-Beziehung wegen des Machtgefälles keine symmetrische. In einer solchen „natürlichen Entfremdungssituation“ (ebd. S.169) können Sie als Lehrperson nicht erwarten, dass SuS von vornherein für die uns so wichtige Sache affektiv offen oder intrinsisch motiviert sind. SuS sitzen in Ihrem Philosophieunterricht, werden mit dem Stoff konfrontiert und begegnen ihm häufig indifferent – ihr Verhältnis zur philosophischen Sache ist nur äußerlich.

SuS in einer natürlichen Entfremdungssituation

Diesen „Entfremdungsgraben“ (ebd. S.170) gilt es anzuerkennen, um fehlende Motivation, Desinteresse oder gar Verweigerung nicht als defizitäres Persönlichkeitsmerkmal von SuS oder als Missachtung Ihrer Person zu deuten, sondern als natürliche Antwort auf die o.g. Entfremdungssituation.

Um den Graben zu überwinden, werden Sie als Lehrperson „affektiv und kommunikativ in Vorleistung (...) gehen“ (ebd. S.169) müssen. Sie werden versuchen, die SuS mit Ihrer „Begeisterung für die Sache anzustecken und sie zum affektiven und kognitiven ‚Mitschwingen‘ anzuregen.“ (ebd.)

Den Entfremdungsgraben überwinden

Für den Unterrichtstoff gewinnen können Sie SuS aber nur, wenn Sie sie als selbstdenkend Antwortende ernstnehmen. Ansonsten erhalten sie vielleicht ein „müdes“ Echo ihres Engagements für die Sache, aber keine echte Resonanz*.

Für ein antwortendes Beziehungsgeschehen reicht es nicht aus, wenn Sie den SuS aktiv Resonanzangebote machen, Sie müssen „sich umgekehrt auch von diesen erreichen und bewegen lassen“ (ebd. S. 179). Als „Antwort- und Widerspruchsinstanz“ (Rosa 2017, S. 415) können die SuS sich an Ihnen reiben, und Sie können „feinfühlig auf die Bedürfnisse, Stimmungen und Interessen der Schüler reagieren.“(ebd.)

Etwas pauschalisierend lässt sich die resonanzsensible Haltung einer Lehrperson so zusammenfassen: Sie muss für ihre Sache brennen und am Wachsen ihrer SuS interessiert sein.

Für die Sache brennen und sich für die SuS interessieren

### 9.1.2 Mit Störungen umgehen

Auch wenn alles getan wurde, um eine resonanzfreundliche Lernatmosphäre zu schaffen, gibt es immer wieder Unterrichtsituationen, in denen SuS bewusst oder unbewusst den Lernprozess stören. Hier bieten sich zwei Bereiche an, die hilfreich sein können: Präventions- und Interventionsmaßnahmen.

Prävention und Intervention

Im Folgenden werden wir Ihnen dazu mögliche Handlungsroutinen (vgl. Hattie & Zierer 2020, S. 244 – 246) vorstellen.

Den Störungen vorbeugen:

- *Sorgen Sie für Klarheit* in Bezug auf Regeln und Rituale, die das gemeinsame Lernen ermöglichen. Sprechen Sie mit Ihren SuS z.B. Klassenregeln und Gesprächsregeln ab.
- *Zeigen Sie Präsenz* und vermitteln Sie den SuS, dass sie aufmerksam sind, sowohl in Bezug auf deren Beiträge als auch auf Lernblockaden oder entstehende Unruhe.
- *Vermeiden Sie Leerläufe,* indem Sie Formalia (z.B. Gruppen- oder Rollenverteilung) schon im Vorfeld mit den SuS absprechen. So entstehen keine Verzögerungen, die Räume für Störungen eröffnen.
- *Halten Sie den Lernfokus aufrecht,* indem Sie dafür sorgen, dass sich alle SuS angesprochen und zum Lernen aufgefordert fühlen. Sorgen Sie z.B. bei Gruppenarbeiten dafür, dass jede(r) eine Aufgabe hat.
- *Vermeiden Sie Widerwillen und Missmut,* indem Sie den Unterricht abwechslungsreich gestalten (z.B. durch Methodenwechsel), Erfolgssituationen ermöglichen, Unterforderungen und Überforderungen vermeiden.

Bei Störungen eingreifen:

Die nachfolgenden Handlungsroutinen sind im Sinne einer sich steigernden Intervention geordnet.

- *Beachten Sie die Störung zunächst nicht.* Als Wunsch nach Aufmerksamkeit werden sie oft eingestellt, wenn die Lehrperson sich nicht darum kümmert. Loben Sie SuS die gestört haben, sobald Sie sich wieder an die Regeln halten.
- *Ermahnen Sie indirekt,* indem Sie durch eine Geste oder einen Blick zeigen, dass Sie ein Verhalten missbilligen, oder indem sie sich dem/der Schüler:in nähern. Oft genügt diese Nähe, damit Störungen eingestellt werden.

- *Nehmen Sie Störer in die Pflicht* und binden Sie sie direkt ein. Stellen Sie Fragen oder geben Sie Arbeitsaufträge.
- *Reagieren Sie gelassen.* Unterbrechen Sie den Unterricht durch eine knappe, evtl. humorvolle Reaktion auf die Störung. Oft hilft es, die Lacher auf seiner Seite zu haben.
- *Setzen Sie Störer um,* wenn die Störung länger anhält und andere Maßnahmen (s.o.) nicht fruchten. Oft hilft es, das Umfeld der Störer zu verändern.
- *Wenn nichts mehr hilft,* bleiben nur Verbote und Strafen. Diese Maßnahmen sollten im Kollegium abgesprochen und in ihrer Stufung festgeschrieben sein. So können Sie umsichtig reagieren und sind abgesichert.

## 9.2 Philosophischen Unterricht *reflektieren*

Nach dem Unterricht ist vor dem Unterricht. Dieser aus dem Fußball abgeleitete „Sinnspruch“ eröffnet eine neue Perspektive auf das Unterrichten. Neben Planung und Durchführung ist eine zentrale Voraussetzung für das nachhaltige Gelingen von Unterricht die Fähigkeit, aus dem „Spiel“ etwas zu lernen, um sich selbst und das „Spiel“ dadurch zu verbessern.

Planung und Durchführung von Unterricht sind also kritisch zu reflektieren. Dabei ist hier mit Reflexion nicht die philosophische Problemreflexion gemeint, sondern „ein gedanklicher Prozess, indem Erlebnisse (...) analysiert werden mit dem Ziel, sich selbst als professionelle Lehrkraft weiterzuentwickeln.“ (von Aufschnaiter et al. 2019, S. 49).

Reflexion zur Weiterentwicklung der eigenen Professionalität

Der Fokus liegt bei dieser Definition auf der Weiterentwicklung *Ihrer* Fähigkeiten, guten Unterricht zu gestalten. Andere mögliche Ziele von Unterrichtsreflexion, z.B. die Diagnose von Lernständen der SuS zur individuellen Förderung, sollen hier nicht thematisiert werden.

Reflexivität zeichnet sich wie alle Elemente einer erfolgreichen Lehrperson durch Wissen, Können und Haltung aus (vgl. auch Kapitel 9.1). Dazu gehört z.B. das Wissen um die notwendigen Schritte einer strukturierten Reflexion (vgl. Landesinstitut 2020, S. 7 – 8):

Vier Schritte der Reflexion

1. **Die unterrichtliche Situation beschreiben.** Dazu ist es notwendig, die Situation als Ganze wahrzunehmen und durch

Beobachtung zu konkretisieren, welche Gesichtspunkte es lohnt, zu reflektieren. *Leitfragen*: Was fällt mir auf? Was genau habe ich/haben die SuS gesagt, getan?

2. **Die ausgewählten Gesichtspunkte deuten**, d.h. sie analytisch aufzuschließen (ggf. auch theoriegestützt) und mögliche Gründe für das Beschriebene zu formulieren. *Leitfragen*: Wie kam es zu der Situation? Warum habe ich so agiert?
3. **Beurteilen und Konsequenzen ziehen.** Unter Anwendung relevanter Kriterien werden die Gesichtspunkte beurteilt und wenn nötig begründet Alternativen entwickelt. *Leitfragen*: Wie beurteile ich die Situation? Welche Problemlösung ist tauglich? Wie könnte ich anders/besser handeln?
4. **Die gewonnenen Erkenntnisse umsetzen.** Damit mündet der Reflexionsprozess in neue Praxis. *Leitfrage*: Wo und wie kann ich die neu gewonnenen Erkenntnisse in meinem Unterricht einsetzen?

Auch wenn die Formulierungen in den vier Schritten eher defizitorientiert klingen, sei betont, dass die Reflexionsschritte auch stärkenorientiert Sinn ergeben, z.B. mit dem Ergebnis, dass eine bestimmte Fähigkeit schon gut entwickelt ist und Sie darauf bauen können.

### 9.2.1 Philosophische Lernprozesse reflektieren – ein Praxisvorschlag

Fünf Schritte zur Reflexion von Lernprozessen

Im Folgenden möchten wir Ihnen einen kurzen Leitfaden in fünf Schritten für die Reflexion eines philosophischen Lernprozesses vorstellen, der auf den Ausführungen zu Planung und Durchführung von philosophischem Unterricht in diesem Buch basiert. Der Abgleich zwischen der Planung und dem tatsächlichen Verlauf des Lernprozesses bildet dabei das leitende Prinzip.

1. **Der persönliche Eindruck** ist der erste Indikator und Anlass über einen Lernprozess nachzudenken. Überlegen Sie spontan und durchaus emotional, was gelungen ist und wo Sie „ins Schwitzen gekommen sind“. Das gibt Ihnen erste Hinweise auf mögliche Gesichtspunkte einer Reflexion.
2. **Das Erreichen des Schwerpunktlernziel** ist der Kristallisationspunkt jeder Unterrichtsreflexion. Haben die SuS das geplante Lernziel erreicht und woran kann ich das festmachen? Was sind erkennbare Gründe, wenn das Lernziel nicht oder nur zum Teil erreicht wurde?

3. **Den Lernprozess in den Blick nehmen** und ihn als den Weg zum Lernziel nach dem erweiterten Bonbonmodell* organisieren. Nehmen Sie dazu Lernphasen, Werkzeuge (materiale Begleitung) oder Gesprächsführung (personale Begleitung) in den Blick und wählen Sie Aspekte aus, die zu reflektieren wichtig sind (Schritt 1 der strukturierten Reflexion). Versuchen Sie, nicht alle Elemente zu betrachten.
4. **Planung und Durchführung in Beziehung setzen.** Beurteilen Sie die ausgewählten Aspekte daraufhin, ob Sie diese planungskonform durchführen konnten. Wenn nicht, benennen Sie mögliche Gründe für die Planabweichung und beurteilen Sie, warum Ihre Planungsentscheidungen nicht umsetzbar waren. Waren die gestellten Aufgaben funktional und für die SuS lösbar? Waren die gewählten Methoden zielführend? Habe ich den SuS im Gespräch genügend Raum für eigene Ideen und Problemlösungen gegeben? Das sind nur einige mögliche Fragen, die Sie sich stellen können. (Schritt 2 und 3 der strukturierten Reflexion)
5. **Alternativen zu entwickeln,** bildet den Abschluss Ihrer Reflexion. Dabei sollten Sie sich darüber klar werden, was sich bewährt hat und darum beibehalten werden kann und was Sie anders machen würden, wenn Sie diesen Lernprozess noch einmal planen und durchführen würden. (Schritt 3 und 4 der strukturierten Reflexion)

### 9.2.2 Reflektieren in Gemeinschaft

Wir möchten Ihnen nahelegen, Reflexionsprozesse nicht nur mit sich selbst auszumachen, sondern eine Feedbackkultur anzustreben, bei der Sie sich Rückmeldung geben lassen von allen, die Ihren Professionalisierungsprozess begleiten und gemeinschaftlich Lernprozesse und Unterrichtsstunden reflektieren.

Feedback einholen – gemeinschaftlich reflektieren

Da wir an dieser Stelle die Fülle unterschiedlicher Feedback-Methoden nicht darstellen können, beschränken wir uns auf Hinweise zum Personenkreis, der für eine gemeinschaftliche Reflexion in Frage kommt:[12]

**SuS** sind Ihre ersten und natürlichen Ansprechpartner, sind sie doch von Ihren Lernangeboten unmittelbar „betroffen“. Von direkten Rückmeldungen während oder am Ende einer Unter-

12 eine differenzierte Darstellung des Werkzeugs Feedback finden Sie in Hattie & Zierer (2020), Kap. 5.

richtsstunde bis zu Feedbackbögen, mit denen SuS ihre LuL beurteilen können, reicht hier die Palette.

Ihre **Mitstudent:innen** sollten Sie unbedingt in ihren Unterricht einladen und sich kollegiale Rückmeldungen geben lassen. Mit denen, die auf einem vergleichbaren Professionsstand wie Sie selbst sind, ist ein Gespräch auf Augenhöhe möglich.

Ihre **MuM*** können Ihnen Rückmeldungen und Beratung als Expert:innen für das Unterrichten geben. Sie haben viel Erfahrung mit Neulingen und deren Entwicklungsprozessen.

**Seminarausbilder:innen** bringen in ihren Rückmeldungen und Beratungen neben Praxiserfahrungen fachdidaktische, methodische und pädagogische Theoriemodelle in die gemeinsame Reflexion ein.

Nutzen Sie all diese Gesprächspartner:innen, um möglichst viele Perspektiven auf Ihre persönliche Entwicklung als Lehrperson zu eröffnen.

### 9.2.3 Auf die Haltung kommt es an – auch bei der Reflexion

Wissen und Können reichen auch bei der Reflexion nicht aus, um sie nachhaltig zu gestalten. Darum hier einige Hinweise für eine „reflexionsfreundliche" Haltung (vgl. zum Folgenden von Aufschnaiter et al. 2019, S. 53):

Eine reflexive Haltung entwickeln

- Machen Sie sich immer wieder klar, dass die Weiterentwicklung als Lehrperson auf Erfahrungen aufbaut, aus denen man lernen muss.
- Schätzen Sie das, was gelungen ist, als Fundament, auf das Sie bauen können.
- Erkennen Sie an, dass Fehler und Misslungenes zum Alltag unseres „Geschäfts" gehören und nutzen Sie sie als Chance – „was kann ich daraus lernen?" – nicht als Grund zu zweifeln – „wie konnte mir das passieren?".
- Reflektieren Sie nicht immer und um jeden Preis, das könnte Sie verunsichern. Auf die Dauer wirkt Reflexion aber festigend.
- Verstehen Sie Feedback als Wertschätzung, nicht als Kritik an Ihrer Person (selbst wenn es manchmal etwas anders rüberkommt).

# D. Weitere Dimensionen meiner neuen Rolle

## 10. „Ach, die Werte!“ – Erziehen im Philosophieunterricht

Der Reformpädagoge Hartmut von Hentig hielt bereits 1999 Werte für ein leidiges Thema und überschrieb seine Streitschrift mit „Ach, die Werte!“ (Hentig 1999). Seine skeptische Einschätzung begründete der Autor damit, dass Pädagogen in einer verunsicherten Gesamtgesellschaft allein kaum für Wertorientierung sorgen könnten. Er bezweifelte, ob Pädagogen in ihrer Rolle der Aufforderung des ehemaligen Bundespräsidenten Roman Herzog zu „mehr Entschlossenheit zur Werteerziehung“ (ebd. S. 16) adäquat Rechnung tragen könnten. Ein Grund, warum man „Werte“ auch heute noch eher mit spitzen Fingern anfasst, ist der Umstand, nicht klar erkennen zu können, wo man im Kosmos pädagogisch-didaktischer Fragestellungen die Werte überhaupt verorten kann und soll.

Wenn Sie in NRW den Vorbereitungsdienst* beginnen, müssen Sie sich laut Ausbildungs-Kerncurriculum (Schulministerium NRW 2016) in *allen* Schulformen und *allen* Fächern mit fünf vernetzten schulischen Handlungsfeldern auseinandersetzen: „U“ für „Unterricht“ – davon war bereits ausführlich die Rede; „E“ für „Erziehung“ einschließlich der damit verbundenen Kompetenz, „Werte und Normen“ zu „vermitteln“ – das thematisiert dieses Kapitel; „L“ für das „Lernen und Leisten“ – darauf geht das 11. Kapitel näher ein. Die beiden übrigen Handlungsfelder der Lehrerrolle „B“ für „beraten“ und „S“ für Entwicklungsarbeit im „System Schule“ sind für das Praxissemester noch nicht sehr relevant.

Und wenn Sie demnächst als Lehrer:in einer NRW-Grundschule unterrichten, so müssen Sie besonderen Wert auf „Werteerziehung“ legen. Im jeweiligen Vorspann zu allen zehn Grundschulfächern heißt es gleichlautend: „Das Fach leistet weiterhin Beiträge zu fachübergreifenden Querschnittsaufgaben in Schule und Unterricht, hierzu zählen [sieben Bildungsaufgaben] u. a. […] Werteerziehung“ (Schulministerium NRW 2021).[13]

Werteerziehung in allen Fächern

13 Die übrigen sechs Aufgaben sind: Menschenrechtsbildung, politische Bildung und Demokratieerziehung, Medienbildung und Bildung für die digitale Welt,

Werteerziehung besonders in Philosophie/Ethik

In der schulischen Landschaft ist Werteerziehung aber nicht nur eine „Querschnittsaufgabe“ für *alle* Fächer, sie ist zudem eine ‚Spezialaufgabe‘ für ein *einziges* – verschieden betiteltes – Schulfach: für Philosophie/Ethik. In Niedersachsen heißt es bezeichnenderweise „Werte und Normen“. Zu Wert stellt der Ethikdidaktiker Werner Wiater kategorisch fest: „Zentraler Fachbegriff des Ethikunterrichts ist zweifellos der Begriff Wert“ (Wiater 2011, S. 24). Werte sind also in der Schule für Praxissemesterstudierende für Philosophie/Ethik gleich doppelt zentral verortet.

Wertprobleme verlangen nach Wertefach

Mehr noch: Wert und Wertprobleme sind nicht nur herausgehobene Gegenstände Ihres Fachs Philosophie bzw. Ethik, sondern scheinen es auch zu veranlassen und zu begründen. Die Etablierung des obligatorischen Fachs Ethik als „Wertefach“ in Berlin bringt Dagmar Comtesse in einen engen Zusammenhang mit der medial breit und kontrovers geführten Diskussion um den sogenannten ‚Ehrenmord‘ an Hatun Sürücü (2015), die aus der Sicht ihrer türkischen Herkunftsfamilie in todeswürdiger Weise westliche Werte und Momente westlichen Lebensstils zu leben versucht hatte (vgl. Comtesse 2021, S. 41f.).

Angesichts dieser breit gefächerten Aufgabenzuweisung für schulische Werteerziehung suchen (künftige) Lehrpersonen – vor allem in Philosophie/Ethik – präzisere Antworten auf die Doppelfrage: Um *welche* Werte soll ich mich in *welcher Weise* erziehend kümmern? Die Auskünfte der philosophischen Fachdidaktik dazu sind gemessen an der Aufgabe vergleichsweise bescheiden.[14]

Die gesuchten Antworten setzen Klärungen der verwendeten Termini voraus, die wir hier erinnernd bewusst machen wollen. Im ersten Abschnitt (Kapitel 10.1) geht es daher um Begriffsklärungen zu „Wert“ (in Abgrenzung zu „Norm“ und mit Seitenblick zu „Normalismus“) und „Werteerziehung“ (in Abgrenzung zu „Wertevermittlung“ und unter Berücksichtigung von „Wertebildung“). Um sich unterrichtend um Werte kümmern zu können, muss man zunächst „Werte klären“ (Kapitel 10.2). Der spezifisch philosophierende Umgang mit Werten wird in „Werte diskutieren“ (Kapitel 10.3) erörtert. Und „Werte (vor-)leben“ (Ka-

---

Verbraucherbildung und Bildung für nachhaltige Entwicklung, geschlechtersensible Bildung, kulturelle und interkulturelle Bildung.

14 Artikel „Werte“ finden sich in den einschlägigen Handbüchern und Textsammlungen zur Didaktik der Philosophie/Ethik nicht. Ausnahme: Schaber (2010). In zwei Philosophie/Ethik-Didaktiken werden Werte umfänglicher thematisiert: Wiater (2011) und Pfeifer (2021).

pitel 10.4) ist nicht nur für den Unterricht in Philosophie/Ethik, aber ganz besonders für diesen (resonanz*-)notwendig.

## 10.1 Wert-Begriffe klären

Wert

Die heutige Verwendung des Begriffswortes „Wert" ist in der Philosophie vergleichsweise jungen Ursprungs. Noch im 19. Jahrhundert war dieses Wort begrenzt auf den Bereich der Ökonomie und bezeichnete den meist in Geld ausgedrückten Preis einer Ware bzw. Tätigkeit. Erst zur Wende zum 20. Jahrhundert erfuhr das Wort eine Übertragung in die Ethik und wurde als ein weiterer Ausdruck für das Gute verstanden (vgl. Wiater 2011, S 24f.).

In Abgrenzung zu Werten in den Naturwissenschaften, der Mathematik und der Ästhetik lassen sich *ethische Werte* in etwa wie folgt fassen:

**„Ethische Werte"**

stehen für das, was einzelne oder Gruppen *wünschen*. Die Wünsche beziehen sich auf reale oder virtuelle Dinge, Menschen, deren Eigenschaften, Handlungen und Haltungen, auf innerweltliche Zustände oder Ideen bzw. Ideale. Das jeweilige Wünschen konkretisiert sich als Erstreben, Verwirklichen-wollen, Fördern, Achten, Anerkennen, Lieben, Würdigen oder Bewahren. Die Erfüllung solcher weit gefassten Wünsche ist mit positiven Gefühlen verbunden.

Werte sind damit zunächst *Ziele* diverser Handlungen. So könnte der Wert Frieden durch bestimmte politische Aktivitäten als Ziel erstrebt oder bewahrt werden. In anderer Betrachtung werden Werte zu *Beurteilungsmaßstäben* von Handlungen. Verfahren gewaltfreier Konfliktlösung etwa werden vom Wert Frieden her betrachtet als wertvoll qualifiziert. Und schließlich kann ein zur *Haltung* geronnener Wert wie etwa die Friedensgesinnung zur motivierenden Grundlage entsprechender Handlungen werden.

Werte als Ziele, Maßstäbe und Haltungen

Was in diesem dreifachen Sinne einen Wert zu einem Wert macht, ist eine *Leistung von Subjekten*. Ein Satz der Form ‚etwas hat den Wert x' versieht das Etwas mit einer ethischen Qualität, und zwar allein aufgrund individueller oder kollektiver *Zuschreibung von Menschen*. Er ist keine Tatsachenaussage zu ei-

Werturteil

Werturteile als menschlich Setzungen

nem Sachverhalt, sondern ein *Werturteil.* Negative Werturteile drücken das Verfehlen von Werten bzw. die Verfolgung von Un-Werten aus.

**Beispiele für Werte**
Der Unternehmer, Coach und Begründer der umfangreichen Webseite „wertesysteme.de" Frank H. Sauer hat in „Mein Wertebuch" (vgl. Sauer 2019 und auf der genannten Webseite; vgl. ferner Felsches 2009) mehr als 120 Werte alphabetisch aufgelistet und jeweils kurz beschrieben. Sie reichen von „Abenteuer", „Achtsamkeit", „Agilität" über „Gerechtigkeit", „Gesundheit", „Glaubwürdigkeit" bis zu „Verlässlichkeit", „Vertrauen", „Verzeihen". „Familie" wird in dieser Liste nicht genannt, und zwar weil sie – als eines von mehreren „Wertsystemen" – gleich mehrere Einzelwerte wie „Fürsorglichkeit", „Harmonie", „Nächstenliebe" und „Treue" in sich umfasst.

**Norm**

Das Wort „Norm" kommt von lat. „norma" und meint u.a. wörtlich „Richtschnur", z.B. die mit einem Lot aus Blei versehene Schnur, die ein Maurer verwendet, um eine Wand gerade mauern zu können. Handlungsleitende Funktionen haben auch Werte, aber Normen – nun im geläufigen übertragenen Sinne – wollen Handlungen konkreter und situationsspezifischer von Werten her lenken.

So wird etwa der Wert „Leben" zur moralischen und/oder rechtlichen Norm „Du sollst nicht töten!". Normen sind gewissermaßen Werte in ‚kleiner Münze' – und diese sind manchmal erst in solchem ‚Kleingeld' überhaupt greifbar. Werte und Normen bedingen sich wechselseitig, aber nicht eins zu eins. Ein Wert kann sich in mehreren Normen konkretisieren und eine Norm kann mehrere Werte zur Geltung bringen.

Das Adjektiv zu „Norm" der genannten Art ist „normativ". „Normal" wird auch aus „Norm" hergeleitet, meint aber etwas anderes. Normalität ist ein *deskriptiver Begriff,* der einen statistischen Durchschnitt angibt. So sind die meisten Menschen also normalerweise in ihrer sexuellen Orientierung heterosexuell. Wird dieses Sein aber zum Sollen erhoben bzw. wird aus einem

Sein direkt auf ein Sollen geschlossen (Sein-Sollen-Fehlschluss), liegt „Normalismus“ vor, dessen Berechtigung nicht nur logisch höchst fragwürdig sein kann. Normalismus bedeutet zusätzlich häufig, dass Minderheiten ausgegrenzt werden, er wirkt diskriminierend. Eine Schule, für die Inklusion ein Wert ist, will das Gegenteil: So weichen die meisten Menschen in ihrem Intelligenzquotienten (IQ) kaum von 100 ab. Das didaktische Prinzip der individuellen Förderung möchte aber auch jenen SuS gerecht werden, die in dieser Hinsicht gerade nicht ‚normal‘ sind. Dies betrifft etwa die sog. Lernbehinderten wie auch die Hochbegabten (siehe auch Kapitel 5).

Normalismus

Die Wortkombination „Werteerziehung“ kann in zwei abweichenden Richtungen verstanden werden: Einmal geht es darum, dass Kinder *zu* bestimmten Werten *erzogen* werden sollen. Kinder sollen sich bestimmte Werte aneignen und zur Geltung bringen. Es wird mit dem Wort nicht gesagt, wie dies geschehen soll, aber grundsätzlich impliziert, dass die Kinder *Objekte* erzieherischer Aktivitäten sind. Dieser Eindruck ist noch offensichtlicher mit dem Wort „Wertevermittlung“ verbunden. Das hier bestimmende Bild der ‚Mitte‘ suggeriert, dass Werte durch eine vermittelnde Instanz (Lehrperson) *hindurch zu* den Kindern gelangen sollen. Versteht man aber „Werteerziehung“ im Sinn von „Erziehung (auch) in Bezug auf Werte“, so bleibt offen, welche Rolle die Kinder selbst dabei spielen. Sie können auch *Subjekte* eines Prozesses sein, der von anderen – Eltern und Lehrpersonen – angeregt und gefördert wird. „Wertebildung“ hingegen denkt Werteerziehung direkter als eine Aktivität der Kinder und SuS selbst – aber nur dann, wenn Bildung im Sinne von Bieri grundsätzlich als etwas verstanden wird, was „Menschen mit sich und für sich machen“ (Bieri 2012, S. 228). Bieri unterscheidet klar: „Ausbilden können uns andere, bilden kann sich jeder nur selbst“ (ebd.). Das gilt nach unserer Einschätzung auch für Werte, die durch (erziehenden) Unterricht generell gefördert und durch den Unterricht in Philosophie/Ethik speziell angeregt werden.

Werteerziehung als Wertebildung

In Vergangenheit und Gegenwart gab und gibt es auch andere Konzepte der Werteerziehung, die wir hier aber nicht entfalten, sondern auf die wir hier nur verweisen können (vgl. Mokrosch 2009 u. Blesenkemper 2018a, S. 101 – 107).

## 10.2 Werte klären

Unter „Werte klären" verstehen wir hier *nicht* den Versuch, den Gehalt einzelner ethischer Werte begrifflich auszubuchstabieren. – Was etwa unter dem Betriff Gerechtigkeit zu verstehen ist, gehörte primär in der Stoff-Ecke eines Unterrichts in Philosophie/Ethik. „Werte klären" richtet *hier* den Blick ganz auf die SuS-Ecke: Es geht um die Frage, von welchen Werten SuS sich tatsächlich bewusst oder vielfach auch unbewusst leiten lassen. Eine solche Deskription meint Einsichten in ein spezifisches Schüler:innen-Sein. (Zu Sollensfragen siehe Kapitel 10.3) Die Klärung zielt auf Momente der Ausgangslage für Unterricht. Neben die dafür wichtigen und schon erwähnten Präkonzepte der SuS, also deren vorab leitenden, ggf. naiven Theorien des Erkennens und Handelns (siehe Kapitel 7.3.2), treten hier nun deren Präferenzen, also deren eigene Werte.

Wertklärung ist deskriptiv

„Wertklärung" (values clarification) meint ursprünglich einen Werterziehungsansatz, der lange Zeit in den Vereinigten Staaten verfolgt wurde. Er geht davon aus, dass es Kindern bereits hilft, wenn sie sich vor allem in Phasen gesellschaftlichen Wertewandels und den damit verbundenen Verunsicherungen die *eigenen* Wertvorstellungen *bewusst* machen. Denn dann könnten sie sich gemäß diesen, ihren eigenen Werten bewusster, moralisch entscheiden und handeln. Die bei der Klärung helfenden Erzieher:innen sollen sich den zu Tage tretenden Werten gegenüber neutral verhalten und diese selbst nicht wiederum bewerten.

Wertklärung in Kombination mit weiteren Schritten der Werteerziehung

Wird Wertklärung als alleiniges Werterziehungsverfahren verstanden, setzt sie sich der Kritik aus, einem unreflektierten Werte-Relativismus das Wort zu reden. In Kombination mit weiteren Elementen der Werteerziehung im Sinne von Wertebildung ist Wertklärung hilfreich. Dazu Pfeifer: „Die Klärung der je eigenen Werthaltungen ist ein erster, wenngleich unverzichtbarer Schritt moralischer Lernprozesse" (Pfeifer 2021, S. 347).

Wertklärung als erster Schritt

Wenn Sie sich in der Absicht, ihre SuS besser verstehen zu können, deren Präferenzen zuwenden wollen, so können Sie dies a) aus größerer Distanz, d.h. kollektiv, oder b) näher an den SuS, also individuell, tun.

Zu a): In den Erziehungs- und auch in den Sozialwissenschaften ist die Notwendigkeit unbestritten, die Werthaltung der meisten Kinder und Jugendlichen sowie deren Wandlungen zu kennen. Entsprechende Forschungen werden seit 1953 in den alle vier Jahre erscheinenden „Shell Jungendstudien“ dokumentiert. Die 18. Studie von 2019 etwa hält fest, dass die Jugendlichen „das Leben in vollen Zügen“ genießen wollen. Dies gehöre seit 2015 stabil zu ihrem „Wertekanon“. Aber noch wichtiger als ein solcher Hedonismus seien die Werte „Familie“ und „soziale Beziehungen“. Einen deutlichen Anstieg in der Wertigkeit sei bei den Werten „Umwelt-, Klima- und Gesundheitsbewusstsein“, aber auch beim „politische[n] Engagement“ zu verzeichnen. Traditions- und Konformitätswerte hingegen hätten an Bedeutung verloren (vgl. ebd. S. 20 – 22). Aufschlussreich sind auch weitere, hier nicht näher zu entfaltende, Details zur Differenzierung der Jugendlichen nach sozialer Herkunft und nach Migrationshintergrund.

Shell Jugendstudien

Eine weitere Quelle für eine kollektive Erkundung des Wertekanons Jugendlicher sind die seit 2008 ebenfalls alle vier Jahre erscheinenden „SINUS-Jugendstudien“, die u.a. von der „Bundeszentrale für politische Bildung“ beauftragt und herausgegeben werden. In der Studie von 2020 werden 72 qualitativ per Interview untersuchte Jugendliche zwischen 14 und 17 sieben unterschiedlichen Milieus zugeordnet. Diese werden in einem Koordinatenkreuz sich zum Teil überschneidend angeordnet. Die x-Achse spiegelt die Grundorientierungen und reicht von dem Streben nach Sicherheit bis zu „Charisma“ der Kreativen und Herausforderungen Liebenden. Die y-Achse steht für das Bildungsniveau (niedrig, mittel, hoch). Gemeinsam sei der neuen Generation von Jugendlichen aller Milieus, dass sie ernsthafter und problembewusster sei. Hierher gehöre auch die Bewegung „Fridays for future“. Die Jugendlichen seien bodenständiger und weniger an Selbstverwirklichungswerten orientiert als früher. Ihr Wertekanon sei dem der Erwachsenen ähnlich.

SINUS-Jugendstudien

Zu b): Die Ergebnisse der genannten Jugendstudien können Ihnen als Hintergrund dienen, wenn Sie mit Ihren SuS deren individuelle Präferenzen klären wollen. So können Sie schon vorab eine Auswahl ggf. relevanter Werte treffen.

Für die Klärung *individueller* Wertpräferenzen bietet der Fragenkatalog in „Mein Wertebuch“ (Sauer 2019) eine Vorlage. Zu jedem Einzelwert kann sich jede:r in einem zugeordneten Fragebogen positionieren. Es geht etwa um die Wichtigkeit eines Wertes in einer Skala von 0 bis 10, oder um die Frage, ob der Wert eher für andere oder für einen selbst gelten soll. Aufschlussreich kann auch die Frage sein, ob die Bedeutsamkeit eines Wertes eher der Erfahrung eines *Mangels* entspringt oder sich aus einem *Ideal* ableitet.

Individuelle Wertpräferenzen klären

Vermutlich werden die meisten Ihrer SuS kein eindeutiges Set von Präferenzen – etwa rein idealistisch oder rein materialistisch – als zu ihnen passend identifizieren. Aus Erfahrung können wir sagen, dass viele SuS dazu neigen, unterschiedliche ggf. sogar widersprüchliche Werte zu einem für sie gültigen Wert-System zu synthetisieren.

## 10.3 Werte diskutieren

Als philosophisch kann ein auch erziehender Unterricht nur dann bezeichnet werden, wenn er bereit ist, Gegebenes hinsichtlich der damit verbundenen Geltungsansprüche zu hinterfragen. Gegeben sind zunächst die faktischen Wert-Präferenzen der SuS (siehe Kapitel 10.2). Wie können und wie sollen sie im erziehenden Unterricht hinterfragt werden? (Kapitel 10.3.2) Vorgegeben sind jene Werte, die in Gestalt von Gesetzen *Vorgaben* für den Unterricht sind. Um diese geht es im ersten Unterabschnitt 10.3.1.

### 10.3.1 Diskussion des vorgegebenen Werterahmens

Anders als der freie Vernunftgebrauch in der wissenschaftlichen Öffentlichkeit – Kant spricht in seiner Aufklärungsschrift vom „öffentlichen Gebrauche seiner eigenen Vernunft" – ist der Vernunftgebrauch von Lehrpersonen in den öffentlichen Schulen, der „Privatgebrauch" (Kant WA, Bd. 9, S. 55; AA Bd. VIII, S. 37), in Wertfragen gewissen Einschränkungen unterworfen, gewisser Freiheiten ist er ‚beraubt' (lat. privare: berauben). Denn hier werden durch Verfassungen, Gesetze und Verordnungen bestimmte Werte vorgegeben. Sie *sollen* für den Unterricht maßgeblich sein. Diese Werte sollen den Diskurs über mögliche Präferenzen der SuS präformieren. Daher seien hier zunächst solche – teils höchst fragwürdige – Wert-Vorgaben an den Beispielen der Bundesländer Hessen und NRW in den Blick genommen.[15]

Werte durch Gesetze vorgegeben

Im Kerncurriculum *Ethik für hessische Grundschulen* (2011) heißt es: „Im Fach Ethik wird den Lernenden das Verständnis für Wertvorstellungen und ethische Grundsätze vermittelt und

15 Zu curricularen Wertevorgaben auch in anderen Bundesländern vgl. die tabellarische Übersicht in Albus (2012), S. 528 – 532.

ein Zugang zu ethischen, philosophischen und religionskundlichen Fragen eröffnet. Die Erklärung der Menschenrechte, das Grundgesetz der Bundesrepublik Deutschland und die Hessische Verfassung, d. h. die zivile Ordnung unseres Zusammenlebens, stellen dafür – im Sinne eines Minimalkonsenses – Rahmen und Maßstab dar" (Kultusministerium Hessen, 2011, S. 11). Die nächste Ebene oberhalb des Lehrplans für „Rahmen und Maßstab" ist hier die Verfassung des Landes. Im hier einschlägigen Artikel 56 Abs. 4 wird festgehalten, dass die zur Persönlichkeitsentwicklung beitragenden Werte in der Erziehung die folgenden sind: „Ehrfurcht und Nächstenliebe, Achtung und Duldsamkeit, Rechtlichkeit und Wahrhaftigkeit." Diese Werte, besser: Wert*haltungen* (Tugenden) scheinen *unstrittig* zu sein, wenngleich unklar bleibt, was genau „Ehrfurcht" gebietet und wieweit „Duldsamkeit" (Toleranz) gehen soll.

Menschenrechte, Grundgesetz, Landesverfassung als Rahmen und Maßstab

Problematischer liegen die Verhältnisse in NRW. Der Kernlehrplan Praktische Philosophie für die Sek. I argumentiert zunächst ähnlich wie der Lehrplan für hessische Grundschulen und verweist auf die „Wertordnung" der Landesverfassung, des Grundgesetzes und der Menschenrechte als „Bezugspunkt für die Ausrichtung des Faches" (Schulministerium NRW, 2008, S. 9f.). Und die Verfassung selbst? – Die beiden Absätze des Artikels 7 lauten: „(1) Ehrfurcht vor Gott, Achtung vor der Würde des Menschen und Bereitschaft zum sozialen Handeln zu wecken, ist vornehmstes Ziel der Erziehung. (2) Die Jugend soll erzogen werden im Geiste der Menschlichkeit, der Demokratie und der Freiheit, zur Duldsamkeit und zur Achtung vor der Überzeugung des anderen, zur Verantwortung für Tiere und die Erhaltung der natürlichen Lebensgrundlagen, in Liebe zu Volk und Heimat, zur Völkergemeinschaft und Friedensgesinnung." Der NRW-Wertekatalog ist zunächst detaillierter als der hessische. Tier- und Umweltschutz werden explizit als Erziehungsziele ausgewiesen.

Fraglich bleibt, wie der Wert „Liebe zu Volk und Heimat" in einer zunehmend durch Migration geprägten Gesellschaft erzieherisch gestaltet werden könnte und sollte. Vor allem aber bereiten die ersten drei Worte, nach denen „Ehrfurcht vor Gott" „vornehmstes Ziel der Erziehung" sein soll, den Lehrpersonen Kopfschmerzen. Sie haben es in allen Unterrichtsfächern mit SuS zu tun, die areligiös oder atheistisch sind, und ebenso mit SuS, die Glaubenshaltungen vertreten, die von monotheistischen Religionen abweichen. Und deren Überzeugungen zu achten, verlangt der grundgesetzlich verbürgte Grundwert der

„Ehrfurcht vor Gott" als vorgegebener Wert?

(auch) negativen Religionsfreiheit (Art. 4). Dieser Wertewiderspruch ist nur lösbar, wenn das Grundgesetz der Landesverfassung als klar übergeordnet betrachtet wird. Ein bestimmter Landesverfassungswert wird in dieser Konstellation also gleichsam entwertet.

Grundgesetz wertmäßig sakrosankt?

Und ist wenigstens das Grundgesetz wertmäßig sakrosankt? – Für den Philosophie/Ethik-Unterricht verneint Christian Thein zunächst *grundsätzlich* die Aufgabe der Vermittlung *spezifischer* Werte, weil Ethik „sodann ein Wissen darüber voraussetzen müsste, was es erst zu erarbeiten gilt, nämlich eine inhaltliche Bestimmung des ethisch Richtigen und Guten" (Thein 2021, S. 179). Dies unterstreicht Dagmar Comtesse ausdrücklich (vgl. Comtesse 2021, S. 58) und geht dann noch einen hier relevanten Schritt weiter: Sie bezweifelt die Universalität und Neutralität der Grund(gesetz)werte. Selbst diese dürften damit nicht einfach ‚vermittelt' werden.

Comtesse entfaltet zur Begründung ihrer Zweifel drei unterschiedliche Perspektiven auf das Grundgesetz (christlich, feministisch, marxistisch) und kommt zu dem Ergebnis, die Wertvorstellungen des Grundgesetzes von 1946 seien keineswegs universalistisch, sondern „an eine umfassende, liberal-konservative Weltanschauung rückgebunden" (ebd. S. 52).

Wir sehen, der gesetzliche „Rahmen" für Werteerziehung als Wertebildung ist entgegen dem ersten Anschein nicht so eindeutig und stabil. Eine Lehrperson mag solche Instabilitäten im „öffentlichen Vernunftgebrauch" – also in der privaten Freizeit – oder allenfalls in der Oberstufe diskutieren. Im erziehenden und damit an Werte orientierten Unterricht bleibt sie aber nicht zuletzt durch den Diensteid an die jeweiligen Verfassungswerte gebunden.

### 10.3.2 Diskussion innerhalb des vorgegebenen Werterahmens – Entwicklung moralischer Urteilsfähigkeit (Kohlberg/Lind)

Diskriminierende Äußerungen tolerieren?

Im Unterrichtsalltag dürften Werte-Konflikte weniger *mit* als *in* dem gesetzlich vorgegebenen Rahmen auftreten. Dürfen Lehrpersonen beispielsweise tolerieren, wenn sich SuS rassistisch, antisemitisch oder sexistisch äußern? – Comtesse meint, speziell im Fach Philosophie/Ethik, „das Infragestellung, Analyse und Urteilsbildung zum Ziel hat", hätten Sprechverbote keinen Platz (vgl. Comtesse 2021, S. 60). „Solange die Wertevermittlung nicht indoktrinär verlaufen soll, müssen abweichende Werte und Wertungen geäußert werden können – selbst wenn sie antipluralistisch sind oder sich gegen die Menschenrechte richten“ (ebd. S. 60). Nach Christian Thein hingegen bewegen sich die in diskriminierenden Äußerungen zur Geltung kommenden Standpunkte und Werthaltungen unterrichtlich „an den Grenzen des Mach- und Sagbaren“ (Thein 2021, S. 192). Hier seien nicht ethische Diskussionen gefragt, sondern eher pädagogische, ggf. gar sanktionsbewehrte Maßnahmen gefordert.

Diskursfähig sind SuS mit Äußerungen der genannten Art nach unserer Einschätzung in aller Regel ohnehin nicht.

Kohlbergs Stufenschema der Entwicklung der moralischen Urteilsfähigkeit

Wertebildung ist ein komplexer Prozess. Aufseiten des Bildungssubjektes ist er an bestimmte kognitive Fähigkeiten gebunden. Lawrence Kohlberg (1927 – 1987) hat im Anschluss an den Entwicklungspsychologen Jean Piaget (1896 – 1980) dazu ein bis heute erhellendes Stufenschema der Entwicklung der moralischen Urteilsfähigkeit ermittelt und weiterentwickelt. Indem er Probanden Dilemmageschichten vorlegte, versuchte er, aus ihren Begründungen für die jeweiligen Beurteilungen *Wertorientierungen zu extrahieren*. Dabei entdeckte er drei Hauptstufen mit je zwei Unterstufen (Überblick: vgl. Pfeifer 2021, S 319 – 351; Wiater 2010, S. 18 – 29). Zur Veranschaulichung der Werturteile auf diesen Stufen greifen wir hier auf ein Arzt-Dilemma zurück, das der Kohlbergschüler Georg Lind (*1947) in seinem Test zur moralischen Urteilsfähigkeit verwendet hat:

> „Eine Frau war krebskrank, und es gab keine Rettungsmöglichkeit mehr für sie. Sie hatte qualvolle Schmerzen und war schon so geschwächt, dass eine größere Dosis eines Schmerzmittels wie Morphin ihr Sterben beschleunigt hätte. In einer Phase relativer Besserung bat sie den Arzt, ihr genügend Morphin zu verabreichen, um sie zu töten. Sie sagte, sie könne die Schmerzen nicht mehr ertragen und würde ja doch in wenigen Wochen sterben. Der Arzt gab der Frau die Überdosis Morphin, wie sie es wollte.“ (Lind 2000, S. 80)

Lind legte den Probanden für das mögliche Urteil, der Arzt habe *falsch* gehandelt, sechs potenzielle, den sechs Unterstufen nach Kohlberg entsprechende Gründe vor, zu denen sie sich dann positionieren sollten (vgl. ebd.). Die Gründe werden im Folgenden der jeweiligen Stufe zugeordnet.

Nach Kohlberg/Lind orientieren sich Moralisch Urteilende

I. *auf präkonventionellem Niveau*
   1. an Gehorsam, Strafe und Belohnung (ab einem Alter von ca. 4 Jahren) → „weil der Arzt sich damit eine Menge Unannehmlichkeiten zuziehen kann. Andere sind dafür schon empfindlich bestraft worden."
   2. an instrumentellem Hedonismus (ab einem Alter von ca. 7 Jahren) → „weil er es wesentlich leichter hätte haben können, wenn er gewartet und nicht in das Sterben der Frau eingegriffen hätte."

II. *auf konventionellem Niveau*
   3. an Übereinstimmung mit den Werten der Familie und der Gruppe (ab einem Alter von ca. 10 Jahren) → „weil er damit gegen die Überzeugung seiner Kollegen verstoßen hat. Wenn sie sich gegen Tod auf Verlangen (aktive Sterbehilfe) aussprechen, dann sollte ein Arzt das nicht tun."
   4. an Recht und Ordnung (ab Jugendalter) → „weil der Arzt gegen das Gesetz verstoßen hat. Wenn man Zweifel bezüglich der Rechtmäßigkeit der aktiven Sterbehilfe hat, dann darf man solchen Bitten nicht nachgeben."

III. *auf postkonventionellem Niveau*
   5. an sozialen Abmachungen und Verträgen (meist erst ab Erwachsenalter) → „weil man dem Arzt völlig vertrauen können muss, dass er sich voll für die Erhaltung des Lebens einsetzt, auch wenn man wegen großer Schmerzen am liebsten sterben möchte."
   6. am Gewissen und universalen Prinzipien (meist erst ab Erwachsenalter) → „weil das Leben zu schützen für jedermann höchste moralische Verpflichtung ist. So lange wie wir keine klaren Kriterien haben, wie wir aktive Sterbehilfe von Mord unterscheiden können, darf das keiner tun."

Das hier grob vorgestellte Stufenschema darf nicht starr verstanden werden. Weder bewegt sich ein Mensch immer auf derselben Stufe, noch treffen die Altersangaben immer zu. Zudem hat die Kohlbergschülerin Carol Gilligan (*1936) kritisiert, Kohlberg habe sich zu sehr an einer kantianischen Gerechtigkeits-Ethik orientiert und stellt dem eine eher weibliche Fürsorgeethik gegenüber (Überblick: vgl. Pfeifer 2021, S. 272 – 276).

Kohlbergstufen nur zur Orientierung

Aber das Schema ermöglicht durchaus eine erste Orientierung über die Wertpräferenzen in Urteilen Ihrer SuS. Sie sind dann nicht mehr überrascht, wenn etwa ein Fünftklässler auf die Frage nach der Begründung für ein Urteil mit dem Brustton der Überzeugung antwortet: „Das sagt meine Mutter so!"

Für eine Wertebildung als Bildung von Urteilsmaßstäben, die für die Urteilenden selbst und andere überzeugend und stimmig sind, gibt es für den Philosophie/Ethik-Unterricht eine Reihe von Diskussionsmethoden. Zwei seien hier exemplarisch genannt: Wie schon Kohlberg und Lind gezeigt haben, sind *Dilemmadiskussionen* ein geeignetes Verfahren, Werte ins Bewusstsein zu heben, in ihren Geltungsansprüchen zu diskutieren und ggf. weiterzuentwickeln. In Alltagsdilemmata von Kindern und Jugendlichen stehen beispielsweise nicht selten die Werte Freundschaft und Wahrhaftigkeit kollidierend gegenüber. Auf Gerechtigkeit als einen grundlegenden Wert können die SuS reflektierend stoßen, wenn sie gemäß der Methode des *Neosokratischen Gesprächs* etwa danach fragen, ob Schadenfreude unter bestimmten Bedingungen gerechtfertigt sein könnte.

Werte in Dilemmadiskussionen diskutieren

Werte in Neosokratischen Gesprächen diskutieren

Werte werden in Begriffsworten vieles umfassender Intension gebündelt. Für jüngere SuS sind sie aber in der Regel nicht in solchen Abstrakta präsent, sondern in konkreten Beispielen, wie etwa in lebensweltlichen Dilemmata oder in Beispielsituationen, mit denen ein Neosokratisches Gespräch beginnt. Wer mit Beispielen argumentiert, kann üblicherweise wegen fehlender Allgemeinheit und Übertragbarkeit nicht überzeugen – das gilt aber nicht für jüngere SuS. Sie müssen sich in ihrer geistigen und moralischen Entwicklung erst allmählich aus einer Vielzahl von Beispielen abstraktere Strukturen extrahieren. Wenn eine Fünftklässlerin wie folgt zu bestimmen versucht; „Freundschaft – das ist, wenn mir meine Freundin auch mal hilft!“, so ist dies eine durchaus akzeptable Aussage, die um weitere Beispiel-Aussagen ergänzt werden sollte und meist auch wird.

Werte bei jüngeren SuS nur in Beispielen präsent

## 10.4 Werte (vor-)leben

Zur Entfaltung der moralischen Urteilsfähigkeit hatten Kohlberg und seine SuS Dilemmadiskussionen empfohlen. Sie konnten feststellen, dass die Urteilskompetenz tatsächlich durch häufigere Auseinandersetzung mit Dilemmata gesteigert werden konnte. Aber wenn es darum ging, die ethisch weiter entwickelten Werte nachhaltig in *Handlungen* umzusetzen, reichten die genannten Übungen des Geistes nicht aus. Zum „Kopf“ fehlten noch „Herz und Hand“ (Pestalozzi).

Werte handlungsrelevant nur mit Herz und Hand

Kohlberg hat daraufhin ein schulorganisatorisches Konzept („Just Community“) entwickelt, gemäß dem die SuS durch echte Partizipation mit Momenten eigenständiger Organisation demo-

„Gerechte Schulgemeinschaft“

kratische und humane Werte leben lernen konnten (vgl. Pfeifer 2021, S. 338 – 345). Wir würden die Realisierung eines solchen Konzeptes heute in Verbindung bringen mit einem resonanz- und autonomieförderlichen Schulklima und wollen damit die Bedeutung der Resonanzbeziehung zwischen der SuS- und der Schulecke im Didaktischen Viereck* gerade für die Wertebildung hervorheben.

Auch der Unterricht in Philosophie/Ethik selbst kann dazu einen Beitrag leisten, zentrale Werte nicht nur theoretisch in den Blick zu nehmen, sondern er kann in seiner Praxis helfen, Werte zu leben. So untersucht Philipp Richter unter Rückgriff auf Charles Sanders Peirce die Bedingungen guten Philosophierens und erkennt: „Bestimmte Werthaltungen sind gut, weil sie eine gemeinsame philosophische Wahrheitssuche ermöglichen." (Richter 2021, S. 172) Zu solchen Werthaltungen gehört etwa die „Solidarität mit einer unparteilichen gleichberechtigten Forschergemeinschaft." (ebd.) Diese Haltung entspricht der Befolgung der zweiten didaktischen Maxime Kants. Solche Werthaltungen werden damit im philosophischen Tun der Lerngruppe zu dessen impliziter Grundlage. Wer im Sinne der Kantischen Maximen philosophiert, *lebt* die damit verbundenen Werte. Richter vertritt daher die These, „dass die methodischen Präsuppositionen [...] des Philosophierens als einer Tätigkeit, die darauf zielt, sich selbst und andere vorbehaltlos mit Gründen von etwas überzeugen zu wollen, zugleich die moralisch relevanten Überzeugungen sind, die allein durch das Philosophieren *im* Unterricht vermittelt werden können" (ebd., ähnlich S. 150).

Gutes Philosophieren heißt implizit humane Werte leben

Für das Werte-Leben als Moment der Wertebildung sind schließlich die Lehrpersonen in besonderer Weise verantwortlich. Es ist nicht vorstellbar, dass Autonomie und wechselseitige Anerkennung als Gleichberechtigte und Träger von Würde als zentrale Werte autoritär und resonanzfeindlich doziert werden könnten. Hier würde sich die Lehrperson in einen (performativen) Widerspruch verwickeln. Werner Wiater fordert daher für die Förderung wertgeleiteten *Handelns* neben der Ermöglichung von Kenntnissen, Wissen und Einsichten „zusätzlich das *Vorleben* [Hervorhebung nicht original] seitens akzeptierter und wertgeschätzter Anderer und die emotionalen Bindungen, damit logische Argumentationen emotional unterfangen werden können" (Wiater 2010, S. 20). Auch in dieser Hinsicht erfordert also erziehender Philosophieunterricht Resonanz*.

Werte vorleben

## Literaturtipps zur Vertiefung

Bieri, Peter (2012): Wie wäre es, gebildet zu sein (2008). In: Hastedt, Heiner (Hg.): Was ist Bildung? Eine Textanthologie. Stuttgart: Reclam, S. 228 – 240.

Garz, Detlef ([4]2008): Sozialpsychologische Entwicklungstheorien. Von Mead, Piaget und Kohlberg bis zur Gegenwart. Wiesbaden: VS Verlag für Sozialwissenschaften.

Lind, Georg ([4]2019): Moral ist lehrbar. Berlin: Logos.

# 11. Lernen und Leisten unterscheiden – Leistungen bewerten

Den Kern eines philosophischen Unterrichts bildet das Philosophieren. Nicht umsonst haben wir in diesem Buch dem „Philosophieren lernen und lehren" unser Hauptaugenmerk gewidmet.

Zu Ihren zukünftigen Aufgaben als LuL gehört es aber auch, zu *beurteilen*, wie weit Ihre SuS ihre Fähigkeiten entwickelt haben, und die Leistungen, die sie dabei erbringen, zu *bewerten* – ein bei LuL und SuS nicht selten ungeliebtes Geschäft.

Leistungen beurteilen und bewerten

Auch wenn Sie als Praxissemesterstudierende noch keine Verantwortung für Leistungsbewertung und Notengebung übernehmen, werden Sie im Unterricht und im Lehrerzimmer diesem Handlungsfeld begegnen. SuS reagieren bei diesem Thema sehr unterschiedlich. Die einen sehen Noten als eine Bewertung ihrer Person. Andere fragen am Ende jeder Stunde nach ihrem Leistungsstand und wieder andere nehmen Noten im Fach Philosophie/Ethik gar nicht ernst – es ist ja kein „Hauptfach".

Unter den Philosophielehrer:innen wird es nicht wenige geben, die der Meinung sind, Philosophieren könne man eigentlich gar nicht bewerten, und doch tagtäglich in ihrem Unterricht Noten verteilen. In dieser Gemengelage möchten wir Ihnen ein wenig Durchblick verschaffen.

Doch zunächst eine kurze Unterscheidung der Begriffe „beurteilen" und „bewerten". Die Verwendung dieser Begriffe ist in der Literatur keineswegs einheitlich. Für eine im Weiteren konsistente Darstellung, übernehmen wir als Arbeitsdefinition folgende Begriffsbestimmung:

Beurteilen und Bewerten – Begriffsbestimmung

**Beurteilen und Bewerten**

„Die Bewertung von Leistungen beinhaltet die Benotung nach der gängigen Notenskala. Die Beurteilung umfasst ein verbales, schriftliches oder mündliches Urteil, in dem den Lernenden eine differenzierte Rückmeldung über ihren Leistungsstand gegeben wird" (Runtenberg 2016, S. 140).

## 11.1 Lernen und Leisten unterscheiden

Zu den Grundvoraussetzungen einer fairen Leistungsbeurteilung und -bewertung gehört es, dass SuS wissen, wann sie sich in einer Leistungssituation befinden und nicht etwa lernen sollen. Beides gilt es, zu unterscheiden und für die SuS erkennbar zu trennen.

In einer *Lernsituation* sollen SuS sich Wissen und Fähigkeiten aneignen und erproben. „Wer sich in einer Lernsituation wähnt, will Neues lernen, Lücken schließen, etwas verstehen" (Leisen 2022a, S. 2). Darum sind hier Fehler erlaubt, vielleicht sogar erwünscht, da sie Anlass sind, nachzufragen und genauer hinzuschauen (vgl. auch Kapitel 8.5.2 „Fehlerkultur"). Auch differenziertes Lernmaterial und Hilfestellungen sind wichtig, damit möglichst alle SuS das angestrebte Lernziel erreichen.

In *Leistungssituationen* dagegen sollen Wissen und Fähigkeiten überprüft und bewertet werden. Fehler müssen vermieden werden und Hilfestellungen sind nicht erlaubt. „Wer sich in einer Leistungssituation wähnt, will Erfolge erzielen und Misserfolge vermeiden" (ebd.).

Lernen und Leisten nicht vermischen

Eine Vermischung der beiden Situationen bewirkt bei SuS das Gefühl, ständig überprüft zu werden.

Ein Beispiel für diese ungute Vermischung ist eine monoton abfragende Gesprächsführung, die SuS als Überprüfung ihres Wissens verstehen müssen („finde ich die richtige Antwort?"). Eine diskursive Gesprächsführung, die SuS zu eigenem Nachdenken anregt, kann zu einer gelösten Lernatmosphäre beitragen (vgl. Kapitel 8.5.2).

## 11.2 Wozu überhaupt Leistungen bewerten und benoten?

Funktionen der Leistungsüberprüfung

Auch wenn Leistungsüberprüfungen und -bewertungen bei den meisten SuS unbeliebt sind, haben sie begründbare pädagogische Funktionen.

- Leistungsüberprüfungen (auch ohne Benotung) dienen der *Diagnose* von Leistungsständen und deren Rückmeldung. SuS erfahren, welche Stärken und Schwächen sie in einem bestimmten Lernbereich haben und wie ihr Leistungsfortschritt eingeschätzt wird.
- Leistungsüberprüfungen können *Lerneffekte* haben und *Motivation* anstoßen. Steht eine Überprüfung an, so sind die Vorbereitung der SuS auf die Prüfung und die Prüfung selbst Lern- und Übungsmöglichkeiten.
- Sie haben eine *Sozialisierungsfunktion*, denn sie sind „Herausforderungen für Kinder und Jugendliche, denen sie sich (...) stellen müssen und an denen sie reifen, selbst wenn sie hin und wieder an ihnen scheitern" (Klager 2021, S. 4).
- Sie ermöglichen auch die *Evaluation* von Unterrichtsqualität, wenn z.B. deutlich wird, welche Fähigkeiten in einer Lerngruppe noch nicht genügend entwickelt sind.
- Sie haben bei Bewertung und Benotung zusätzlich eine *Qualifikationsfunktion*, indem sie SuS Rückmeldung geben über ihre Eignung für bestimmte Bildungswege und damit auch für bestimmte Berufe.

Die o.g. Funktionen, besonders die letztgenannte, verdeutlichen die besondere Verantwortung von Lehrpersonen, Leistungsüberprüfungen und -bewertungen sorgfältig und gewissenhaft durchzuführen und „im Zweifelsfall zugunsten der Schüler ausfallen [zu lassen]" (Schmidt & Rutendorf 2011, S. 12). Das bedeutet nicht, Leistungserwartungen zu reduzieren, sondern sich bei der Bewertung bewusst zu sein, dass Notengebung, selbst bei ausführlich begründeter Beurteilung, letztlich ein Schätzurteil ist, das nie vollständig genau sein kann.

## 11.3 Das Philosophieren bewerten – geht das überhaupt?

Ziel des philosophischen Unterrichts ist die Befähigung zur „philosophischen Problemreflexion" (Schulministerium 2014, S. 12; vgl. auch Kultusministerkonferenz 2006, S. 5).

Philosophische Problemreflexion als Ziel des Unterrichts

Wenn Leistungsbewertung die in Kapitel 11.2 beschriebenen Funktionen erfüllen soll, so muss es möglich sein, den SuS eine differenzierte Rückmeldung zum Stand ihrer Fähigkeit einer philosophischen Problemreflexion zu geben. Hilfreich ist hierbei ein Blick in das wichtigste schulische Bewertungsformat, die Abiturprüfung. In den einheitlichen Prüfungsanforderungen für das Fach Philosophie wird philosophische Reflexionskompetenz in drei Dimensionen entfaltet:

Drei Dimensionen der Reflexionskompetenz

1. In der *Problemerfassung*
   - werden philosophische Probleme z.B. in lebensweltlichen Kontexten erfasst, formuliert sowie in philosophische Kontexte eingeordnet und es
   - werden philosophische Fragestellungen für die folgende Bearbeitung entwickelt.
2. In der *Problembearbeitung*
   - setzen sich die SuS mit Argumenten und Argumentationsweisen im Rahmen des erfassten philosophischen Problemzusammenhangs auseinander,
   - prüfen die SuS sie auf ihre logische und argumentative Konsistenz und es
   - werden Bezüge zu philosophischen Positionen hergestellt und Positionen verglichen.
3. In der *Problemverortung*
   - stellen SuS den Problemkontext dar, z.B. durch Abwägen verschiedener Problemlösungsansätze
   - und beziehen selbst Position, z.B. durch eine bilanzierende Stellungnahme.

   (Vgl. Kultusministerkonferenz 2006, S. 7 – 9)

Die drei hier konkretisierten Dimensionen der philosophischen Problemreflexion sind nicht nur strukturgebend für Aufgabenstellungen im Abitur, sondern spiegeln auch die Phasen philosophischer Lernprozesse wider (vgl. die Phasen des Bonbonmodells* in Kapitel 8.3). So können sie Grundlage sein und Kriterien abgeben für ein großes Spektrum mündlicher und schriftlicher Formen der Leistungsüberprüfung.

Der Kernlehrplan Philosophie des Landes NRW weist im Rahmen der Leistungsüberprüfung beispielhaft neun solcher Überprüfungsformen aus, in denen einzeln oder in Kombination die Dimensionen der Problemreflexion ihren Niederschlag finden:

Neun Formen der Leistungsüberprüfung

- *Erfassung und Darlegung eines philosophischen Problems* anhand eines Fallbeispiels bzw. präsentativen oder diskursiven Materials,
- *Erörterung eines philosophischen Problems* z.B. als Texterörterung oder Essay,
- *Diskursive oder präsentative Darstellung philosophischer Sachzusammenhänge* z.B. in Form einer Strukturskizze, eines Leserbriefs, Interviews oder in bildlichen oder szenischen Darstellungen,
- *Bestimmung und Explikation philosophischer Begriffe* z.B. durch Bestimmung ihrer Merkmale, Abgrenzung von anderen Begriffen und Darstellung von Anwendungskontexten,
- *Analyse und Interpretation eines philosophischen Textes* durch Ermitteln des zugrundeliegenden Problems und der zentralen These, der Darstellung des gedanklichen Aufbaus sowie der Argumentationsstruktur und der Interpretation zentraler Aussagen,
- *Rekonstruktion philosophischer Positionen und Denkmodelle* durch Erläuterung ihrer wesentlichen gedanklichen und argumentativen Schritte im Hinblick auf die vorliegende Problemstellung,
- *Darstellung philosophischer Positionen in Anwendungskontexten* durch Darstellung des Problemlösungspotentials einer Position in neuen lebensweltlichen Zusammenhängen,
- *Vergleich philosophischer Texte bzw. Positionen* durch Herstellung gedanklicher Bezüge, Bestimmung von Gemeinsamkeiten und Unterschieden und Einordnung in den ideengeschichtlichen Kontext,
- *Beurteilung philosophischer Texte und Positionen* durch Aufdecken ihrer Denkvoraussetzungen, Konsequenzen und Bewertung ihrer gedanklichen Konsistenz und (lebensweltorientierter*) Tragfähigkeit.

Die drei Dimensionen und die neun Beurteilungsformen zeigen, dass zwar die Philosophie, die ein:e Schüler:in vertritt, z.B. in Form eines moralischen Standpunkts, nicht benotet werden kann, wohl aber das Philosophieren als strukturierte und konsistente Problemreflexion.

## Literaturtipps zur Vertiefung

Schmidt, Donat / Rohbeck, Johannes & von Ruthendorf, Peter (Hg.) (2011): Maß nehmen – Maß geben Leistungsbewertung im Philosophieunterricht und Ethikunterricht. Dresden: Thelem.

Praxis Philosophie & Ethik 1/2021 („Leistungskontrollen und Bewertungskriterien). Braunschweig: Westermann.

# E. Der forschende Blick – Studienprojekte im Praxissemester

## 12. Forschendes Lernen als besondere Chance?!

„Und jetzt sollen wir auch noch ‚forschend lernen' und zum Abschluss Projektberichte über zwei Studienprojekte* verfassen! Wir haben doch hier genug am Hut." Eine solche Klage von Praxissemesterstudierenden im Land NRW, das wir genauer überblicken, ist uns häufiger zu Ohren gekommen.[16]

Übrigens: Für Baden-Württemberg können wir uns das so nicht vorstellen. Dort wird das Praxissemester – je nach Schulform in der Verantwortung von Studienseminaren *oder* Hochschulen – durch eine gemeinsame Beurteilung von schulischen und hochschulischen Lehrpersonen abgeschlossen. Diese Beurteilung bezieht sich dann auf alle Elemente der schulpraktischen Tätigkeit der Studierenden. Weiterer Details zu diesem und anderen Bundesländern mit Praxissemester finden Sie auf www.monitor-lehrerbildung.de. Die institutionellen Ausprägungen des Praxissemesters und der jeweiligen Erfolgsbescheinigungen werden noch dadurch vielfältiger, dass innerhalb eines Bundeslandes einzelne Hochschulen eigene Akzente setzen (können).

Zurück zu den NRW-Klagen: Studierende dort empfinden die Verpflichtung, notenrelevante schriftliche Forschungsarbeiten (Studienprojekte*) während und kurz nach dem Praxissemester verfassen zu müssen, nicht selten als belastende Zumutung. Für diese Aversion machen sie folgende Gründe geltend:

Subjektiv begründete Aversionen gegen Studienprojekte* in NRW

1. Als Lehramtsstudierende wollen wir – professionsorientiert – im Praxissemester in erster Linie das *Unterrichten* und die damit verbundenen Tätigkeiten kennen lernen, *nicht* aber *forschen*.

16 Unsere Erfahrungen ähneln den Ergebnissen einer landesweiten Evaluation. Vgl. Göbel et al. (2016), S. 8.

2. Die sog. Studienprojekte* (s.u.) beziehen sich nur auf einen *kleineren Teil der Tätigkeit im Praxissemester*, sollen dieses aber insofern insgesamt repräsentieren, als *nur sie* für die abschließende Benotung relevant sind.
3. Nur die jeweiligen *universitären* Lehrpersonen, welche die Praxissemesterstudierenden vorbereiten und begleiten, beurteilen die Qualität der Studienprojekte* – nicht selten ohne Rückbindung an schulische Praxis bzw. Praktikumsschulen.
4. Dozent:innen an den Hochschulen neigen manchmal dazu, den Studierenden für ihre Studienprojekte* bestimmte Forschungsaufträge schon vorab ‚nahezulegen'.

Diese Einwände gegen das Forschende Lernen und die damit verbundenen Studienprojekten*, können wir nicht gänzlich ausräumen, aber wir werden sie teilweise zu entkräften versuchen und ihnen Gründe *für* diese Art des Lernens und *für* Studienprojekte an die Seite stellen. Dabei gehen wir bezogen auf die genannten Klagegründe rückwärts vor und konzentrieren uns dabei auf die Konstellationen in NRW.

zu 4: An der Uni Münster (NRW) wurden zehn repräsentativ ausgewählte Lehramtsstudierende zwischen ihren Vorbereitungsseminaren für das Praxissemester und dem jeweiligen Praktikumsbeginn danach befragt, ob und wie sie auf die Studienprojekte* vorbereitet wurden (vgl. Hont & van Ophuysen 2018, S. 80f.). Die Antworten fielen sehr unterschiedlich aus: Sie reichten von ‚keine Vorbereitung' bis ‚Fertigstellung einer Projektskizze für ein Studienprojekt'.

Selbstredend ist die erste Antwort sehr unbefriedigend. Studierende in das Praxissemester zu entlassen, in dem sie höchst vielfältigen und anstrengenden Herausforderungen ausgesetzt sind und für das sie zudem vorab von den Verantwortlichen keine hilfreichen Informationen zu einem zentralen Bestandteil erhalten, ist schlicht unverantwortlich.

Nach unserer Einschätzung ist aber auch die zweite Antwort höchst problematisch, auch wenn dies aus der Sicht der Studierenden keineswegs immer so erscheint. Im Gegenteil! Ein Kommentar zu einem Vorbereitungsseminar lautete:

> „Wir sind da jetzt wirklich raus gegangen, total happy und haben schon gesagt, okay, eigentlich steht das Projekt jetzt. Wir haben eine Fragestellung, wir wissen, wie wir unser Projekt

> durchführen wollen, es ist ja eigentlich schon alles da. Wir müssen jetzt eigentlich *nur* [Hervorhebung *nicht* original] noch wirklich in die Schule gehen, gucken ob es akzeptiert wird so, dass wir das durchführen können und dann kann es eigentlich losgehen“ (ebd. S. 83).

Die/der Studierende zeigt sich begeistert von der Vorbereitung, die in ihrem Detailreichtum als entlastend empfunden wird. Doch diese Begeisterung ist genau besehen aus mindestens zwei Gründen trügerisch. Der erste Grund ist bereits in der Nur-Einschränkung angedeutet: Studienprojekte* müssen in der Schule „akzeptiert“, genauer: von dem/der Schulleiter:in *genehmigt* werden. Da kann es böse Überraschungen geben. Die Schulleitung* könnte etwa Videografien, bestimmte empirischen Untersuchungen usw. aus Gründen des Persönlichkeits- oder Datenschutzes ablehnen und sich dabei auch auf Beschlüsse der jeweiligen Schulkonferenz berufen.

Begeisterung über exakte Vorbereitung auf Studienprojekte trügerisch

Studienprojekte bedürfen der Genehmigung durch die Schulleitung*

Noch gravierender als dieses Damoklesschwert ist der Umstand, dass mit der vorgestellten Art von ‚Vorbereitung‘ konstitutive Merkmale des Forschenden Lernens und der Studienprojekte samt den entsprechenden Zielsetzungen klar verfehlt werden. Dies ist bereits aus der hier maßgeblichen Definition und Erläuterung von „Studienprojekt*“ ersichtlich. Die am Praxissemester beteiligten Institutionen der Ausbildungsregion Münster haben einen „Orientierungsrahmen“ 2018 in aktualisierter Version verfasst, der die einschlägigen landesweiten Regelungen aufgreift und konkretisiert:

**Studienprojekt***
„Studienprojekte sind ‚systematische theorie- und methodengeleitete Erkundungen und Reflexionen des Handlungsfelds Schule in seiner unterrichtlichen und außerunterrichtlichen thematischen Breite‘ [Zitat aus der Zusatzvereinbarung zur NRW-Rahmenkonzeption für das Praxissemester]. Ausgehend von einer forschenden Grundhaltung sollen Studienprojekte den Studierenden ermöglichen, eigene Fragestellungen im Sinne des Forschenden Lernens zu entwickeln und ihnen im Rahmen des Praxissemesters eigenständig nachzugehen“ (Steuergruppe Praxissemester 2018, S. 7f.).

Es geht also um „Erkundungen und Reflexionen des Handlungsfeldes Schule". Wie sollen solche Erforschungen detailliert vorgeplant werden können, wenn die Studierenden wie in der erwähnten Umfrage dieses ‚Feld' noch gar nicht betreten haben? Wie sollen sie bei solchen Erkundungen *vor* dem Praxissemesterbeginn „eigene Fragestellungen im Sinne des Forschenden Lernens [...] entwickeln"? – Nicht ein noch so gut begründetes Forschungsinteresse von Lehrpersonen der Uni darf hier im „Fokus" stehen, sondern die „Bearbeitung *eigener* [Hervorhebung original] Fragen von individuell-berufsbiographischer Relevanz" (ebd. S. 7). Entsprechende Bedenken keimten auch in den zitierten Studierenden-Interviews auf: Die Vorgehensweise im Seminar „bringt mir leider jetzt nichts, weil ich die Schule ja noch überhaupt nicht kenne" (Hont & van Ophuysen, S. 83).

Studienprojekte* sollen aus *eigenen* Fragen erwachsen

Zimmermann & Lenhard arbeiten in ihrem Buch zur Einführung in das „Praxissemester Religion" (2015) sechs Merkmale Forschenden Lernens heraus (Näheres unten: zu 1.). Ein Merkmal – es bezieht sich auf das zu erkundende Handlungsfeld – sei bereits hier zitiert:

> „*Praxiserfahrung* bietet den Referenzrahmen für konkrete *Fragestellungen,* die als Ausgangspunkt für das forschende Lernen dienen. Dabei kommen vor allem solche Erfahrungen in Betracht, in denen Praxis fragwürdig, problematisch, widersprüchlich, diffus und konflikthaltig erlebt wird. Insofern ist forschendes Lernen problemorientiert ausgerichtet und zielt auf wissenschaftsgestützte Problemlösungen" (ebd. S. 17).

Die „Bearbeitung *eigener* Fragen" im Forschenden Lernen* und in Studienprojekten* erfordert also das ‚Eintauchen' in die schulische Praxis. Wollten Sie anders vorgehen, so begingen sie einen ähnlichen Kardinal-Fehler wie diejenigen, die mit fertigen Unterrichtsrezepten SuS zu unterrichten versuchten, ohne diese überhaupt kennen gelernt zu haben.

Aus eigener Praxiserfahrung

Damit Sie aber beim ‚Eintauchen' nicht ‚ertrinken', sollten Sie in den universitären Begleitveranstaltungen – und in den Abschnitten 2. und 3. dieses Kapitels – viele Möglichkeiten erkunden, sich auf denkbare Studienprojekte* thematisch und methodisch vorzubereiten. Dabei geht es nicht um Prä*determination,* sondern um Prä*paration.*

zu 3: Bei der fachdidaktischen oder bildungswissenschaftlichen Vorbereitung und Begleitung des Praxissemesters sind zum Teil Dozent:innen tätig, die über keine oder nur wenige *schuli-*

*sche* Lehrerfahrungen verfügen, so dass diese nicht aus eigener Erfahrung Probleme beim Forschenden Lernen im komplexen System Schule generell oder an der jeweiligen Praktikumsschule speziell gut antizipieren können. Diese missliche Lage hängt mit der gewachsenen Lehr- und Lernkultur in der universitären Lehrerbildung zusammen und lässt sich daher nicht leicht ändern.[17] Das Praxissemester ist ein Semester an einer Hochschule. Dies dürfte der Hauptgrund sein, warum die Zuständigkeit für dessen Erfolgsbescheinigung bei den Hochschuldozent:innen liegt.

Manche Dozent:innen ohne schulische Lehrerfahrung

Bezüglich ihrer ggf. fehlenden Praxiserfahrung mag es für Sie ein Trost sein, dass Sie mehr als eine Begleitveranstaltung besuchen und dadurch die Chance haben, auch auf Lehrende zu stoßen, die entweder doch über schulische Lehrpraxis verfügen oder aufgrund längerer Erfahrungen in der Begleitung von Praxissemestern indirekt über relevante Konstellationen an Ihrem Lernort Schule informiert sind.

Vielleicht erleben Sie es auch, dass in einem Ihrer Begleitseminare ein:e Vertreter:in aus dem schulischen Bereich (ZfsL*) als Besucher:in einschlägige Probleme mit Ihnen diskutieren kann. Oder es gelingt Ihnen, universitäre Praxissemesterbegleiter:innen zu einem Besuch in Ihre Schule einzuladen – beispielsweise zeitgleich zu einem ohnehin geplanten Beratungsbesuch aus dem ZfsL* in Ihrem Unterricht.[18] Bei solchen Gelegenheiten können Fragen im direkten Gespräch mit den zuständigen Akteuren vor Ort geklärt werden.

Besuche von Hochschullehrenden an den Schulen möglich

zu 2: Forschendes Lernen* und Studienprojekte* *können* sich auf Handlungsfelder und -aspekte beziehen, die neben oder abseits ihrer mutmaßlichen Hauptabsicht liegen, Einblick in das unterrichtliche Handeln gewinnen zu wollen. Forschendes Lernen könnte so zu einer arg entfremdeten Tätigkeit werden.

---

17 Bei den Mediziner:innen ist die Lage seit jeher anders: Sie bilden nicht nur künftige Ärzt:innen aus, sondern sind an den Universitätskliniken vielfach selbst Ärzt:innen. Und nicht wenige Professor:innen der juristischen Fakultät sind auch als Richter:innen oder Anwält:innen tätig.

18 Das für NRW landesweit gültige Rahmenkonzept für das Praxissemester empfiehlt eine enge Kooperation der beteiligten Institutionen und regt entsprechenden Austausch vor Ort an: „In diesem Zusammenhang ist auch eine intensive Feldkenntnis [!] der Schulen seitens der beteiligten Universitätslehrenden und eine intensive Ankoppelung der Ausbilderinnen und Ausbilder der ZfsL an den fachlichen Kontext der Universität anzubahnen" (Schulminsiterium NRW 2010, S. 10).

Entsprechend sieht Ulrich Speckenwirth, Leiter des ZfsL* Münster, „Handlungslernen und Forschendes Lernen, wenn nicht in Opposition, so doch zumindest in einem kritischen Verhältnis zueinander“ (Speckenwirth 2018, S. 18f.). Aber Studienprojekte* *müssen* nicht als zusätzlich belastende ‚Nebentätigkeit‘ im Praxissemester verstanden werden. Denn Sie haben die Möglichkeit, die ‚Nebentätigkeit‘ in die ‚Haupttätigkeit‘ zu integrieren, indem Sie nämlich die obligatorischen Unterrichtsvorhaben* mit Studienprojekten* eng verknüpfen. Und genau das empfiehlt Speckenwirth als Lösung für das als problematisch empfundene Verhältnis der beiden Lernformen:

Empfehlung: Unterrichtsvorhaben* mit Studienprojekten verknüpfen*

> „Indem Praktikant*innen auf der Grundlage eines Unterrichtsvorhabens ihre berufsbezogene Handlungskompetenz entwickeln und erproben und indem sie diese sodann mit einem für dieses Vorhaben entwickelten, plausiblen Forschungsdesign beschreiben, erklären und reflektieren, bringen die Wissenschaftler*innen und die Praktikant*innen sich selbst in eine im Idealfall substanzielle Dialog- und Lernsituation“ (ebd. S. 19).

Sie *müssen* nicht, aber Sie *können* (und *sollten* auch) die durch Dialog mit sich selbst ermöglichten Synergieeffekte einer Verknüpfung von „Handlungslernen und Forschende[m] Lernen“ nutzen.

zu 1: Das Forschende Lernen* mag dadurch seinen ‚Schrecken‘ verlieren, dass man es eng mit dem Handlungslernen (siehe zu 2.) verbindet. Aber ist es überhaupt nötig? Könnte man im Praxissemester nicht besser ganz auf diese wie auch immer abgemilderte ‚Nebentätigkeit‘ verzichten? ‚Sollen doch die Uni-Dozent:innen forschen, das ist schließlich *deren* Beruf!‘ – hier rühren wir an den Kern der Konzeption des Praxissemesters, wie es für NRW entwickelt wurde.

Um zu klären, ob ein Etwas nötig ist, muss man vorab wissen, worum es sich bei diesem Etwas handelt: Forschendes Lernen* war zunächst ein *hochschul*didaktisches Prinzip der späten 60er Jahre des letzten Jahrhunderts. Man war damals der Überzeugung, dass ein gründliches Studium in den Wissenschaften wissenschaftlicher Verfahrensweisen bedarf. Das heißt, auch Studierende sollten spezifische Neugier und sachbezogene Fragehaltung entwickeln sowie Forschungs- und Darstellungsmethoden der jeweiligen wissenschaftlichen Domäne kennen und anwenden lernen. Vor allem aber sollten junge

Wissenschaftliches Studium erfordert wissenschaftliches Arbeiten

Wissenschaftler:innen die wissenschaftliches Arbeiten ermöglichende *Grundhaltung* für sich entwickeln und stärken. Damit ist die bereits aus dem „Orientierungsrahmen" zitierte „forschende[] Grundhaltung" (Steuergruppe Praxissemester 2018, S. 7f.) gemeint. Sie ist das Gegenteil einer Lernhaltung, die davon ausgeht, man könne rein rezeptiv in einer eher passiven Haltung lernen.

Mit forschender Grundhaltung

Nach Zimmermann & Lenhard ist Forschendes Lernen* durch folgende Merkmale gekennzeichnet:

- *Selbständigkeit.* Sie beziehe sich sowohl auf die Themenwahl (siehe zu 4.) als auch auf die Wahl der Untersuchungsmethoden.
- *Theoriebezug.* Gemäß dem auch für uns geltenden Motto Goethes „Man sieht nur, was man weiß" (Kapitel 6.1) betonen Zimmermann & Lenhard mit diesem Kennzeichen die Notwendigkeit des Rekurses auf einschlägige wissenschaftliche Forschungsprozesse und deren Ergebnisse.
- *Praxiserfahrung.* Diesen Referenzpunkt, dass Forschendes Lernen* im Praxissemester unbedingt in *eigener* Erfahrung von Lehr-Lern-prozessen gründen müsse, haben wir bereits oben erwähnt (zu 4.).
- *Methodenkontrolle.* Zur Wissenschaftlichkeit gehöre auch, dass die Untersuchungsergebnisse methodisch überzeugend, d.h. vor allem nachvollziehbar und überprüfbar sein müssten.
- *Reflexionskompetenz.* Mit diesem Kennzeichen betonen die Autoren das zentrale Ziel des Forschenden Lernens. Sie bestehe in der Entwicklung einer Haltung, nach der professionell Handelnde stets in der Lage und bereit sind, das eigene Tun distanziert zu betrachten und zu hinterfragen.
- *Respektierung.* Hier sprechen die Autoren ein forschungs*ethisches* Prinzip an. Bei jeglichem, auch forschendem Tun in der Schule gelte es, die beteiligten und betroffenen SuS und Lehrpersonen niemals zu bloßen Forschungsobjekten zu degradieren, sondern sie in ihrer Würde zu respektieren (vgl. Zimmermann & Lenhard 2015, S. 17f.).

Dieses Prinzip scheint eine Selbstverständlichkeit auszusprechen. Aber vermutlich haben bestimmte negative Erfahrungen in sechs Jahren die Autoren der ansonsten knappen „Zusatzvereinbarung zur Rahmenkonzeption" des Praxissemesters in NRW dazu bewogen, die Notwendigkeit eines wechselseitig wertschätzenden und respektvollen Umgangs miteinander gleichsam auf dem Verordnungswege ausdrücklich zu betonen (Schulministerium NRW 2010, Anhang S. 2).

Kennzeichen Forschenden Lernens entsprechen Didaktischen Maximen Kants

Mit Kants Didaktischen Maximen (Kapitel 7.3.2.) lassen sich die Kennzeichen Forschenden Lernens* – mit Ausnahme des letzten ethisch umgreifenden – wie folgt bündeln: Gefordert ist an erster Stelle das *Selberdenken* (Selbstständigkeit; 1. Maxime). Erweitert und korrigiert wird es durch ein Denken aus möglichst *vielen anderen Perspektiven*. Es verlangt permanente Kommunikation in der Forschungsgemeinschaft sowie die Auseinandersetzung mit langen Forschungstraditionen (Theoriebezug, Methodenkontrolle; 2. Maxime). Ausgangs- und Zielpunkt ist das sich professionalisierende Subjekt, das von *seinen* Praxiserfahrungen ausgeht und seine *eigene* Praxis permanent verbessern sollte, um so *mit sich im Einklang* bleiben zu können. (Praxiserfahrung, Reflexionskompetenz; 3. Maxime).

Auffällig ist, dass ein ursprüngliches Ziel Forschenden Lernens, nämlich der Nutzen auch für die scientific community, hier nicht erwähnt wird. Dieser Aspekt der späten 1960er Jahre tritt offensichtlich bei der Implementierung des Forschenden Lernens in das Praxissemester in den Hintergrund. Speckenwirth stellt eine Bedeutungsverschiebung von Forschendem Lernen fest, und zwar weg von rein wissenschaftlichen Erkenntnissen hin „zu einem Konzeptbegriff für die Theorie-Praxis-Vermittlung im Praxissemester". Er erläutert:

Forschendes Lernen* im Praxissemester zwecks Professionalisierung

> „Nicht Forschungsergebnisse stehen demnach im Zentrum des Forschenden Lernens, sondern vielmehr die Entwicklung und Weiterentwicklung berufsbezogener Kompetenzen. Es geht, verkürzt gesagt, nicht um Forschung, es geht um Professionalisierung. Es geht, erkenntnistheoretisch gesagt, nicht um wissenschaftliche Erkenntnis, sondern um reflektierende und reflektierte Erfahrung. Es geht, handlungstheoretisch gesagt, nicht um die Erprobung berufsbezogener Handlungskompetenzen, sondern um die wissenschaftliche Beschreibung von Praxis für eine veränderte Praxis." (Speckenwirth 2018, S. 18)

Reflektierende/r Praktiker:in als Leitbild

Das *Ziel* des für das Praxissemester modifizierten Forschenden Lernens* (einschließlich der Studienprojekte*) ist *Professionalisierung*; das *Leitbild* ist die/der immer wieder neu reflektierende Praktiker:in. Gegen eine sich möglicherweise haltende Entfremdungsempfindung im Zusammenhang mit Studienprojekten* sei hier somit festgehalten: Auch für Sie als Studierende/r gilt: tua res agitur (deine Sache wird verhandelt, siehe Kapitel 6.2.1).

Dass das so verstandene Forschende Lernen* tatsächlich primär mit eigener Professionalisierung zu tun hat, wird zudem ersichtlich im Vergleich mit einer bestimmten Form von (Selbst-) Fortbildung von und für bereits *etablierte Lehrpersonen*. Gemeint ist die sog. Aktionsforschung*. Die Hauptvertreter Herbert Altrichter, Peter Posch und Harald Spann definieren diese Forschungsrichtung wie folgt: „Aktionsforschung ist die systematische Untersuchung beruflicher Situationen, die von Lehrerinnen und Lehrern selbst durchgeführt werden, in der Absicht, diese zu verbessern" (Altrichter et al. 2018, S. 11). Wenn Sie in Ihren Studienprojekten* Fragen nachgehen, „in denen Praxis fragwürdig, problematisch, widersprüchlich, diffus und konflikthaltig erlebt wird", und dabei nach „wissenschaftsgestützte[n] Problemlösungen" (Zimmermann & Lenhard 2015, S 17) suchen, dann verfahren Sie ganz analog. Entsprechend sieht Ulrike Weyland die Intentionen Forschenden Lernens in Praxissemestern bzw. Langzeitpraktika bundesweit exakt in der Tradition dieser Forschungsrichtung (Weyland 2018, S. 13).

Studienprojekte* ähnlich wie Aktionsforschung

# 13. Studienprojekte konkreter

## 13.1 Mögliche Fragestellungen für philosophische/ethische Studienprojekte

Das Praxissemester dient Ihrer Professionalisierung; das gilt auch für Ihre darin enthaltenen Studienprojekte*, die sich, wie in Kapitel 12 ausgeführt, aus *Ihren* Fragen ergeben sollen. Daher werden wir Ihnen allenfalls *exemplarisch* definite Fragestellungen für Studienprojekte* vorstellen. Primär wollen wir Sie für jene Themenbereiche sensibilisieren, aus denen Sie speziell für Ihre Schulerfahrungen in Philosophie/Ethik mögliche Fragestellungen allererst entwickeln können. In diesem Sinne werden wir hier nur etwas konkreter.

Nach Speckenwirth (siehe Kapitel 12) sollten Sie schon aus Gründen der Synergie bzw. Arbeitsökonomie erwägen, in forschender Grundhaltung solche Fragestellungen zu entwickeln, die mit *selbst durchgeführten* Unterrichtsvorhaben* verknüpft sind. Alternativ dazu können Sie auch einen von Ihnen *beobach-*

*teten Unterricht* näher erforschen. In diesem doppelten Sinne hat die „Fachgruppe Philosophie", die an der Universität Münster das Praxissemester begleitet, 2018 folgende unterrichtsbezogenen Themen*bereiche* für Studienprojekten* vorgeschlagen:

> „[1.] Fragen der Strukturierung und Phasierung des Fachunterrichts. [2.] Der Einsatz von und der Umgang mit philosophischen Texten und präsentativen Medien und Materialien im Unterricht. [3.] Varianten des methodischen Philosophierens im Unterricht. [4.] Arten der Gesprächsführung im Unterricht. [5.] Kommunikations-, Interaktions- und Diskursformen zwischen Schülerinnen und Schülern im Fachunterricht. [6.] Vorstellungen (Präkonzepte) der Schülerinnen und Schüler zu philosophischen Problem- und Fragestellungen. [7.] Inklusive und heterogenitätssensible Ausgestaltungsweisen des Philosophieunterrichts in methodischer und fachlicher Hinsicht. [8.] Die Rolle der Lehrkräfte bei der Initiierung von philosophischen Lern- und Bildungsprozessen" (Thein & Vering 2018, S. 11).

Die ersten drei Bereiche betreffen Faktoren, die in *jedem* zu planenden und zu beobachtenden philosophischen/ethischen Unterricht zu berücksichtigen sind. Die Themenbereiche 4. und 5. und wohl auch 8. konzentrieren sich auf jene Fragen, die gerade für das Gelingen philosophischen Unterrichts im Sinne von Resonanz* und Autonomie besonders wichtig sind: Untersucht werden sollen Kommunikation und Interaktion zwischen LuL und SuS und innerhalb der Gruppe der SuS. Auf den wichtigen Bereich der Lernvoraussetzungen bezieht sich der 6. Themenbereich. Der 7. Themenbereich umfasst die immer mehr an Bedeutung gewinnenden Fragen zu Heterogenität und Inklusion. Hier betont die Fachgruppe, dass diesbezüglich im philosophischen Unterricht nicht nur methodische Probleme, sondern auch inhaltlich-thematische Fragen forschungsrelevant sind (vgl. Blesenkemper 2017).

Die „Fachgruppe Philosophie" nennt noch weitere Themenbereiche für Studienprojekte*, die nicht unmittelbar unterrichtsbezogen sind:

> „Darüber hinaus sind auch Forschungsprojekte zu [9.] Rahmenbedingungen des Unterrichts, [10.] Unterrichtskooperationen oder [11.] den Einstellungen von Philosophielehrerinnen

> und Philosophielehrern zu didaktischen oder unterrichts- bzw. fachbezogenen Fragen sowie [12.] von Schülerinnen und Schülern zum Schulfach „Praktische Philosophie“ [bzw. „Ethik“] oder „Philosophie“ möglich“ (ebd.).

Fragwürdig werden Ihnen als Studierende in der Regel Begebenheiten und Verfahrensweisen erscheinen, bei denen Sie den Eindruck haben: ‚Das könnte noch optimiert werden; da gibt es noch Luft nach oben.‘ Sie beobachten zum Beispiel ein bestimmtes Verfahren der Texterschließung und gehen nach dem Vorbild eventuell genauso vor, müssen aber bei den SuS irgendwie fehlende Resonanz* oder gar Widerständigkeit (Repulsion) feststellen. In diesem Fall würden Sie eine Frage aus dem Bereich 4., eventuell verbunden mit 11. und 12., untersuchen. Dabei könnten Sie sich entweder ganz auf die *Ursachenforschung* konzentrieren oder selbst einen *Optimierungsvorschlag* ausprobieren. Etwa: „Eignet sich das Erstellen von Concept Maps als Texterschließungsmethode im Philosophieunterricht?“ oder „Fällt es Schülern der 6. Klasse leichter, eine philosophische Fabel zu verstehen, wenn sie als Comic vorliegt?“.

Vielleicht sind Sie sich gar nicht sicher, ob eine bestimmte Fragestellung überhaupt von irgendeinem Defizit ausgeht. Sondern es geht Ihnen ‚nur‘ darum, eine für Sie wichtige Frage aus dem Bereich 12. (ggf. verbunden mit 6.) zu klären. Im folgenden Beispiel geht es um eine Untersuchung zur Einstellung von SuS der Oberstufe einer Gesamtschule zum Fach Philosophie: „Als wie stark empfinden SuS den Lebensweltbezug des Faches Philosophie?“.

Zu Ihrer Professionalisierung könnte es auch gehören, erstaunlich *gelingendem* Unterricht auf den Grund zu gehen. So könnten Sie sich fragen, warum ein von Ihnen beobachteter Unterricht, in dem besonders produktionsorientiert gearbeitet wird, bei den SuS ‚gut ankommt‘ und besonders ertragreich ist. Denn erst dann, wenn Sie sich die Einzelbeobachtung in ihrem Warum verständlich gemacht haben, können Sie auch auf Einsichten von größerer Allgemeinheit und Übertragbarkeit hoffen.

An den hier vorgestellten thematischen Beispielen soll deutlich werden, dass Sie bei Ihren Studienprojekten* gleichsam mit einer Lupe arbeiten sollten. Diese richten sie auf ein *kleines* frag- oder merkwürdiges Problem oder Phänomen. Nur so können Sie mehr in die Tiefe vordringen und verlieren sich nicht in der Breite vieler Details. Daher gilt hier die Maxime: small is smart.

## 13.2 Entwicklung von Studienprojekten

Da Methoden „Wege“ zu einem Ziel meinen (vgl. Kapitel 8.4.1), sollen hier Wegweiser zum Ziel Studienprojekt* benannt werden. Der Weg ihrer Entwicklung ist unterteilt in sieben Abschnitte:[19]

Sieben Schritte zum Studienprojekt*

1. **Eintauchen in die Praxis:** Sie beobachten zunächst *fremden* Unterricht chronologisch und kriteriengeleitet (7.). Dabei sollten Sie sich Notizen machen zu frag- und denkwürdigen Begebenheiten. Hier könnte auch ein Tagebuch hilfreich sein. Der von Ihnen *selbst* geplante und durchgeführte Unterricht (8.) wird vermutlich noch mehr Gelegenheiten zum Hinterfragen bieten.
2. **Themenbereich(e) eingrenzen:** *Vor* der Formulierung einer konkreten Forschungsfrage kann der hier gemeinte Zwischenschritt, in dem das Suchfeld Ihrer ‚Lupe‘ eingegrenzt wird, für Sie hilfreich sein. In Gesprächen mit dem/der Dozent:in und/oder den Kommiliton:innen können Sie hier schon Tipps zu Forschungsstand und -methoden erhalten.
3. **Forschungsfrage festlegen:** Es gilt, ein für Ihr schulisches Umfeld[20] bedenkenswertes Phänomen oder ein bedenkliches Problem oder eine neue Problemlösung in den Blick zu nehmen, ohne dass Sie sich dabei überfordern. Bei dieser Gratwanderung sollten Sie sich unbedingt beraten lassen.
4. **Forschungsstand erkunden und skizzieren:** Auch wenn Sie etwas Neues erkunden oder erproben wollen, müssen Sie das Rad nicht neu erfinden. Zumindest für den gewählten Themenbereich gibt es sicherlich fachdidaktische Forschungsliteratur. Keineswegs sollen Sie dabei den gesamten Forschungsstand ermitteln. Aber sie sollten als reflektierte Praktiker:in, etwa unter Nutzung der in diesem Buch zu mehreren Kapiteln angegeben Literaturtipps und der in Kapitel 8.4 in zwei Tabellen aufgelisteten Literaturangaben,

---

19 Die folgenden Hinweise greifen zurück auf Wildt (2009), S. 5f. und Zimmermann & Lenhard (2015), S. 18f. Die dort gewählten grafischen Darstellungen des Froschenden Lernens als Kreisbewegung entsprechen zwar dem unabschließbaren Forschungsprozess an Hochschulen, nicht aber demjenigen in Praxissemestern, die mit Studienprojekten* einen gewissen Abschluss finden. Insofern verfahren wir hier linear.

20 Es ist durchaus möglich, dass Ihre Fragestellung in anderen Praxissemester-Kontexten bereits bearbeitet wurde. Der je lokale Praxisbezug lässt dann immer noch genügend Raum für neue Aspekte.

deutlich machen, dass Ihr Forschungsblick in klar überschaubarem Umfang auch von Theorie geleitet ist.

5. **Hypothese formulieren / Forschungsdesign entwickeln:** Bei einem zielgerichteten Forschungsvorhaben geht es um eine von Ihnen im Vorhinein angenommene These (Hypothese), die Sie dann in ihrem Geltungsanspruch überprüfen wollen. Das Was (Hypothese) und das Wie (Überprüfung) der Forschung hängen eng zusammen und sollten auch zusammen vorentworfen werden.

   Meist ist der Sachgehalt der Hypothese bereits in der Forschungsfrage enthalten. Bei dem in Kapitel 13.1 genannten Beispiel der Frage nach der Eignung von Concept Maps als Methode der Texterschließung dürfte die Hypothese folgendermaßen lauten: ‚Concept Maps sind zur Texterschließung geeignet.' Schon an dieser Stelle soll festgehalten werden, dass der Erfolg eines Studienprojektes* keineswegs davon abhängt, ob eine Hypothese im Verlauf der Forschung bestätigt werden kann. Auch eine mögliche Widerlegung ist ein praxisrelevantes Ergebnis: ‚Besser so nicht, damit haben andere schlechte Erfahrungen gemacht.'

   Das Wie, die Überprüfung, das *Forschungs-Design* führt bei Studierenden der Philosophie/Ethik nicht selten zu Sorgenfalten auf der Stirn. Sie müssten doch auf Einsichten und Techniken anderer, ihnen ggf. fernliegender Wissenschaften zurückgreifen, nämlich auf die Sozialwissenschaften, die pädagogische Psychologie, die Stochastik usw. Dass diese Sorgen weitgehend unbegründet sind, werden Sie im nächsten Abschnitt (Kapitel 13.3) sehen, der sich speziell einigen Forschungsinstrumenten widmet.

6. **Untersuchung durchführen / Daten erheben:** Wenn Sie wissen was und wie Sie erforschen wollen, dann kann es doch nun losgehen... Vorsicht! Die Forschungsfragen und die damit verbundenen Hypothesen beziehen sich weitestgehend[21] auf Themenbereiche, die *Menschen* in schulischen Kontexten betreffen. SuS und LuL sind keine Versuchskaninchen![22]

---

21 Ausnahme wäre etwa eine Untersuchung im Bereich „Rahmenbedingungen", wenn etwa in begrenztem Umfang ‚am Schreibtisch' Schulbuchkapitel verglichen würden. Ein solches Vorhaben kann sehr wohl praxisrelevant sein, wenn eine Fachkonferenz die Einführung eines anderen Lehrwerks erwägt bzw. erwägen sollte.

22 Und auch die können bekanntlich nur in ethisch verantwortbarer Weise zu Forschungszwecken genutzt werden.

Zu beforschende Menschen werden zu Mitteln – ja, aber sie dürfen eben *nicht nur* als Mittel (Kant) behandelt werden. Nur wertschätzender Umgang mit ihnen wahrt ihre Würde.

Aber auch wenn das für Sie eine Selbstverständlichkeit ist, muss der Faktor Mensch in besonderer Weise berücksichtigt werden. Wenn Sie etwa in einer Unterrichtsstunde* ein für Sie oder Ihre SuS neues Verfahren ausprobieren wollen oder wenn die SuS einen Fragebogen ausfüllen sollen, sollten Sie auch auf die *Rahmenbedingungen* und *mitbestimmenden Faktoren* achten: Kann die geplante Stunde auch wirklich stattfinden oder fällt sie etwa wegen einer mehrstündigen Klassenarbeit kurzfristig aus? (Das berührt die Planungen vor allem kurz vor einem Ferienbeginn.) Können alle Teillerngruppen teilnehmen oder ist ein Teil der SuS auf einer Exkursion oder bei einer Chorprobe? Können sich die SuS auf etwas Neues einlassen oder sind sie wegen einer gerade vorangegangenen oder noch bevorstehenden Klassenarbeit besonders nervös und gedanklich abgelenkt? Sind sie erschöpft, weil sie gerade aus dem Sportunterricht kommen? Sind sie emotional besonders betroffen aufgrund eines alle bewegenden Weltereignisses (Pandemie, Krieg) oder eines Unglücks eines Mitglieds der Lerngruppe?[23] – Analoge Fragen sollten Sie sich auch stellen, wenn Sie etwa eine/n Lehrer:in interviewen wollen.

7. **Auswertung und Dokumentation:** Die gemäß dem Forschungsdesign vorgesehenen Daten (Fragebögen, SuS-Texte, Interviewantworten, Beschreibungen aus teilnehmender Beobachtung usw.) werden im Hinblick auf die Forschungsfrage und die Hypothese ausgewertet und diskutiert. Sinnvoll ist es auch, praktische Schlussfolgerungen aus den Ergebnissen zu ziehen. Der Abschlussbericht fasst alles zusammen. Es dient der Anschaulichkeit, wenn Sie beispielsweise Fotos von Tafelanschriften machen oder Notizen auf einem Whiteboard speichern oder exemplarisch einzelne SuS-Texte einscannen und diese ggf. im Anhang anonymisiert (!) dokumentieren.

Der Abschlussbericht könnte wie folgt gegliedert sein:

1. Einleitung und Forschungsfrage
2. Theoretischer Hintergrund

---

23 Solche Fragen sind auch relevant, wenn Sie einen Unterrichtsbesuch von der Hochschule oder dem ZfsL* erwarten. Das gilt vor allem für den späteren Vorbereitungsdienst*.

3. Datengewinnung
   3.1 Stichprobe
   3.2 Instrumente
   3.3 Durchführung
4. Datenauswertung
   4.1 Ergebnisse
   4.2 Diskussion
5. Reflexion und Schlussfolgerungen
   Literaturverzeichnis
   Anhang

## 13.3 Hinweise zu häufig verwendeten Forschungsinstrumenten

In der fünften Phase der Entwicklung Ihres Studienprojekte* sollten Sie im Kontext des Forschungs-Designs auch die Instrumente benennen, derer Sie sich zur Erhebung von Daten bedienen wollen.

Quantitative und qualitative Instrumente

Grob lassen sich die Instrumente in eher oder ausschließlich *quantitative* und (primär) *qualitative* unterscheiden.[24] Quantitative sind solche, bei denen die gewonnen Daten in Zahlen ausgedrückt werden. Die standardisierten Informationen können dann leicht mit statistischen Methoden verarbeitet werden. Bei qualitativen Verfahren geht es um die mehr oder weniger differenzierte Auslegung ermittelter kommunikativer, meist verbaler Äußerungen (vgl. Gold & Klewin 2017).

Bei Studienprojekten* – vor allem im Fach Philosophie/Ethik – spielen *rein* quantitative Verfahren eine geringere Rolle als qualitative oder quantitativ-qualitativ gemischte. Dies liegt zunächst daran, dass quantitative Verfahren, welche die zu erforschende Wirklichkeit immer nur in einem groben Raster abzubilden vermögen, generell primär für *große* Gruppen (Stichproben) geeignet sind. Studienprojekte* beziehen sich in der Regel auf überschaubare Lerngruppen. Für größere Lerngruppen (Klassengröße) sind quantitative Verfahren noch geeignet, ohne dass dafür aber komplexere statistische Operationen wie die Ermittlung von Korrelationskoeffizienten erforderlich wären. Für Gruppen mit wenigen Teilnehmer:innen oder gar Einzelpersonen sind quantitative Verfahren kaum ergiebig. Und für die

24 Diese Verfahrensweisen müssen aber nicht als Gegensätze begriffen, sondern können auch kombiniert werden (vgl. Kelle & Erzberger 2019).

Erfassung von Unterrichtselementen gilt: Der philosophische/ethische Unterricht zielt weniger auf Wissensaufbau denn auf die Förderung von Urteilskraft, mit der Folge, dass hier Messbarkeit und damit Quantifizierbarkeit nur sehr begrenzt möglich sind (vgl. Albus 2012a, S. 345).

Fragebögen

Zu den primär quantitativen Verfahren gehören bei Studienprojekten die schriftlichen Befragungen per Fragebögen.

> „Fragebögen werden immer dann eingesetzt, wenn standardisiert von mehreren Personen Aussagen zu einem Thema bzw. einer Fragestellung gesammelt werden sollen. Bei Fragestellungen, die die durchschnittliche oder gruppenbezogene Wahrnehmung von Unterrichtsmethoden, -sequenzen oder -inhalten zum Thema haben, die sich auf die Wahrnehmung der schulischen Abläufe und der Schule allgemein beziehen oder die Einstellung zu bestimmten Themen untersuchen, können Fragebögen gewinnbringend eingesetzt werden" (Gold & Klewin 2017, S. 150).

Tatsächlich sind Fragebögen aber nur dann gewinnbringend, wenn Sie ihre Gestaltung etwa bezüglich geschlossener und offener Fragen, der Antwortmöglichkeiten usw. nicht auf die leichte Schulter nehmen. Entsprechende Anregungen dazu finden Sie beispielsweise in der von Altrichter et al. vorgestellten Aktionsforschung* (vgl. Altrichter et al. 2018, S. 150 – 158).

Schriftliche Leistungsüberprüfungen

Quantitativ ausgerichtet sind auch Leistungsüberprüfungen (schriftliche Übungen, sog. Tests, schriftliche Hausaufgaben). Sie sind insofern quantitativ, als die Auswertungsergebnisse meist in eine Ziffernnote oder in eine Punktanzahl münden. Da SuS mit diesen Verfahren vertraut sind, bieten sie die Möglichkeit, eine *Momentaufnahme* des Leistungsstandes zu gewinnen (vgl. Gold & Klewin 2017, S. 151).

In der empirischen Sozialforschung zur Wirksamkeit von Interventionen ist folgende Abfolge gebräuchlich: Man macht vor der Intervention einen Pretest, dann folgt das Neue und anschließend soll der Posttest durch den Vergleich mit dem Pretest den Erfolg der neuen Maßnahme beweisen. Das Gelingen einer unterrichtlichen Intervention, etwa die Einführung einer neuen Methode, kann so nicht gemessen werden! Denn die ceteris-paribus-Klausel – also die Forderung, die Pre- und die Postsituation dürfen sich *nur* bezüglich der neuen Maßnahme unterscheiden und alles andere bleibt konstant – ist im Forschungsfeld Unterricht nicht einzuhalten. Das unterrichtliche Geschehen ist von so vielen Faktoren bestimmt – Rosa würde wohl von „Unverfügbarkeit“ sprechen (Rosa 2018) –, dass eine Veränderung eben nicht auf einen einzigen Faktor zurückgeführt werden kann. Ähnliches gilt für die Arbeit mit einer parallelen Kontrollgruppe (Parallelklasse), angelehnt an Studien in der Medizin, bei der Mitglieder der einen Gruppe ein neues Medikament und die der anderen ein Placebo erhalten. Zu beiden Formen der Wirkungsforschung im Kontext studentischer Forschung im Praxissemester heißt es aus den genannten Gründen bei Klewin et al. eindeutig: „Hände weg“ (Klewin et al. 2017, S. 148).

Narratives Interview und Leitfadeninterview

Eine zentrale qualitative Methode zur Generierung von Forschungsdaten ist das Interview, das als *narratives Interview* oder *Leitfadeninterview* durchgeführt werden kann. Möchte man sein Gegenüber dazu bewegen, ohne größere Engführung etwas von sich oder zu einem Thema ‚zu erzählen‘ – dies kann bei manchen SuS und entsprechenden Themen sinnvoll sein –, so wählt man die offene Form des narrativen Interviews (vgl. Froschauer & Lueger 2020, S. 50 – 55). Ein Leitfadeninterview wird vor allem mit Expert:innen geführt, also z.B. mit einem/einer Mentor:in*, der/die Sie zu Ihrem Unterricht befragen wollen – möglichst mit Tonaufnahmen, damit Sie später Wichtiges nicht vergessen. Der vorab zu entwickelnde Leitfaden hält fest, „was und warum man wie erfragen möchte“ (Altrichter et al. 2018, S. 135). Tipps und Übungen dazu finden Sie u.a. wiederum in der Aktionsforschung* nach Altrichter et al. (ebd. S. 133 – 148).

Bei der Auswertung der so gewonnenen (Audio-)Daten können Verfahrensweisen der „qualitativen Inhaltsanalyse“ nach Mayring hilfreich sein (Mayring 2015, 2019). Das Ziel eines solchen hermeneutischen Verfahrens ist eine möglichst intersubjektiv überprüfbare Textdeutung. Dazu werden Auswertungskategorien entwickelt, die dann ggf. auch von einem anderen Interpreten genutzt werden können. Wer hier sehr präzise vorgehen will, formuliert einen Text, der dem Wortlaut nahekommt, oder fertigt gar ein wörtliches Transskript der Tonaufnahmen an. Ob allerdings diese aufwändige Arbeit in Ihrem Fall hinreichend ergiebig zu sein verspricht, sollten Sie mit dem/der Betreuer:in seitens der Hochschule abklären.

Teilnehmende Beobachtung

Wenn Ihr Studienprojekt* mit einem Unterrichtsvorhaben* verzahnt ist, befinden Sie sich in der Rolle eines „teilnehmenden Beobachters“. Und das ist eine Doppelrolle: Sie sind interaktiv mit den zu Erforschenden, den SuS, verbunden *und* stehen Ihnen distanziert als Forscher:in gegenüber. Das ist nicht leicht.

> „Vor allem, wenn der Unterricht volle Aufmerksamkeit verlangt oder wenn die Lehrperson emotional stark involviert ist, wird es schwer, jene Distanz zum eigenen Tun aufzubringen, die für eine Beobachtung des Geschehens notwendig ist." (Altrichter et al. 2018, S. 115)

Die dieserart geteilte Aufmerksamkeit kann dazu führen, wichtige Details zu übersehen oder schnell zu vergessen. Und wirksame Vorurteile können dazu verleiten, nur noch das zu sehen, was man sehen will (vgl. ebd.). Auf der anderen Seite bietet die größere Vertrautheit mit den zu Erforschenden die Chance, auf interessante Nuancen des Geschehens zu stoßen, die dem unvoreingenommenen, ‚objektiven' Blick verborgen bleiben. Resonanz* mag dazugehören. Deshalb wollen wir Sie hier durchaus dazu ermuntern, die in teilnehmender Beobachtung gemachten Erfahrungen detailliert zu beschreiben. Solche Beschreibungen können im Idealfall sehr „dicht"[25] werden.

Die Rollenprobleme, die mit teilnehmender Beobachtung verbunden sind, können dadurch gut ausgeglichen werden, dass Sie diese Methode mit anderen kombinieren. Sie können etwa neben die teilnehmende Beobachtung Ihres Unterrichts auch die Methode stellen, Ihre/n Mentor:in* fokussiert zu interviewen, so dass sie/er zum „critical friend" wird. Und außerdem mögen Sie auf schriftliche Leistungen von SuS zurückgreifen. Wenn Sie aus mindestens zwei methodischen Perspektiven auf einen Gegenstand blicken, so betreiben Sie erfolgversprechende, validierende Triangulation* (vgl. Altrichter et al., S. 160 – 162; Flick 2019).

Triangulation*

25 „Dichte Beschreibung" stammt als besondere Form ethnografischen Vorgehens vom amerikanischen Ethnologen Clifford Geertz (1926 - 2006). „Ihre Besonderheit besteht darin, dass sie mikroskopisch ansetzt, d. h. sich auf einzelne, vergleichsweise überschaubare soziale Phänomene konzentriert" (Wolff 2019, S. 89). Klewin et al. glauben zwar nicht, dass das Praxissemester für ethnografische Studien dieser Art den richtigen Rahmen bietet, sehen aber in einzelnen Merkmalen dieser Methode durchaus gewinnbringende Momente (vgl. Klewin et al. 2017, S. 164).

## Literaturtipps zur Vertiefung

Altrichter, Herbert; Posch, Peter & Spann, Harald (52018): Lehrerinnen und Lehrer erforschen ihren Unterricht. Bad Heilbrunn: Klinkhardt, UTB.

Hug, Theo & Poscheschnick, Gerald (32020): Empirisch Forschen. München: UVK Verlag, UTB.

Flick, Uwe; von Kardorff, Ernst & Steineke, Ines (Hg.) (132019): Qualitative Forschung. Ein Handbuch. Reinbek bei Hamburg: Rowohlt.

# F. Blick zurück nach vorn

## 14. Bilanz ziehen und Perspektiven entwickeln

Zum Schluss wird der Blick zurück nach vorn gerichtet. Ihr Praxissemester geht zu Ende, Sie haben vielfältige Beobachtungen und Erfahrungen gemacht. Sie haben Unterricht geplant und durchgeführt, anfänglich vielleicht mit Herzklopfen und feuchten Händen, später immer routinierter. Sie haben überraschende, herausfordernde und erfreuliche Begegnungen mit SuS gehabt. Sie haben Unterstützung erfahren von MuM* und Seminarausbilder:innen, oft intensiv, manchmal vielleicht auch nur zwischen Tür und Angel, wenn das Alltagsgeschäft mal wieder alle Ressourcen beanspruchte.

Es ist Zeit, Bilanz zu ziehen und für sich selbst Rechenschaft abzulegen. Ist das mein Beruf? Fühle ich mich den vielfältigen Herausforderungen des Unterrichtens und Erziehens gewachsen? Fühle ich mich in der philosophischen Sache und ihrer Vermittlung gut vorbereitet? Ist die Schule für mich der richtige Ort, meine Leidenschaft für die Philosophie weiterzugeben? Habe ich gemerkt, dass der Umgang mit Menschen „mein Ding" ist?

Bilanz und Perspektiven in drei schulischen Handlungsfeldern und drei Perspektiven

Wir möchten Ihnen in diesem Schlusskapitel Hilfen anbieten, die eine geordnete Reflexion Ihrer Erfahrungen und die Entwicklung von Handlungsperspektiven ermöglichen. Als ordnende Kategorien haben wir die schulischen Handlungsfelder zu Grunde gelegt, die für Ihr Praxissemester bestimmend waren und in diesem Buch ausführlich thematisiert wurden: das Unterrichten, das Erziehen und den Bereich des Lernens und Leistens (vgl. Schulministerium NRW 2021, S. 4f). Diese Kategorien werden wir jeweils in drei Perspektiven entfalten.

1. *Personenorientiert*
   Sie haben Ihre persönlichen Präkonzepte über Schule und Unterricht mitgebracht und durch das neu erworbene Praxiswissen hinterfragt, erweitert und vielleicht revidiert. Daher steht zunächst die Selbsterkundung und -erprobung in Ihrem zukünftigen Berufsfeld im Fokus der Reflexion.
2. *Handlungsfeldorientiert*
   In den o.g. schulischen Handlungsfeldern sind Anforderungen an Sie gestellt worden, haben Sie Erfahrungen gemacht, Kenntnisse gewonnen und Fähigkeiten erworben. Darüber

gilt es, Bilanz zu ziehen und Perspektiven für die Arbeit an einer weiteren Professionalisierung zu entwerfen.

3. *Wissenschaftsorientiert*
   Sie haben Ihr philosophisches und philosophiedidaktisches Theoriewissen im Praxisbad der schulischen Handlungsfelder erprobt. Es gilt zu reflektieren, inwieweit sich dieses Theoriewissen bewährt hat, inwieweit es für die schulischen Herausforderungen relevant ist und in welchen Bereichen Sie noch Entwicklungsbedarf haben.

Die drei Blickrichtungen auf die Handlungsfelder haben wir in Tabelle 6 durch Reflexionsfragen konkretisiert. Der Fragenkatalog ist als Angebot zu verstehen und erhebt keinen Anspruch auf Vollständigkeit.[26]

Das Format des Bilanz- und Perspektivgesprächs

Im Land NRW wird der oben beschriebene Reflexionsprozess im Format des sog. Bilanz- und Perspektivgesprächs unterstützt. „Es dient der Beratung, der Bilanzierung der individuellen professionellen Entwicklung und der Diskussion individueller Entwicklungsmöglichkeiten" (Schulministerium NRW 2010, S. 16).

Teilnehmer:innen an diesem Gespräch sind, neben dem/der jeweiligen Studierenden, ein/e Schulvertreter:in und eine/r der Seminarausbilder:innen, die sie im Praxissemester begleitet haben. In einem solchen Gespräch, in dem Sie in keiner Weise unter Rechtfertigungs- bzw. Leistungsdruck stehen, können Sie Ihre Reflexionen mit dem Feedback ihrer Ausbilder:innen abgleichen und dadurch zusätzliche Impulse für ihre berufsorientierte Weiterentwicklung bekommen.

Zum Schluss bleibt uns nur noch übrig, Ihnen dies zu wünschen:

Wunsch der Autoren für Sie

Machen Sie sich bei aller evidenzbasierter Unterrichtsforschung immer wieder bewusst, was das eigentliche Fundament unseres Berufs ist: die Begeisterung für unser Fach, die Offenheit für neue Ideen und Denkwege und der Respekt gegenüber den uns anvertrauten SuS. In diesem Sinne: Festigen und erweitern Sie Ihre fachlichen und didaktischen Kenntnisse, schulen Sie Ihre Fähigkeiten im Umgang mit Menschen, und Sie werden bestens vorbereitet sein für den – in unseren Augen – eigentlich schönsten Beruf der Welt.

---

26 Die Grundstruktur des oben beschriebenen Reflexionsprozesses und das Format verdanken wir einer überfachlichen Arbeitsgruppe im Seminar Gymnasium und Gesamtschule des Zentrums für schulpraktischen Lehrerausbildung in Münster.

| | Handlungsfeld Unterrichten | Handlungsfeld Erziehungs- und Bildungsauftrag | Handlungsfeld Lernen und Leisten |
|---|---|---|---|
| Personenorientiert | • Welche pädagogischen Einstellungen sind für mich angesichts der Heterogenität meiner SuS bestimmend? Welche Einstellungen gilt es noch zu entwickeln?<br>• Welche Haltungen für einen resonanzsensiblen und autonomieförderlichen Unterricht habe ich entwickeln können? An welchen Haltungen muss ich noch arbeiten? | • Welche Werte, Haltungen und Einstellungen sind mir selbst wichtig? Inwiefern liegen diese meiner Vorstellung von Werterziehung zugrunde?<br>• Inwieweit wirke ich selbst vorbildhaft? Wo muss ich noch aktiver werden? | • Inwiefern gelingt es mir, SuS in ihrem individuellen Leistungsvermögen wahrzunehmen?<br>• Wie spannungsreich empfinde ich die Praxis schulischer Leistungsbewertung – auch im Hinblick auf die Heterogenität von Lerngruppen? Wo habe ich noch Handlungsbedarf? |
| Handlungsfeldorientiert | • Welche Vorstellungen von einem guten, kriteriengeleiteten Philosophieunterricht habe ich gewonnen? In welchen Bereichen sehe ich noch Handlungsbedarf?<br>• Welche Gestaltungsformen von Lernprozessen habe ich kennengelernt, die resonanzsensibel und autonomieförderlich sind? Welche dieser Formen beherrsche ich schon gut, welche gilt es weiter einzuüben? | • Welches didaktische-methodische Handlungsrepertoire zur Begleitung von Wertbildungsprozessen meiner SuS habe ich erworben? Welche Instrumente der Wertebildung muss ich noch (weiter) entwickeln?<br>• Welchen Einfluss hat die Heterogenität von Werten, Haltungen und Einstellungen der SuS auf mein Verständnis von pädagogischer Verantwortung? | • Welche Instrumente zur Diagnose und Dokumentation individueller Leistungen von SuS habe ich kennengelernt? Welche Instrumente muss ich noch erweitern?<br>• Welche Instrumente individueller Förderung habe ich kennengelernt?<br>Wo sehe ich Chancen, wo Grenzen? |
| Wissenschaftsorientiert | • Welche fachlichen und -didaktischen Kenntnisse über unterrichtlich relevante philosophische Inhalte und philosophiedidaktische Modelle habe ich?<br>• Welche erwiesen sich als relevant, um Unterricht sinnvoll zu planen und durchführen zu können und wo muss ich im abschließenden Studium noch Wissen und Kompetenzen vertiefen? | • Welche Kenntnisse über (moralische) Entwicklungs- und Sozialisationstheorien, Werteerziehung, Klassenführung und Konfliktmanagement habe ich?<br>• Welche erwiesen sich als relevant für erziehenden Unterricht und wo muss ich im abschließenden Studium Kenntnisse und Fähigkeiten erweitern? | • Welche Kenntnisse über rechtliche Grundlagen zum Lernen und Leisten und über Leistungskonzepte habe ich?<br>• Welche erwiesen sich als relevant, um Leistung herauszufordern, zu erfassen und zu bewerten und welche benötige ich noch? |

Tabelle 6: Reflexionshilfen für Bilanz und Perspektiven

# Anhang

## Verzeichnis der Abbildungen und Tabellen

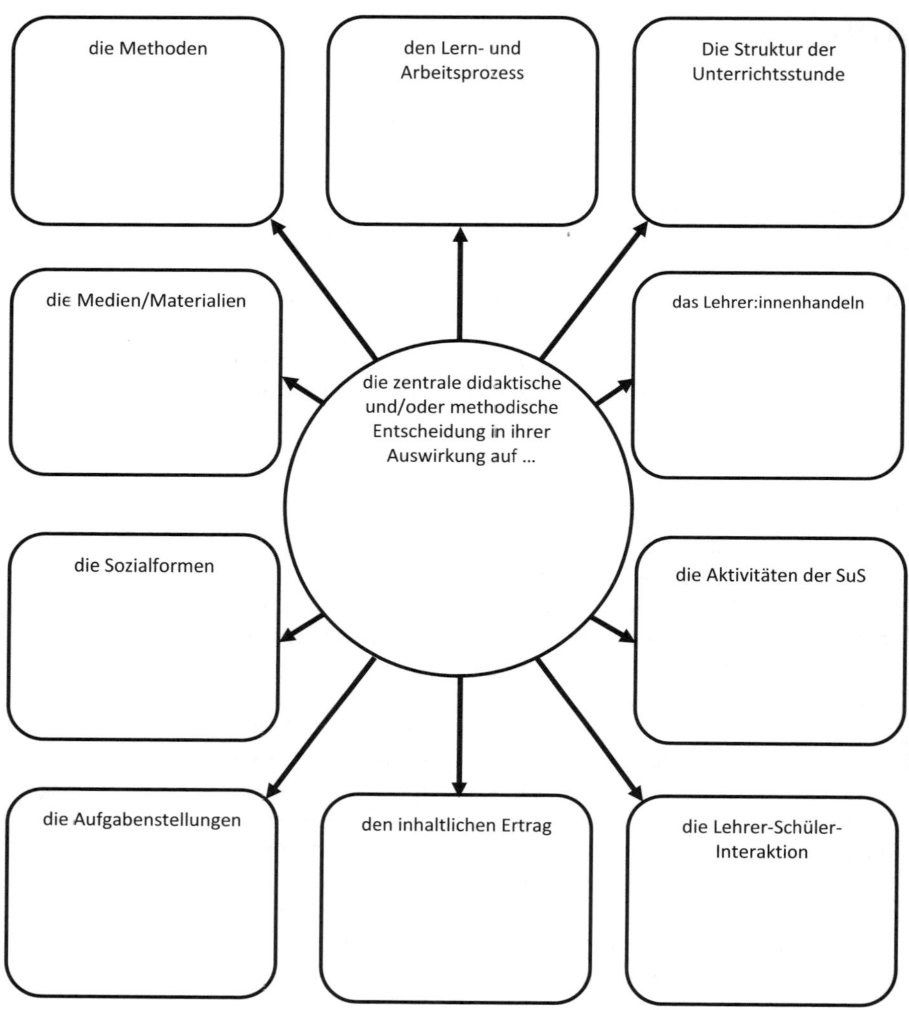
die Methoden
den Lern- und Arbeitsprozess
Die Struktur der Unterrichtsstunde
die Medien/Materialien
das Lehrer:innenhandeln
die zentrale didaktische und/oder methodische Entscheidung in ihrer Auswirkung auf ...
die Sozialformen
die Aktivitäten der SuS
die Aufgabenstellungen
den inhaltlichen Ertrag
die Lehrer-Schüler-Interaktion

## Literaturverzeichnis

**Die hier angegebenen Internetadressen wurden auf Abrufbarkeit im April 2022 überprüft, ggf. müssen hier eingefügte Trennungsstriche wieder entfernt werden.**


Albus, Vanessa & Schalk, Helge (Hg.) (2020): Handbuch Medien im Ethik- und Philosophieunterricht. Bamberg: C.C. Buchner.

Albus, Vanessa (2012): Kanonbildung im Philosophieunterricht. Lösungsmöglichkeiten und Aporien. Dresden: Thelem.

Albus, Vanessa (2012a): Ist philosophische Bildung messbar? Überlegungen zum Verhältnis von Philosophiedidaktik und empirischer Bildungsforschung. In: Zeitschrift für Didaktik der Philosophie und Ethik (ZDPE), Heft: 4/2012, S. 336 – 345.

Altrichter, Herbert/Posch, Peter & Spann, Harald ([5]2018): Lehrerinnen und Lehrer erforschen ihren Unterricht. Bad Heilbrunn: Klinkhardt, UTB.

Aufschnaiter von, Claudia / Hofmann, Christian / Geisler, Mandy & Kirschner, Sophie (2019): Möglichkeiten und Herausforderungen für die Förderung von Reflexivität in der Lehrerbildung. In: Klaßen, Helmuth (Hg.): Seminar – Lehrerbildung und Schule 1/2019: Lehrkräftebildung nachhaltiger gestalten, S. 49 – 60. Hohengehren: Schneider.

Balliet, Matthias / Blesenkemper, Klaus / Meyer, Kirsten & Rösch, Anita (2016): Stellungnahmen: Philosophische Kompetenzen? – Fragen an Matthias Balliet, Klaus Blesenkemper, Kirsten Meyer und Anita Rösch. In: Information Philosophie, Heft: 2/2016, S. 98 – 107.

Bauer, Joachim ([4]2005): Warum ich fühle, was du fühlst. Intuitive Kommunikation und das Geheimnis der Spiegelneuronen. Hamburg: Hoffmann und Campe.

Baum, Patrick (2020): Akustische Medien, in: Albus, Vanessa & Schalk (2020), S. 140 – 146 [2020a = Kap. 10.1; 2020b = Kap. 10.2 – 10.3].

Bekes, Peter (2018): Metaphern – Gleichnisse – Denkbilder. In: Praxis Philosophie & Ethik, Heft: 5/2018, S. 4 – 6.

Beljan, Jens ([2]2019): Schule als Resonanzraum und Entfremdungszone. Eine neue Perspektive auf Bildung. Weinheim / Basel: Beltz Juventa.

Beljan, Jens & Winkler, Michael (2019): Resonanzpädagogik auf dem Prüfstand. Weinheim / Basel: Beltz.

Bieri, Peter (2012): Wie wäre es, gebildet zu sein (2008). In: Hastedt, Heiner (Hg.): Was ist Bildung? Eine Textanthologie. Stuttgart: Reclam, S. 228 – 240.

Blesenkemper, Klaus (2015): Unterrichtsplanung. In: Nida-Rümelin / Spiegel & Tiedemann 2015, S. 315 – 324.

Blesenkemper, Klaus (2017): Inklusive Bildung als besondere Chance für den philosophischen Unterricht?! In: ZDPE, Heft: 4/2017 („Inklusion"), S. 3 – 22.

Blesenkemper, Klaus (2018): Didaktische Konzepte für den Ethikunterricht in der Schule. In: Schröder & Emmelmann (2018), S. 85 – 110.

Blesenkemper, Klaus (2018a): Kants Denkmaximen und ihre Anwendung als Maximen der Philosophiedidaktik. In: Angewandte Philosophie. Eine internationale Zeitschrift / Applied Philosophy. An International Journal. Heft: 1/2017, hrsg. v. Runtenberg, Christa, S. 9 – 28.

Blesenkemper, Klaus (2020): Dilemmadiskussion. In: Peters (2020a), S. 63 – 76.

Blesenkemper, Klaus (2020a): Lesen erleichtern. Nach-, Mit- und In-Texte im philosophischen Unterricht. In: ZDPE, Heft: 3/2020 („Lesestrategien"), S. 22 – 31.

Blesenkemper, Klaus ([3]2021): Das sokratische Gespräch. In: Brüning, Barbara (Hg): Ethik / Philosophie Didaktik. Praxishandbuch. Berlin: Cornelsen, S. 71 – 84.

Brieden, Norbert (2007): Kreatives Visualisieren. Ein Hinweis auf Wahrnehmungschancen für Lebensperspektiven am Beispiel des Themas ‚Leiden'. In: ZDPE. Heft: 4/2007, S. 282f.

Brüning, Barbara (2003): Philosophieren in der Sekundarstufe. Weinheim / Basel / Berlin: Beltz.

Brüning, Barbara (2007) Märchen sind das Tor zur Welt. In: Brüning & Martens (2007), S. 20 – 61.

Brüning, Barbara & Martens, Ekkehard (2007): Anschaulich philosophieren mit Märchen, Fabeln, Bildern und Filmen. Weinheim / Basel: Beltz.

Bussmann, Bettina (2019): Der wissenschaftsorientierte Ansatz. In: Peters (2019), S. 231 – 243.

Comtesse, Dagmar (2021): Ethikunterricht zwischen liberaler Neutralitätsannahme und kommunitaristischer Wertevermittlung. In: Kim et al. (2021), S. 41 – 53.

Dalehefte, Inger Marie & Kobark, Mareike (2013): Aus Unterrichtsbeobachtungen lernen. Leibniz-Institut f. d. Pädagogik

d. Naturwissenschaften an d. Universität Kiel. Online: www.sinus-an-grundschulen.de/fileadmin/uploads/Material_aus_SGS/Handreichung_DalehefteKobarg_fuer_Web.pdf

Didaktischer Dreiklang (o.J.) Autor unbekannt: Der didaktische Dreiklang (Gegenstand – Thema – Schwerpunktlernziel). Online: www.zfsl.nrw.de/REC/Seminar_GyGe/Seminarprogramm/Der-didaktische-Dreiklang.pdf

Draken, Klaus (2011): Von ‚Unzertrennlich' bis ‚Sexy Love' – Unterricht mit Musikvideoclips zum Thema Liebe und Partnerschaft. In: ZDPE, Heft: 4/2011 („Liebe"), S. 297 – 303.

Draken (2016): Sokratisches Gespräch und Lehrgespräch. In: Pfister & Zimmermann (2016), S. 293 – 312.

Engels, Helmut (2020): Gedankenexperimente. In: Peters (2020a), S. 13 – 25.

Erfahrungsfeld zur Entfaltung der Sinne. Gemeinnützige Forschungs- und Bildungsgesellschaft mbH (o.J.): phänomania – Erfahrungsfeld (Essen, Ausstellung). Online: www.erfahrungsfeld.de

Fachverband Ethik (Bundesverband) (Hg.) (2016): Denkschrift zum Ethikunterricht – Zwischen Diskriminierung und Erfolg. Online: https://www.glaeserne-waende.de/media/2016/05/Denkschrift_Ethikunterricht_2016.pdf

Felsches, Josef & Regenbogen, Arnim (2009): Lexikon der Werte. In: Mokrosch & Regenbogen (2009), S. 337 – 362.

Felten, Michael (2020): Unterricht ist Beziehungssache. Stuttgart: Reclam.

Flick, Uwe; von Kardorff, Ernst & Steineke, Ines (Hg.) ([13]2019): Qualitative Forschung. Ein Handbuch. Reinbek bei Hamburg: Rowohlt.

Flick, Uwe (2019): Triangulation in der qualitativen Forschung. In. Flick et al. (2019), S. 309 – 318.

Fromm, Martin (2012): Einführung in didaktisches Denken. Münster / New York / München / Berlin: Waxmann.

Froschauer, Ulrike & Lueger, Manfred ([2]2020): Das qualitative Interview. Wien: facultas, UTB.

Garz, Detlef ([4]2008): Sozialpsychologische Entwicklungstheorien. Von Mead, Piaget und Kohlberg bis zur Gegenwart. Wiesbaden: VS Verlag für Sozialwissenschaften.

Gefert, Christian (2015): Theatrales Philosophieren. In: Nida-Rümelin et al. (2015), S. 240 – 244.

Geismann, Georg & Oberer, Hariolff (Hg.) (1986): Kant und das Recht der Lüge. Würzburg: Könighausen + Neumann.

Giesecke, Hermann (2001): Was Lehrer leisten – Portrait eines schwierigen Berufs. Weinheim / München: Juventa.

Göbel, Kerstin / Ebert, Anna & Stammen, Karl-Heinz (2016): Ergebnisse der ersten Evaluation des Praxissemesters in Nordrhein-Westfalen. In: Schule NRW, Amtsblatt des Ministeriums für Schule und Weiterbildung. Beilage November 2016: „Das Praxissemester auf dem Prüfstand", S. 7f.

Goergen, Klaus (2015): Argumentationsschulung. In: Nida-Rümelin et al. (2015), S. 214 – 223.

Gold, Johannes & Klewin, Gabriele (2017): Empirische Forschungsmethoden in studentischen Forschungsprojekten. In: Schüssler, Renate / Schöning, Anke / Schwier, Volker / Schicht, Saskia / Gold, Johanna & Weyland, Ulrike (Hg.): Forschendes Lernen im Praxissemester. Zugänge, Konzepte, Erfahrungen. Bad Heilbrunn: Klinkhardt, S. 147 – 160.

Gollub, Patrick / Paulus, David/Rott, David & Veber, Marcel (Hg.) (2018): Studentische Forschung im Praxissemester. Berlin: Peter Lang.

Haase, Volker (2015): Kreatives Schreiben. In: Nida-Rümelin et al. (2015), S. 230 – 240.

Hattie, John & Zierer, Klaus (2020): Visible Learning – Unterrichtsplanung. Hohengehren: Schneider Verlag.

Hielscher, Frank/Kemmann, Ansgar & Wagner, Tim ([2]2011): Debattieren unterrichten. Seelze: Kallmeyer/Klett.

Helmke, Andreas ([8]2021): Unterrichtsqualität und Lehrerprofessionalität. Diagnose, Evaluation und Verbesserung des Unterrichts. Hannover: Klett / Kallmeyer.

Hentig, Hartmut von (1999): Ach, die Werte! – Ein öffentliches Bewußtsein von zwiespältigen Aufgaben. Über eine Erziehung für das 21. Jahrhundert. München / Wien: Carl Hanser.

Herrmann, Ulrich (2019): Pädagogische Beziehungen. Grundlagen – Praxisformen – Wirkungen. Weinheim / Basel: Beltz Juventa.

Homt, Martina & van Ophuysen (2018): Die Studienprojekte im Praxissemester – Wie nehmen Studierende die universitäre Vorbereitung in den Projektseminaren wahr? In: Herausforderung Lehrer*innenbildung – Zeitschrift zur Konzeption, Gestaltung und Diskussion (HLZ), Bd. 1, Nr. 2: Studienprojekte im Praxissemester, S. 77 – 89, S. 80f. online: www.herausforderung-lehrerinnenbildung.de/index.php/hlz/article/view/2401

Horster, Leonhard & Rolff, Hans-Günther ([2]2006): Unterrichtsentwicklung – Grundlagen einer reflektorischen Praxis. Weinheim / Basel: Beltz.

Hug, Theo & Poscheschnick, Gerald (³2020): Empirisch Forschen. München: UVK Verlag, UTB.

Kant, Immanuel: Gesammelte Schriften. Hrsg. v. d. Preußischen Akademie der Wissenschaften, 1902ff., Berlin: de Gruyter (=AA).

Kant, Immanuel: Werke in zehn Bänden. Hrsg. v. Weichedel, Wilhelm, 1975, Darmstadt: Wissenschaftliche Buchgesellschaft, (= WA) (Bei Druckschriften wird aus dieser Ausgabe zitiert, zur besseren Orientierung werden auch die entsprechenden Stellen in der AA angegeben.).

Kelle, Udo & Erzberger, Christian (2019): Qualitative und quantitative Methoden: kein Gegensatz. In: Flick et al. (2019), S. 299 – 309.

Kim, Minkyung / Gutmann, Tobias / Friedrich, Jan & Neff, Katharina (Hg.) (2021): Werte im Ethikunterricht. An den Grenzen der Wertneutralität. Opladen / Berlin / Toronto: Barbara Budrich.

Klager (2020): Spiele. In: Albus & Schalk (2020), S. 128 – 139.

Klager, Christian (2021): Bewertung und Beurteilung im Philosophieunterricht. In: Praxis Philosophie & Ethik 1/2021 („Leistungskontrollen und Bewertungskriterien"), S. 4 – 6.

Klewin, Gabriele / Schüssler, Renate & Schicht, Saskia (2017): Forschend lernen – Studentische Forschungsvorhaben im Praxissemester. In: Schüssler, Renate/Schwier, Volker / Klewin, Gabriele / Schicht, Saskia / Schöning, Anke & Weyland, Ulrike (Hg.) (²2017): Das Praxissemester im Lehramtsstudium: Forschen, Unterrichten, Reflektieren. Bad Heilbrunn: Klinkhardt, UTB, S. 131 – 171.

Kopp, Brigitta Maria (2020): Einsatz von Dilemmata zur Wertebildung in Schulen. In: Peters (2020b), S. 77 – 95.

Kranen, Marion (2011): Eine Stunde ist keine Stunde ist eine Stunde, in: Deutschlandfunk Kultur. www.deutschlandfunkkultur.de/eine-stunde-ist-eine-stunde-ist-keine-stunde-102.html

Kultusministerium Hessen (2011): Bildungsstandards und Inhaltsfelder. Das neue Kerncurriculum für Hessen, Primarstufe, Ethik. Online: https://kultusministerium.hessen.de/sites/kultusministerium.hessen.de/files/2021-06/kc_ethik_prst_2011_0.pdf

Kultusministerkonferenz (2006): Einheitliche Prüfungsanforderungen in der Abiturprüfung Philosophie. Online: www.kmk.org/fileadmin/Dateien/veroeffentlichungen_beschluesse/1989/1989_12_01-EPA-Philosophie.pdf

Kultusministerkonferenz (Hg.) (2020): Zur Situation des Unterrichts in den Fächern Ethik, Philosophie, Lebensgestaltung-Ethik-Religionskunde (L E R), Werte und Normen in der Bundesrepublik Deutschland (Bericht der Kultusministerkonferenz vom 22.02.2008 i. d. F. vom 25.06.2020). Online: www.kmk.org/fileadmin/veroeffentlichungen_beschluesse/2008/2008_02_22-Situation-Ethik-Unterricht.pdf

Landesbildungsserver BW (2010): Basismodell für die Unterrichtsbeobachtung an berufliche Schulen (2010). Hrsg. v. Institut für Bildungsanalyse Baden-Württemberg. Online: www.schule-bw.de/themen-und-impulse/oes/material-ubeobachtung.html

Landesinstitut für Lehrerbildung und Schulentwicklung Hamburg (Hg.) (2020): Reflexionskompetenz fördern – Reflexion und Reflexionskompetenz in der Lehrkräftebildung. Online: https://li.hamburg.de/contentblob/11197900/045f9eb4aaed4e50d07ddd500f8022e5/data/handreichung-reflexionskompetenz.pdf Hamburg: a&c

Leisen, Josef (o.J.): Die Beobachtung von Unterricht Online: www.studienseminar.rlp.de/fileadmin/user_upload/studienseminar.rlp.de/bb-nr/Praktika/Leisen_Skript_Unterrichtsbeobachtung.pdf

Leisen, Josef (2015): Lernumgebung und Lernschritte durch Moderation steuern. In: Zeitschrift Pädagogik, Heft: 11/2015: Gespräche und Konferenzen führen. Weinheim: Beltz.

Leisen, Josef (2017): Die Strukturierung und Planung von Unterricht. Online: www.josefleisen.de/downloads/lehrenlernen/10%20Strukturierung%20und%20Planung%20von%20Unterricht%20.pdf

Leisen, Josef (2018): Was Lehrkräfte brauchen – ein praktikables Lehr-Lern-Modell. Online: www.josefleisen.de/downloads/lehrenlernen/00%20Was%20Lehrkr%C3%A4fte%20brauchen%20-%20Ein%20praktikables%20Lehr-Lern-Modell%202018.pdf

Leisen, Josef (2022): Unterrichtsgespräch: Fragend-entwickelnder Unterricht, sokratischer Dialog und Schülergespräche. Online: www.josefleisen.de/downloads/lehrenlernen/03%20Unterrichtsgespr%C3%A4ch%20-%20Fragend-entwickelnder%20Unterricht.pdf

Leisen, Josef (2022a): Aufgabenstellung und Aufgabenkultur. Online: www.lehr-lern-modell.de/aufgabenstellungen

Lind, Georg ([2]2000): Inhalt und Struktur des moralischen Urteilens. Theoretische, methodologische und empirische Untersuchungen zur Moral- und Demokratiekompetenz bei Studierenden. Online: www.moralcompetence.net/pdf/Lind-1985_Inhalt-und-Struktur.pdf

Lind, Georg ([4]2019): Moral ist lehrbar! Berlin: Logos.

Martens, Ekkehard ([7]2013): Methodik des Ethik- und Philosophieunterrichts, Hannover: Siebert.

Martens, Ekkehard (2015): Philosophie als Kulturtechnik humaner Lebensgestaltung. In: Nida-Rümelin et al. (2015), S. 41 – 48.

Martens, Ekkehard (2019): Der dialogisch-pragmatische Ansatz (1979). In: Peters (2019), S. 27 – 35.

Martens, Ekkehard (2019a): Der kulturtechnische Ansatz. In: Peters (2019) S. 105 – 118.

Melters, Johannes (2003): Die Entdeckung der eigenen Anschauung. Drei phänomenologische Übungen. In: Ethik & Unterricht, Heft: 1/2003, S. 10 – 15.

Mayring, Philipp ([12]2015): Qualitative Inhaltsanalyse. Grundlagen und Techniken. Weinheim / Basel: Beltz.

Mayring, Philipp (2019): Qualitative Inhaltsanalyse. In: Flick et al. (2019), S. 468 – 475.

Meyer, Kirsten (Hg.) (2010): Texte zur Didaktik der Philosophie. Stuttgart: Reclam.

Mokrosch, Reinhold & Regenbogen, Arnim (Hg.) (2009): Werte-Erziehung und Schule. Ein Handbuch für Unterrichtende. Göttingen: Vandenhoeck & Ruprecht.

Mokrosch, Reinhold (2009): Zum Verständnis von Werte-Erziehung: Aktuelle Modelle für die Schule. In: Mokrosch & Regenbogen (2009), S. 32 – 43.

Montag (2015): Debatten im Ethik- und Philosophieunterricht. In: Nida-Rümelin / Spiegel &Tiedemann Hg. (2015), S. 196 – 205.

Peters, Jörg (2000): Ragnar Ohlssons ‚Sinn des Lebens' als Ganzschrift in Klasse 10. In Ethik & Unterricht 4/2000, S. 34 – 36.

Peters, Jörg (2015): Bilder und Comics. In: Nida-Rümelin / Spiegel & Tiedemann (2015), S. 277 – 293.

Peters, Jörg & Rolf, Bernd (2009): Kant & Co. im Interview. Reclam: Ditzingen.

Peters, Martina & Jörg (Hg.) (2019): Moderne Philosophiedidaktik. Basistexte. Hamburg: Meiner.

Peters, Martina & Jörg (Hg.) (2019a): Philosophieren mit Filmen im Unterricht. Methoden im Philosophie- und Ethikunterricht, Bd. 1, Hamburg: Meiner.

Peters, Martina & Jörg (Hg.) (2020): Philosophieren mit Gedankenexperimenten. Methoden im Philosophie- und Ethikunterricht, Bd. 2, Hamburg: Meiner.

Peters, Martina & Jörg (Hg.) (2020a): Philosophieren mit Dilemmata. Methoden im Philosophie- und Ethikunterricht, Bd. 3, Hamburg: Meiner.

Peters, Martina & Jörg (Hg.) (2021): Philosophieren mit Comics und Graphic Novels. Methoden im Philosophie- und Ethikunterricht, Bd. 4, Hamburg: Meiner.

Pfeifer, Volker ([4]2021): Didaktik des Ethikunterrichts. Bausteine einer integrativen Wertevermittlung. Stuttgart: Kohlhammer.

Pfeiffer, Silke & Klager, Christian (2012): Spielend philosophieren. Leipzig: Militzke.

Pfister, Jonas & Zimmermann, Peter (Hg) (2016): Neues Handbuch des Philosophie-Unterrichts. Bern: Haupt Verlag, UTB.

Rath, Matthias (2016): Ethik der mediatisierten Welt. In: Ethik & Unterricht, Heft: 3/2016 („Medienethik"), S. 6 – 10.

Rehfus, Wullf D. (2019): Der bildungstheoretisch-identitätstheoretische Ansatz (1986). In: Peters (2019), S. 37 – 51.

Richter, Philipp (2021): Welche Werte vermittelt das Philosophieren? Zur Kritik des Erziehungszieles „Autonomie" in pragmatizistischer Perspektive. In: Kim et al. (2021), S. 147 – 177.

Rohbeck, Johannes ([4]2016): Didaktik der Philosophie und Ethik. Dresden: Thelem.

Rohbeck, Johannes (2019): Der transformative Ansatz. In: Peters (2019), S. 105 – 118.

Rolf, Bernd & Peters, Jörg / (Hg.) (2017): philo – Qualifikationsphase. Bamberg: Buchner.

Rösch, Anita (2012): Religions- und Ethikunterricht im Vergleich. In: Ethik & Unterricht. Heft: 1/2012 („Woran Du glaubst"), S. 1 – 3.

Rosa, Hartmut & Endres, Wolfgang (2016): Resonanzpädagogik. Wenn es im Klassenzimmer knistert. Weinheim / Basel: Beltz.

Rosa, Hartmut ([7]2017): Resonanz – eine Soziologie der Weltbeziehung. Berlin: Suhrkamp.

Rosa, Hartmut (2018): Unverfügbarkeit. Wien / Salzburg: Residenz Verlag. Hier: Kapitel II.

Rosa, Hartmut (2021): Resonanz statt Entfremdung. In: Philosophie Magazin, Sonderausgabe 19, Kritische Theorie. Berlin: Verlag Philomagazin, S. 84 – 87.

Runtenberg, Christa (2016): Philosophiedidaktik. Lehren und Lernen. Paderborn: Fink, UTB.

Sauer, Frank H. (2019): Mein Werte Buch. Arbeitsbuch zur Ermittlung persönlicher Werte. Köln / Hürth: INTUISTIK-Verlag.

Schaber, Peter (2010): Wertevermittlung und Autonomie. In: Meyer (2010), S. 139 – 155.

Schmidt, Donat / Rohbeck, Johannes & von Ruthendorf, Peter (Hg.) (2011): Maß nehmen – Maß geben Leistungsbewertung im Philosophieunterricht und Ethikunterricht. Dresden: Thelem.

Schmidt, Donat & von Ruthendorf, Peter (2011): Bewerten und Beurteilen im philosophischen Unterricht – eine Einleitung. In: Schmidt / Rohbeck & Rutendorf (2011), S. 9 – 38.

Schmidt, Donat & Schütze, Mandy: Digitale Medien im Philosophieunterricht, in: Nida-Rümelin / Spiegel & Tiedemann (2015), S. 300 – 308.

Scholz, Lothar ([9]2020): Methodenkiste: Online: https://www.bpb.de/shop/lernen/thema-im-unterricht/36913/methoden-kiste

Schröder, Bernd & Emmelmann, Moritz (Hg.) (2018): Religions- und Ethikunterricht zwischen Konkurrenz und Kooperation. Göttingen: Vandenhoeck & Ruprecht.

Schütze, Mandy (2020): Digitale Medien im Ethikunterricht, Online: https://unterrichten.zum.de/wiki/Digitale_Medien_im_Ethikunterricht

Schulministerium NRW (Hg.) (2008): Kernlehrplan Sekundarstufe I in NRW, Praktische Philosophie. Frechen: Ritterbach, Online: www.schulentwicklung.nrw.de/lehrplaene/upload/klp_SI/5017_Praktische_Philosophie_Sek.I.pdf

Schulministerium NRW (Hg.) (2010): Rahmenkonzeption zur strukturellen und inhaltlichen Ausgestaltung des Praxissemesters im lehramtsbezogenen Masterstudiengang. Online: www.zfsl.nrw.de/KRE/Download/Rahmenkonzeption_Praxissemester_2010.pdf

Schulministerium NRW (Hg.) (2014): Kernlehrplan für die Sekundarstufe II, Gymnasium / Gesamtschule in NRW, Philosophie. Online: www.schulentwicklung.nrw.de/lehrplaene/lehrplan/186/KLP_GOSt_Philosophie.pdf

Schulministerium NRW (2020): Amtliche Schuldaten. Online: www.schulministerium.nrw/system/files/media/document/file/quantita_2019.pdf

Schulministerium NRW (Hg.) (2021): Kerncurriculum für die Lehrerausbildung im Vorbereitungsdienst. Verbindliche Zielvorgabe der schulpraktischen Lehrerausbildung in Nordrhein-Westfalen. Online: www.schulministerium.nrw/system/files/media/document/file/Kerncurriculum_Vorbereitungsdienst.pdf_

Schulministerium NRW (Hg.) (2021a): Lehrpläne für die Primarstufe in Nordrhein-Westfalen. Online: www.schulentwicklung.nrw.de/lehrplaene/upload/klp_PS/ps_lp_sammelband_2021_08_02.pdf

Schulministerium NRW (Hg.) (2021b): Das SAMR Modell von Puentedura, Online: www.schulentwicklung.nrw.de/cms/upload/Faecher_Seiten/Sport/digi/M4_SAMR_Didakt-Mehrwert-digitaler-Medien_2021-01-18.pdf

Schulministerium NRW (2022): Zentralabitur in der gymnasialen Oberstufe. Philosophie. Operatorenübersicht 2015. Online: www.standardsicherung.schulministerium.nrw.de/cms/zentralabitur-gost/faecher/getfile.php?file=3945

Shell Deutschland Holding (Hg.) (2019): Jugend 2019. Eine Generation meldet sich zu Wort. Konzeption & Koordination: Albert, Mathias / Hurrelmann, Klaus / Quenze, Gudrun & Kantar (Marktforschungsunternehmen). Weinheim / Basel: Beltz.

SINUS-Jugendstudie 2020 – Wie ticken Jugendliche? Lebenswelten von Jugendlichen im Alter von 14 bis 17 Jahren in Deutschland. Autoren: Calmbach, Marc / Flaig, Bodo; Edwards, James /Möller-Slawinski, Heide / Borchard, Inga & Schleer. Christoph. Hg. v. d. Bundeszentrale für politische Bildung. Bonn: Bestellnummer 10531.

Sistermann, Rolf (2008): Unterrichten nach dem Bonbonmodell. In: ZDPE, Heft 4/2008, S. 299 – 305.

Sistermann, Rolf (2016): Problemorientierung, Lernphasen und Arbeitsaufgaben. In: Pfister & Zimmermann (2016) S. 203 – 223. Hier Abschnitt: Lernphasen nach dem Bonbonmodell, S. 209 – 217.

Speckenwirth, Ulrich (2018): Chancen und Wirkungen des Praxissemesters auf die Schul- und Seminarentwicklung in der Ausbildungsregion Münster. In: Gollub et al. (2018), S. 17 – 27.

Steenblock, Volker ([7]2013): Philosophische Bildung. Einführung in die Philosophiedidaktik und Handbuch. Praktische Philosophie. Münster / Hamburg / London: Lit Verlag.

Steenblock, Volker (2013a): Philosophieren mit Filmen. Tübingen: Francke Verlag.

Steenblock, Volker (2019): Der bildungstheoretische Ansatz (2015). In: Peters (2019), S. 167 – 191.

Stelzer, Hubertus (2015): Lebensweltbezug. In: Nida-Rümlin / Spiegel & Tiedemann (2015), S. 79 – 86.

Steuergruppe Praxissemester (2018): Orientierungsrahmen Praxissemester für die Ausbildungsregion Münster. S. 7f. online: www.zfsl.nrw.de/MUE/Praxissemester/orientierungsrahmen_praxissemester.pdf

Thein, Christian & Vering, Axel (Vorsitzende der „Fachgruppe Philosophie" Münster) (2018): Fachspezifisches Konzept für das Praxissemester in der Ausbildungsregion Münster. Online: https://www.uni-muenster.de/imperia/md/content/lehrerbildung/kooperation/philosophie_fachkonzept_ps018.pdf

Thein, Christian ([2]2020): Verstehen und Urteilen im Philosophieunterricht. Opaden / Berlin / Toronto: Barbara Budrich.

Thein, Christian (2021): Ethische Bildung im Philosophieunterricht zwischen Urteilsbildung und Wertevermittlung. In: Kim et al. (2021), S. 179 – 194.

Thimm, Günter (2017): Schreibend philosophieren – Aphorismen im Philosophieunterricht. In: ZDPE, Heft: 1/2017, S. 74 – 81.

Thomalla, Klaus (2015): Der argumentierende Essay. In: Nida-Rümelin / Spiegel & Tiedemann (2015), S. 261 – 270.

Tiedemann, Markus (2015): Problemorientierung. In: Nida-Rümelin / Spiegel & Ders. (2015), S. 70 – 78.

Viole, Uwe (2007): Fabeln als Spiegel der Gesellschaft. In: Brüning & Martens (2007) S. 62 – 89.

Wiater, Werner (2010): Terminologische Vorüberlegungen. In: Zierer (2010), S. 6 – 22, insbes. Abschnitt „Werteerziehung als Lern-Prozess", S. 18 – 20.

Wiater, Werner (2011): Ethik unterrichten. Einführung in die Fachdidaktik. Stuttgart: Kohlhammer.

Wiater, Werner ([2]2013): Unterrichtsplanung. Donauwörth: Auer.

Wiesen, Brigitte (2007): Bilder zeigen den ganzen Menschen in: Brüning & Marten (2007), S. 90 – 108.

Wittschier, Michael (2010): Textschlüssel Philosophie – 30 Erschließungsmethoden mit Beispielen. München, Patmos.

Wittschier, Michael (2012) Gesprächsschlüssel – 30 Moderationsmodule mit Beispielen. München: Patmos.

Wittschier, Michael (2013): Medienschlüssel – 30 Zugänge mit Beispielen. München: Oldenbourg Schulbuchverlag.

Wittschier, Michael (2016): Methoden der Textarbeit: In: Pfister & Zimmermann (2016), S. 225 – 245.

Wittschier, Michael (2017): Didaktisches für den Philosophie- und Deutschunterricht. Hier: Philosophie-Labor. Online: www.wittschier.de/philosophisches.html

Weyland, Ulrike (2018): Vorbemerkungen. In: Gollub et al. (2018), S. 11 – 16.

Wolff, Stephan (2019): Clifford Geertz. In: Flick et al. (2019), S. 84 – 96.

Zierer, Klaus (Hg.) (2010): Schulische Werteerziehung. Baltmannsweiler: Schneider Verlag Hohengehren.

Zimmermann, Mirjam & Lenhard, Hartmut (2015): Praxissemester Religion. Handwerkszeug für Berufsanfängerinnen und Berufsanfänger. Göttingen: Vandehoeck & Ruprecht, UTB.

# Glossar

(Die Seitenangaben berücksichtigen die wichtigsten Erwähnungen.)

**Aktionsforschung, S. 151, 158f.**
Ein Forschungsansatz, bei dem Praktiker:innen aus ihrer Praxis heraus nach Optimierung eben dieser Praxis forschend suchen. Dabei sind sie in der Regel keine neutralen Beobachter, sondern sind aktiv am Geschehen beteiligt (teilnehmende Beobachtung). Die dieserart Forschenden beziehen entsprechende Erträge der einschlägigen Wissenschaften mit ein. Für Lehrer:innen haben vor allem **Altrichter et al.** (2018) die Aktionsforschung vorgestellt (siehe auch Triangulation*).

**Ausbildungsbeauftragte:r (ABBA) S. 17, 21**
A. An den Praktikumsschulen organisieren und koordinieren Ausbildungsbeauftragte (ABBA) die Abläufe und schulischen Angebote des Praxissemesters.
B. Sie informieren die Studierenden (z.B. in Einführungsveranstaltungen) über die organisatorischen Strukturen und das pädagogische Profil ihrer Praktikumsschule.
C. Ausbildungsbeauftragte stellen personenorientierte Beratungsangebote bereit zu den unterschiedlichen Handlungsfeldern ihrer Schule sowie im Rahmen der Selbsterkundung und -erprobung der Studierenden in ihrem künftigen Beruf.
D. Sie organisieren mit den Studierenden die Stundenpläne für den *Unterricht unter Begleitung* und benennen in Absprache mit der Schulleitung* die für diesen Unterricht zuständigen fachlichen *Mentor:innen (MuM)**.
E. Ausbildungsbeauftragte sind die Ansprechpartner der Studierenden in der Kommunikation mit der Schulleitung* und bei auftretenden Konfliktsituationen. Darüber hinaus stehen sie in regelmäßigem Austausch mit dem *Zentrum für schulpraktische Lehrerausbildung (ZfsL)** und bilden somit die Schaltstelle in der Koordinierung der Institutionen, die an der schulischen Ausbildung der Studierenden beteiligt sind. Ausbildungsbeauftragte können daher auch als schulische Vertreter:innen am abschließenden Gespräch (NRW: Bilanz- und Perspektivgespräch) teilnehmen.

**Bonbonmodell (mit Erweiterungen) S. 62, 65, 79f., 91, 100, 106, 109–113**

Das sog. Bonbonmodell von Rolf Sistermann ist ein Lernphasenmodell für den problemorientierten Philosophie- und Ethikunterricht.

Die Phasen eines Lernprozesses nach dem Bonbonmodell orientieren sich an John Deweys Stufeneinteilung des Denkprozesses und deren Umsetzung durch den Lernpsychologen Werner Corell (vgl. dazu Sistermann 2016, S. 209 f.). Stellt man den Wechsel von offen und fokussiert-bündelnden Lernphasen grafisch dar, so entsteht die Form eines Bonbons, dass für das Modell namensgebend ist.

Die für den Philosophie- und Ethikunterricht wichtige Besonderheit des Bonbonmodells besteht in der Phase der sog. intuitiven, selbstgesteuerten Problemlösung, in der, nach Hinführung und Problemfindung, SuS einzeln oder in Kooperation sich eigenständig in das philosophische Problem hineindenken, ihr Vorwissen und ihre Präkonzepte einbringen, und von da aus eigene Problemlösungsversuche entwickeln.

Wir haben das Bonbonmodell in diesem Buch zu einem *Planungsmodell* für philosophische Lernprozesse **erweitert**, indem wir in Anlehnung an das Lehr-Lernmodell von **Josef Leisen** (vgl. Leisen 2018), den im Bonbon dargestellten Lernprozess der SuS um die Begleitung und Steuerung des Lernens durch die Lehrperson ergänzt haben.

LuL unterstützen das Lernen durch eine *materiale Begleitung*. Sie wählen Methoden aus und stellen Aufgaben und Medien als Lernmaterialien bereit. Sie begleiten das Lernen *personal* durch Moderation und Gesprächsführung und geben den SuS Rückmeldungen zur Orientierung im Lernprozess.

**Didaktisches Dreieck, erweitert zum Viereck S. 12–16, 49, 66, 76f., 117, 136**

Um die unverzichtbaren Grundelemente des Unterrichts in ihren wechselseitigen Bezügen darzustellen, wird seit langem das Bild vom Didaktischen Dreieck verwendet. Lehrperson, SuS und Lern- bzw. Lehrstoff sind die gleichberechtigten Ecken dieses Dreiecks. Je nach Akzentuierung in der Darstellung kann es von unterschiedlichen Ecken her entfaltet und gelesen werden. Gemäß dem Ansatz der *Resonanzpädagogik** sollten alle drei Bezüge idealerweise als Resonanzachsen gestaltet werden, und zwar die soziale Beziehung zwischen Lehrpersonen und Lernenden, der fachlich Bezug der Lehrperson zum Lehr- bzw. Lernstoff und der Sachbezug der

Lernenden zu dem, was sie lernen sollen. Das Didaktische Dreieck ist in vielfacher Weise umformuliert und ergänzt worden. Um etwa die Bedeutung der institutionellen Rahmenbedingungen für das unterrichtliche Geschehen zu veranschaulichen, hat **Martin Fromm** (2012) das Dreieck mit einem Kreis umgeben. In der vorliegenden Darstellung bedenken wir die **Institution** in Bezug zu den drei Ecken genauer, da sich der institutionelle Kontext in je spezifischer Weise auf diese auswirkt. So wird hier das Dreieck **zum Viereck erweitert**. Mit Institution ist im Kleinen die Klasse oder das Kollegium gemeint, größer gefasst die jeweilige Schule, auch in ihrer baulichen Gestaltung, die Hochschule, das *Zentrum für schulpraktische Lehrerausbildung* (ZfsL)*und das Schulministerium, vor allem mit seinen rechtlichen Vorgaben.

**Forschendes Lernen S. 143–151**
In den hochschulischen Umbrüchen der 60er und 70er Jahre des letzten Jahrhunderts wurde auch das Prinzip aufgegeben, nur Professor:innen könnten und dürften forschen. Wenn nun auch Studierende Forschungsvorhaben selbständig oder aktiv mitarbeitend durchführen würden, dann könnten daraus zum einen neue Impulse für die ‚scientific community' erwachsen und zum anderen würde dadurch das Lernen vertieft. Dieses hochschuldidaktische Prinzip erfuhr bei seiner Einbindung in das Praxissemester eine Akzentverlagerung: Der Fortschritt in der Wissenschaft ist weniger das Ziel, vielmehr soll Forschendes Lernen der Selbst-Professionalisierung der Lernenden dienen (vgl. **Speckenwirth** 2018).

**Kompetenzorientierung S. 52–54, 92**
Die als „Kompetenzorientierung" bezeichnete didaktische Grundorientierung hat ihren Ursprung in den von der OECD beauftragten PISA-Studien, nach denen SuS in Deutschland unterdurchschnittlich abgeschnitten haben. Es galt nun, in Abkehr von einer reinen Inhalts- bzw. Stofforientierung, die SuS stärker zu befähigen, selbst Probleme in unterschiedlichen Kontexten lösen zu können, und zwar auch mit entsprechender Motivation. Das Erreichen einer solchen Befähigung (Kompetenz) sollte am erkennbaren Lernergebnis (Output, Outcome) gemessen werden. Die in Deutschland gültigen Lehrpläne sind durchgängig kompetenzorientiert. Die Ziele philosophischen/ethischen Unterrichts können von ihren philosophischen Grundlagen her durchaus als kompetenzorientiert verstanden werden, aber sie sind nicht zwingend auf Problem*lösungen* ausgerichtet, sondern eher auf die

Förderung der Befähigung zur philosophischen Problem*reflexion*. Im Zentrum steht die *Urteils*kompetenz, in Verbindung mit einer entsprechenden *Methoden*kompetenz. Neuere Lehrpläne für Philosophie/Ethik binden die Kompetenzanforderungen an bestimmte Inhalte, sodass zum Beispiel eine ethische Urteilskompetenz durch die Auseinandersetzung mit bekannten utilitaristischen und deontologischen Positionen erworben werden soll.

**Lebensweltorientierung S. 49–53, 87, 101, 140f.**
Wer Lebensweltorientierung philosophiedidaktisch propagiert, will damit zunächst die jeweilige Verankerung des philosophischen Problems in der Alltagswelt der SuS fordern. Von dieser Welt gingen die Probleme aus und auf diese Welt hin sollten sie reflektiert werden. Aber Lebensweltorientierung meint noch mehr als Problemorientierung* und Schülerorientierung*. Es gilt, die vielfältigen Differenzierungen dieser Welt didaktisch zu berücksichtigen, so dass man eigentlich von Lebenswel*ten* sprechen müsste (vgl. **Stelzer** 2015). Ein besonderes Kennzeichen heutiger Lebenswelt(en) der SuS ist die Bedeutung der Wissenschaften (vgl. **Bussmann** 2019).

**Mentor:innen (MuM) D. 159f., 181**
Mentor:innen sind als Lehrpersonen, die in der Regel die Unterrichtsfächer der Studierenden vertreten und für die Begleitung und Unterstützung in allen konkreten fachliche Fragen zuständig sind.

Im Unterricht der fachlichen MuM werden die Studierenden sukzessive an die Planung, Durchführung und Reflexion unterrichtlicher Zusammenhänge herangeführt.

Bei der eigenständigen Planung und Durchführung eines *Unterrichtsvorhabens** beraten die MuM ihre Studierenden in allen didaktisch-methodisch relevanten Fragestellungen.

MuM geben regelmäßig Rückmeldungen zum Stand der Professionsentwicklung ihrer Studierenden. Dabei werden unterrichtliche und erzieherische Fragen ebenso thematisiert wie die Entwicklung eines Selbstkonzepts als (Philosophie-)Lehrer:in.

Zum Ende des Praxissemesters beraten sie die Studierenden bei der Vorbereitung des Abschlussgesprächs und können als Schulvertreter:innen auch daran teilnehmen.

**Problemorientierung S. 42–47, 79**
Nicht ein bestimmter Stoff oder Inhalt ist bei dieser didaktischen Orientierung unterrichtlich maßgeblich, sondern eine **Frage**,

welche die SuS als ihnen ‚vor die Füße geworfen', als das Vorankommen hemmend (vgl. griech. pro-blema), direkt oder indirekt erfahren. Die Geschichte der Philosophie lässt sich auch als Geschichte von Versuchen erzählen, für den Menschen zentrale Probleme zu benennen und lösen zu wollen (vgl. **Tiedemann** 2015).

**Resonanzboden S. 16**
In das Konzept der *Resonanzpädagogik** kann der Begriff Resonanzboden sinnvoll eingefügt werden. Er verweist zunächst auf eine Seite des *Didaktischen Dreiecks**, nämlich auf die Beziehung zwischen der Lehrperson des philosophischen/ethischen Unterrichts und dem Lehr-Lernstoff. Zu diesem hat die Lehrperson eine Resonanzbeziehung, wenn sie diesbezüglich fachwissenschaftlich hinreichend kompetent ist und engagiert an der im Philosophiestudium erlernten ‚Sache' weiterarbeitet. Diese Resonanzachse kann nun zu einem Resonanzboden werden, weil die Lehrperson helfen kann, philosophische Fragen, Intuitionen und Schlussfolgerungen der SuS für diese selbst und für andere transparenter, differenzierter und pointierter zu artikulieren. Fachwissenschaftliches Wissen und Können vermögen im Unterrichtsgeschehen analog zum Resonanzboden eines Musikinstruments die vielleicht noch leisen, verschwommenen und zaghaften ‚philosophischen Klänge' der Lernenden deutlich zu verstärken. So tritt die Lehrperson kraft ihres philosophischen Resonanzbodens mit den Lernenden deren Beziehungen zum Lehrstoff in Resonanz.

**Resonanz und Resonanzpädagogik S. 16, 46, 66–68, 72, 77–79, 86, 96, 99f., 117, 125, 136, 152f., 160**
Die metaphorische Verwendung des Begriffs Resonanz geht zurück auf das technisch-physikalische Phänomen des Mitschwingens schwingfähiger Systeme (von lat. resonare: widerhallen, wieder- und mitklingen). Im Bereich der Akustik ist es etwa bei Saiteninstrumenten zu beobachten: Wird eine Saite in Schwingung versetzt, so schwingt auch eine gleich oder im Oktavabstand gestimmte Saite in deren Nähe mit. - Dieses Phänomen hat der Mediziner **Joachim Bauer** (2005) übertragen auf die nachahmende und antwortende Beziehung zwischen Menschen, insbesondere zwischen Mutter und Kind. Er sieht in sogenannten Spiegelneuronen die hirnphysiologischen Korrelate solcher Resonanzbeziehungen. Dabei handelt es sich um Nervenzellen im Gehirn, die in gleicher Weise aktiv werden, ob ein Mensch eine Handlung eines Mitmenschen nur beobachtet oder selbst

ausführt. - Der Soziologe **Hartmut Rosa** (2017 u.ö.) wurde in seinen Untersuchungen zu grundlegenden Weltbeziehungen von Bauers Resonanzgedanken inspiriert. Mögliche Resonanzachsen, d.h. etablierte und stabilisierte Beziehungen wechselseitigen Antwortens, sieht Rosa aber nicht nur im zwischenmenschlichen Bereich. Resonanzbeziehungen haben Menschen auch zu Dingen und Vorgängen in der Welt. Resonanz darf dabei nicht mit Echo verwechselt werden. Die wechselseitigen Antworten in Resonanzachsen erfolgen mit je eigener Stimme. Gelingende, also respondierende Weltbeziehungen sind scharf abzugrenzen von repulsiven und damit entfremdeten Bezügen. Durch Rosas Ausweitung des Resonanzbegriffs wird er anwendbar für alle drei Seiten des *didaktischen Dreiecks**. Während Bauer und Rosa bereits ihrerseits die schulische Relevanz von Resonanzbeziehungen betonen, arbeitet der Erziehungswissenschaftler **Jens Beljan** (2019) den Resonanzgedanken detailliert für eine umfassende Resonanzpädagogik aus. Neben den gegensätzlichen respondierenden und repulsiven Beziehungen konstatiert Beljan auch Beziehungen der Indifferenz. Gemäß seinem Ansatz müsste das Beziehungsgeschehen im schulischen Kontext auf seine Resonanzfähigkeit und -Sensibilität hin gestaltet werden, damit Schule insgesamt zum Resonanzraum werden kann und nicht zur Entfremdungszone degeneriert. Dieses erziehungswissenschaftliche Rahmenkonzept scheint für einen auf Selberdenken in Denkgemeinschaften ausgerichteten philosophischen Unterricht besonders hilfreich zu sein. Siehe auch *Resonanzboden**.

**Schülerorientierung S. 44, 49, 99**
Bei dieser didaktischen Orientierung stehen Lernbedürfnisse und Präkonzepte (vgl. **Thein** 2020) der SuS deutlich im Vordergrund, nicht der philosophische/ethische Stoff als solcher, auch nicht die Interessen der LuL. Eng verbunden mit der Schülerorientierung sind die Problemorientierung* und die Lebensweltorientierung*.

**Schulleitung S. 17f., 21, 32, 145, 181**
Schulleiter:innen tragen die Gesamtverantwortung für alle schulischen Angelegenheiten und Entscheidungen. Sie informieren die Studierenden über ihre Rechte und Pflichten und entscheiden über deren Einsatz im Unterricht.

Schulleiter:innen sind den Praktikant:innen gegenüber in allen schulischen Belangen weisungsberechtigt, insbesondere genehmigen sie die Studienprojekte und haben bei begründeten rechtlichen Bedenken hinsichtlich der Inhalte oder Methoden eines Studienprojekts ein Vetorecht.

Zur Schulleitung gehören je nach Schulform und Größe weitere Personen, die von dem/der Schulleiter:in mit Leitungsaufgaben auch gegenüber den Praktikant:innen beauftragt werden können.

**Studienprojekt S. 47, 59, 143–159**
Studienprojekte sind Erkundungen im Rahmen Forschenden Lernens* während des Praxissemesters. Sie erfolgen systematisch, theorie- und methodengeleitet. Studienprojekte dienen der *eigenen* Professionalisierung und gehen daher von *eigenen* Fragestellungen aus. Die Untersuchungen können sich auf alle schulischen Bereiche beziehen, d.h. auf unterrichtliche wie auch außerunterrichtliche. Die genaue Themenstellung erfolgt in Absprache mit den verantwortlichen Dozent:innen der Hochschule. Die Schulleitung* muss mit dem Studienprojekt einverstanden sein. Das Projekt mündet in einen Abschlussbericht, der seitens der Hochschule bewertet wird.

**Triangulation S. 160, 181**
Als „Triangulation" bezeichnet man im Bereich der empirischen Sozialforschung, die auch bei Studienprojekten* zur Geltung kommt, die Kombination von (mindestens) *zwei* Methoden der Untersuchung *eines* Gegenstandes, so dass dieser mit den zwei Methoden bildlich gesprochen ein Dreieck (Triangel) ergibt. Eine solche Forschungsstrategie empfiehlt sich vor allem dann, wenn eine einzige Methode allein nicht zu validen Ergebnissen führt. Dies gilt z.B. für teilnehmende Beobachtung im Kontext von Aktionsforschung* (vgl. **Flick** 2019).

**Unterrichtsstunde S. 41, 57, 59–62, 110f., 156**
Eine Unterrichtsstunde ist die Zeiteinheit, durch die in Schulen das Lernen strukturiert wird. In der Regel dauert eine Unterrichtsstunde in Deutschland 45 Minuten.

Diese Zeiteinheit ist nicht nach didaktischen Überlegungen gewählt, sondern eine rein organisatorische Entscheidung des preußischen Bildungsministeriums von 1911. Durch die Einführung solcher Kurzstunden an Stelle der bis dahin üblichen Zeitstunden war es möglich, den Unterricht auf den Vormittag zu begrenzen, um doppelte Schulwege oder längere unbeaufsichtigte Pausenzeiten der SuS außerhalb der Schule zu vermeiden (vgl. **Kranen** 2011).

Unterrichtstunden von 45 Minuten entsprechen daher nur selten einer didaktisch begründeten Lerneinheit. Daher gehen Schulen vermehrt zu einem 60-Minuten-Takt oder zu einem Doppelstundensystem (90 Minuten) über, um die Zeiteinheit echten Lernprozessen anzupassen.

**Unterrichtsvorhaben S. 24, 111–114, 148, 151, 159**
Ein Unterrichtsvorhaben ist eine Folge von Unterrichtsstunden, die aus mehreren Lerneinheiten besteht, die didaktisch-methodisch aufeinander aufbauen und ein gemeinsames Lernziel anstreben. Dabei stellen die einzelnen Lerneinheiten jeweils Teilziele auf dem Weg zum Gesamtlernziel des Unterrichtsvorhabens dar. Im Praxissemester bieten Unterrichtsvorhaben den Studierenden die Möglichkeit Lehr-Lernprozesse in größeren Kontexten zu planen, durchzuführen und ggf. mit Studienprojekten* zu verbinden.

**Vorbereitungsdienst (Referendardienst) S. 5, 19, 31, 84, 123, 156**
Nach Abschluss eines lehramtsbezogenen Masterstudiums (1. Phase der Lehramtsausbildung) können sich Interessenten bei den Schulministerien bzw. den dafür zuständigen untergeordneten Behörden um die Aufnahme in den Vorbereitungsdienst zu einem bestimmten Lehramt bewerben (2. Phase). Mit der Aufnahme wird den Lehramtsanwärter:innen auch eine Ausbildungsschule und das zuständige ZfsL* zugewiesen. Lehramtwanwärter:innen sind keine Studierenden, sondern Beamte auf Widerruf und werden entsprechend besoldet. Die Lehramtsanwärter:nnen gehören direkt zum Kollegium ihrer Ausbildungsschule und erteilen auch eigenständigen Unterricht.

**Zentrum für schulpraktische Lehrerausbildung (ZfsL) S. 5, 17, 19, 60, 147f., 156, 181, 183, 188**
Neben dem Lernort Schule mit seinen Begleitstrukturen sind die Zentren für schulpraktische Lehrerausbildung (ZfsL) als verantwortliche Institution für die 2. Phase der Lehrerausbildung (Vorbereitungsdienst) ein zweiter Lernort für die Begleitung und Unterstützung der Praxissemesterstudierenden.

Im Fokus der Praxisbegleitung durch die ZfsL stehen die Studierenden, die sich auf dem Weg zu einem beruflichen Selbstkonzept als reflektierende Praktiker:innen befinden. Eine an dieser Profession orientierte Selbsterkundung und Selbsterprobung der zukünftigen Lehrer:innen wird von den ZfsL durch die

Schaffung von Reflexionsanlässen in Begleitveranstaltungen, Beratungen im Rahmen von Hospitationen und Besuchen im Unterricht unterstützt.

Ausgangspunkt dieser Begleitformate sind sowohl die individuellen Bildungsbiografien und subjektiven Vorstellungen von Unterricht, die die Studierenden mitbringen, als auch die Bildungs- und Unterrichtstheorien, die sie sich im Studium angeeignet haben. Beides gilt es, mit Hilfe von reflektiertem Praxiswissen zu hinterfragen und weiterzuentwickeln.

Das vorhandene fachliche Wissen wird auf dessen didaktisches Potenzial hin gemeinsam bedacht und sich daraus ergebende Arbeits- und Vertiefungsmöglichkeiten werden für das weitere Studium eröffnet.

Umgesetzt werden diese Grundsätze durch Seminarausbilder:innen im Rahmen von Begleitveranstaltungen in jedem Fach und zu überfachlichen, allgemein pädagogischen Themen.

Seminarausbilder:innen begleiten ihre Studierenden bei der Planung, Durchführung und Umsetzung von Unterrichtsvorhaben und hospitieren dazu auch im Unterricht.

Die Gesamtorganisation des Praxissemesters in den ZfsL übernehmen Praxissemesterbeauftragte. Sie sorgen für die konzeptionelle Abstimmung und die Kommunikation mit den Ausbildungsschulen. Sie sind, in Analogie zu den Ausbildungsbeauftragten* der Schulen, Ansprechpartner:innen der Studierenden in allen das ZfsL betreffenden Fragen.